Wappen von Neufrach

Wappen von Salem

Das Neufracher Dorfbuch 1952 – 2012

Zusammenstellung und Text
Umschlagentwurf und Layout

Hugo Gommeringer

Gastbeiträge

Bürgermeister Manfred Härle
Bürgermeister a. D. Peter Allgaier
Bürgermeister a. D. Werner Kesenheimer
Dekan Peter Nicola
Ortsreferent Paul Müller
Gebhard Gern
Manfred Nolle

Neufrach, um 2001

Herausgeber
Gemeinde Salem, November 2013

Verlag
Bodensee Medienzentrum, Tettnang

ISBN 978-3-88812-232-3

Einband, Vorderseite

Komethof - Pfarrkirche Neufrach - ehemalige Pfarrkirche Leutkirch - Markuskapelle (alle Fotos: 2013; Hugo Gommeringer)

Einband, Rückseite

Neufracher Vereine und Vereinigungen: Männerchor (2011) - Musikverein (2011) - Hardtwieble-Zunft (2013) - Gymnastikgruppe des Sportvereins (2013) - Feuerwehrabteilung (2013) - Kirchenchor (2011)
(Fotos: Bernhard Conrads, Hugo Gommeringer)

Zu meiner Person

Foto: 2008

Am 24. Oktober 1948 kam ich als siebtes Kind der Eheleute Martina (G: Asprion) und Ernst Gommeringer in Beuren zur Welt. Ich wuchs mit meinen neun Geschwistern Siegfried, Christina, Friedhilde, Maria Elisabeth, Katharina, Ernst, Helene, Hubert und Rosa Maria auf. Ab 1950 wohnten wir in Bermatingen. Bei den Salesianern Don Boscos in Buxheim erhielt ich die neunjährige höhere Schulbildung. Nach dem Abitur (1969) und der darauf folgenden Bundeswehrzeit studierte ich in Tübingen die Fächer kath. Theologie, Sport und Pädagogik. Meine Referendarzeit absolvierte ich in Tübingen und Reutlingen.

Als Lehrer war ich an den Gymnasien Pfullendorf (1976-1984) und Überlingen (1984-2011) tätig.

Seit 1975 bin ich mit meiner Frau Christiane verheiratet. Unsere Kinder heißen Matthias, Susanne und Andreas. Mit meiner Familie lebe ich seit 1979 in Salem-Neufrach.

Ehrenamtlich war und bin ich in verschiedenen Bereichen engagiert: In der Kommunalpolitik (Gemeinderat 1984-1999), in der Kirchengemeinde (Pfarrgemeinderat, Kommunionhelfer, Kantor, Lektor, Kirchenchor, Förderverein Markuskapelle) und im Vereinsleben (RW Salem, WEL-Kreis Salem). Mein Hobby ist seit vielen Jahren die Heimatforschung. Seit 1989 sind einige Bücher und Broschüren entstanden.

Dank

Mein Dank gilt den vielen Helferinnen und Helfern, die das Projekt „Dorfbuch“ durch Textbeiträge und Bilder unterstützt haben. Ich danke auch allen, die durch wertvolle Tipps und Informationen zum Gelingen dieses Buches beigetragen haben. Es ist nicht möglich, die zahlreichen Rat- und Bildgeber namentlich zu erwähnen.

Besonders intensiv haben meine Arbeit unterstützt: Ortsreferent Paul Müller, Adolf Eblen sen., Werner Kesenheimer, Hans Schappeler, Karl Stumpp, Manfred Nolle, Wolfram Seidel, Marcel Rothmund und Siegfried Kienle. Bereitwillig halfen mir viele Angestellte der Gemeindeverwaltung. Erwähnt seien stellvertretend Sabine Stark, Manfred Meschenmoser, Günter Meier, Elmar Skurka und Elke Ritsch.

Ein besonderes Dankeschön gilt den Persönlichkeiten, die dieses Dorfbuch mit einem interessanten Gastbeitrag bereichert haben.

Ich danke meiner Frau Christiane für die vielen Stunden, die sie als Beraterin, Lektorin und Korrektorin dieses Werk begleitet hat.

Inhaltsverzeichnis

Einleitung

Titelseite des WEL-Dorfbuches

Walter Eberhard Loch (WEL) hat für sein 270-seitiges Dorf-Buch folgende Gliederung gewählt:

Vorwort des Verfassers

I. Die vier Elemente
II. Neufrachs Geschichte
III. Das weltliche Dorf
IV. Das kirchliche Dorf
V. Kulturelles Leben in unserer Gemeinde
VI. Von unserer Tierwelt
VII. Verzeichnis der Illustrationen
VIII. Alphabetisches Register
IX. Spezialplan zum Neufracher Dorfbuch

Am 1. März 1953 ist das „Neufracher Dorf-Buch" erschienen. Walter Eberhard Loch hatte drei Jahre lang an seinem Werk gearbeitet, das für die Gemeinde Neufrach noch heute von unschätzbarem Wert und großer Bedeutung ist.

Auf vielfachen Wunsch ist nun die Fortsetzung von Lochs Buch entstanden, das die letzten 60 Jahre Neufracher Geschichte (1952-2012) festhält.
Aktueller Stand dieses Dorfbuches: August 2013

Walter Eberhard Loch (WEL), um 1915

Walter Eberhard Loch (WEL), 1955

Eine ausführliche Würdigung des Künstlers Walter Eberhard Loch (WEL) findet sich in „Kunst und Kultur".

Salem ist WEL nicht nur wegen seines künstlerischen Wirkens, sondern auch wegen seines Dorfbuches zu großem Dank verpflichtet.

Das vorliegende Buch greift das Leitwort von Walter Eberhard Loch auf:

- in Treue den Vergangenen
- in Liebe den Gegenwärtigen
- in Hoffnung den Zukünftigen

Dieses Leitwort soll mit einem weiteren Wunsch verbunden werden:

- Möge es allen Menschen in unserem Dorf und in unserer Gemeinde allezeit in friedlicher und freiheitlicher Verbundenheit gut gehen!

Vor drei Jahren hat sich Hugo Gommeringer, unterstützt vom Neufracher Ortsreferenten Paul Müller, an die Arbeit gemacht, die Entwicklungen und Veränderungen in Salems Teilort Neufrach (1952-2012) zu erkunden und in einem Buch festzuhalten.

Struktur und Stil der Veröffentlichung sowie die Illustration des Buches mit reichlich Bildmaterial entsprechen heutigen Anforderungen.

Bis 1972 war Neufrach selbständige Gemeinde. Am 1. April 1972 schloss sich Neufrach der neuen Gemeinde Salem an. Seitdem besteht zwischen der Ortsgeschichte Neufrachs und der erfolgreichen Entwicklungsgeschichte der Gemeinde Salem ein enger Zusammenhang.

Geschichte spricht zu uns, in uns. Was geschehen ist, will „erinnert" sein. Was war, ist nicht vergessen. Erinnerungen sind ein unvergänglicher Schatz, den uns niemand nehmen kann und den es durch alle Zeiten zu bewahren gilt. Erinnerung schafft Begegnung. Dieses Buch möchte einen kleinen Beitrag zur lebenswichtigen Erinnerungskultur leisten.

Der Inhalt des Buches ist nicht chronologisch, sondern thematisch gegliedert. So können Daten und Fakten der verschiedenen Bereiche, die von speziellem Interesse sind, leichter gefunden und nachgelesen werden. Um Nachsicht bittet der Autor, wenn das Buch trotz gründlicher Recherche Fehler enthält oder bestimmte Inhalte aus Lesersicht nicht (genügend) erfasst sind.

Bereits an dieser Stelle seien einige Lesehilfen (s. auch Anhang) gegeben. Die Verbindung zum Dorf-Buch von Walter Eberhard Loch wird durch die Angabe „WEL" und „Seitenzahl" hergestellt. Auf den angegebenen Seiten erhält der interessierte Leser Aufschluss über die Entwicklung des Dorfes vor 1952. Erfasst sind auch einige WEL-Illustrationen (1949-1952 geschaffen) sowie Ergänzungen und Korrekturen.

In diesem Buch wird auf thematische Zusammenhänge durch Querverweise hingewiesen. Eindrucksvolle Bilder, die bereits aus der Zeit vor 1952 stammen, sind bewusst in dieses Dorfbuch aufgenommen worden.

Möge dieses Dorf- und Heimatbuch allen Lesern Freude bereiten und das „Wir-Gefühl" in der Dorfgemeinschaft und im Gemeindeleben stärken.

Das Dorf

Ortsname

(WEL, 62 f., 67)

Im Jahr 1162 findet sich die erste urkundliche Erwähnung Neufrachs. 1166 ist in einer alten Urkunde der Dienstherr Bertoldus Colhoppho de Niuferon genannt. In der Folgezeit sind Heinricus de Niuviron und Dietricus de Niuveron (1258) als Ministerialen erwähnt. Sie waren die Ortsadeligen auf dem Zwingschloss, auch Nüffernburg genannt. Die Dienstherren der Abtei Reichenau und der Grafen von Heiligenberg waren Verwalter der Lehen im Dorf. 1312 soll das adelige Herrengeschlecht auf der Nüffernburg erloschen sein.

Im Lauf der Jahrhunderte gab es unterschiedliche Schreibweisen für Neufrach: Niuferon (1166), Niuveron (1174), Nuferon (1220), Niunfron (1257), Nuffern (1390), Nufra (1472), Neyffrach (1611), Nüffere (1615), Neyfra (1616), Neiffra (1617), Neufra (1618), Neufron (1619), Neufrach (1672). Auch andere Schreibweisen wie Nüfra, Neuffra oder Nüfren sind überliefert.

Bei diesen Namen muss jedoch genau geprüft werden, welche Orte ähnlichen Namens in den alten Urkunden gemeint sind. So gibt es „Neufra bei Gammertingen“ und „Neufra der Gemeinde Riedlingen an der Donau“.

Der Name Niuferon bedeutet übersetzt „neue Fähre“, „neue Furt“ oder „neue Sippe“. Der Namenserklärung liegt das aus der alemannischen Siedlungszeit (6./7. Jahrhundert) stammende Wort „Niwifara“ zu Grunde.

Im Jahr 1220 werden Leutkirch und Haberstenweiler erstmals erwähnt. Durch den Erwerb von Gütern gelangte das Kloster Salem bis zum Jahr 1300 in den Besitz des Ortes Neufrach. Die Pfarrkirche von Leutkirch wurde im Jahr 1210 von den Herren von Rohrdorf ebenfalls dem Kloster Salem übertragen. WEL berichtet, dass die Herren von Neufrach im Jahr 1400 ausgestorben seien und damals ganz Neufrach dem Kloster Salem gehört habe.

Wappen

(WEL, 117)

1902 wurde das Wappen des alten Herrengeschlechts „Derer von Nyffra“ offiziell als Wappen von Neufrach eingeführt: Drei waagrechte Balken in Blau und Silber, der Halbkreis unten in Silber. Dieses Wappenbild wurde 1971 geändert. Die Heraldik besagt: „Dreimal geteilt von Blau und Silber mit einem wachsenden Krummstab mit Pannisellus in verwechselten Farben.“

Geografie

(WEL, 12)

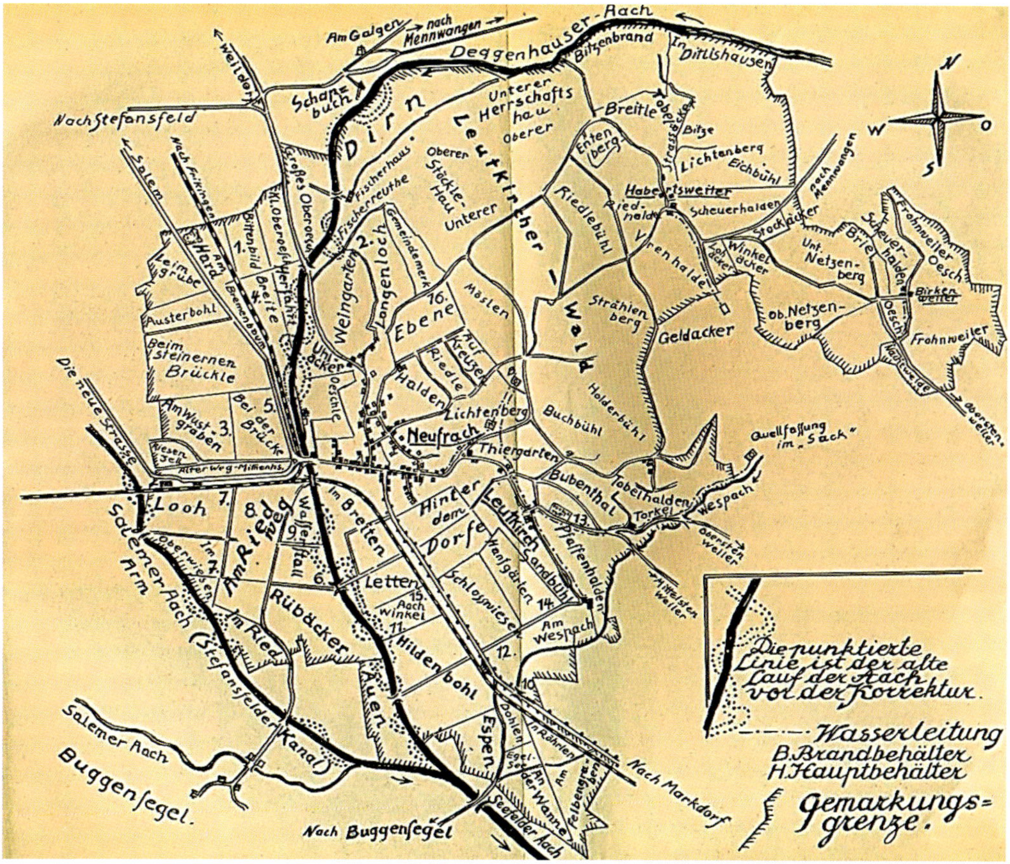

Gemarkung Neufrach nach WEL, Dorf-Buch Neufrach, Spezialplan, S. 270

Geographisch betrachtet liegt Neufrach an einem Höhenzug, 433 bis 440 Meter über Meereshöhe. Ursprünglich hatte der Ort die Form eines Rundlings, bevor er sich in jüngerer Zeit zu einem Reihendorf entwickelte.

Die Gemarkung Neufrach ist mit einer Größe von 10.297.265 m² die größte innerhalb der Gemeinde Salem. Sie umfasst rund ein Sechstel der Fläche von Salem (Gesamtgemarkung: 62.698.426 m²). Auf Haberstenweiler entfallen 1.029 ha und auf Birkenweiler 92 ha.
Die Gemarkung Neufrach grenzt an die Gemarkungen Mimmenhausen, Buggensegel, Mittelstenweiler, Oberstenweiler, Wittenhofen, Beuren, Weildorf und Salem an.

Die Gemarkungsgrenze Neufrach stößt im geographischen Mittelpunkt der Gemeinde Salem nördlich des Bildungszentrums auf die Gemarkungen Salem und Mimmenhausen. Von dort verläuft die Gemarkungsgrenze in Richtung Süden durch das Schulgebäude hindurch entlang der Bebauung von Mimmenhausen bis

zur Alten Neufracher Straße. Das dort anschließende Baugebiet „Riffenzell" („Riesenzell") liegt innerhalb des Gemarkungsgebietes Neufrach.
Weiter in Richtung Süden verläuft die gemeinsame Gemarkungsgrenze mit Mimmenhausen entlang der Bebauung bzw. durch bebautes Gebiet bis zur Bahnbrücke über den Stefansfelder Kanal westlich des Bahnhofs Salem. Ab hier grenzt der Stefansfelder Kanal bis kurz vor Buggensegel die Gemarkung ab. Dort verspringt die Gemarkungsgrenze durch die Feldflur in Richtung Osten, bevor sie oberhalb der Kläranlage wieder mit dem Verlauf des Stefansfelder Kanals identisch ist.

Nach dem Zusammenfluss des Stefansfelder Kanals mit der Deggenhauser Aach begleitet die Gemarkungsgrenze die Seefelder Aach bis zur Wehauser Brücke, die im Jahre 2012 durch die Gemeinde Salem erneuert wurde. Zunächst ein Stück entlang der Gemeindeverbindungsstraße in Richtung Mittelstenweiler schwingt die Gemarkungsgrenze Richtung Osten ab. Um die Gewanne „An der Wanne" und „Am Felbengraben" herum grenzt die Gemarkung Neufrach an die Gemarkung Mittelstenweiler.

Etwas östlich der Einmündung der Kreisstraße 7748 nach Mittelstenweiler stößt die Gemarkungsgrenze auf die Landesstraße 205 von Bermatingen und folgt dieser in Richtung Neufrach, bevor sie dann zunächst in der Nähe und später im Wespachbach und dann im Tobelbach verläuft.

Westlich von Oberstenweiler verlässt die mit Oberstenweiler gemeinsame Gemarkungsgrenze den Tobelbach und macht einen Bogen durch den Leutkircher Wald, bevor sie in der Nähe der Suchtheilstätte „Sieben Zwerge" wieder nahe an den Ort Oberstenweiler herankommt. Um den Weiler Birkenweiler herum, der ähnlich einer Halbinsel zum Gemarkungsgebiet Neufrach gehört, bildet die Gemarkung Neufrach die „Außengrenze" der Gemeinde Salem zur Gemarkung Wittenhofen der Gemeinde Deggenhausertal.

Westlich oberhalb des Ortes Mennwangen der Gemeinde Deggenhausertal verläuft die Gemarkungsgrenze in Richtung Norden bis zur Deggenhauser Aach beim dortigen früheren Sägewerk. Von da ab bildet die Deggenhauser Aach mit kleineren Abweichungen die Gemarkungsgrenze bis kurz vor das frühere Forsthaus „Fischerhaus". Um das Anwesen des Aussiedlerhofes Laur herum stößt die Gemarkungsgrenze an den Hardtwald und verläuft entlang des Waldsaumes zunächst in Richtung Süden und dann in Richtung Westen, wo sie nördlich des Schlossseestadions wieder auf den Ausgangspunkt dieser Gemarkungsbeschreibung trifft.

In der Gemarkung Neufrach befinden sich neben dem Wohnort Neufrach die zentralen Gewerbegebiete nördlich und südlich der Bahnlinie (Bahnhofstraße, Am Riedweg, In Oberwiesen, Weiden, Im Wasserstall), die Sportanlagen an der Schlossseeallee, das Alten- und Pflegeheim Wespach, der Bahnhof Salem, die Weiler Leutkirch, Haberstenweiler, Tobelhof und Birkenweiler.

Auch die zentrale Kläranlage der Gemeinde Salem beim Zusammenfluss der Deggenhauser Aach und des Stefansfelder Kanals sowie der zentrale Hochbehälter der Wasserversorgung Salem oberhalb der Ortslage Neufrach befinden sich auf Neufracher Gemarkung.

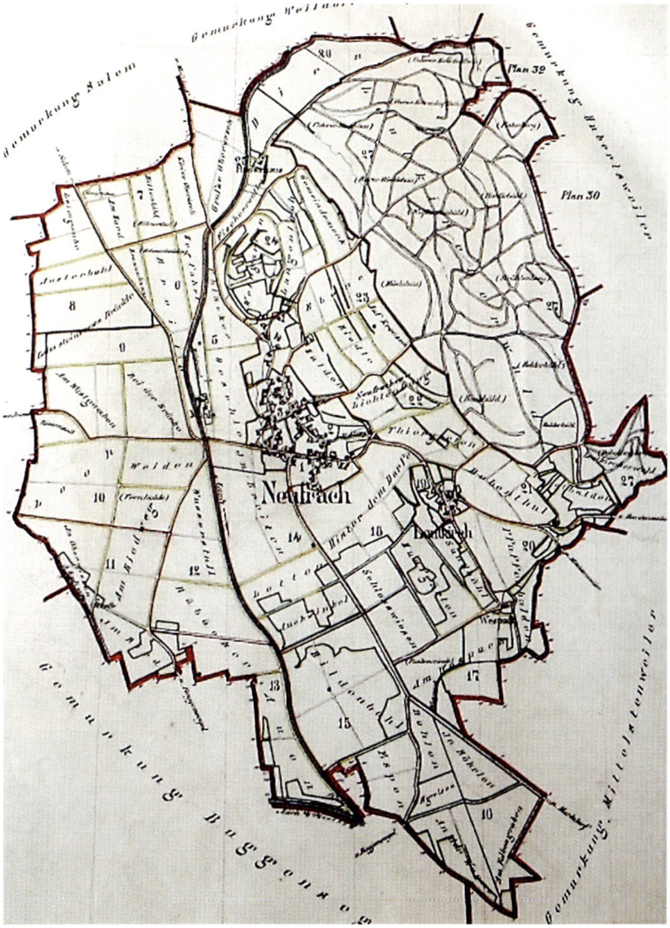

Aus: Atlas der Gemarkung Neufrach

Bearbeitet in Gemäßheit des Gesetzes vom 26. März 1852. Regierungsblatt S. 106 u. f. unter Obsorge der Staatsverwaltung in den Jahren 1874 bis 1883.

Häuser, Höfe und Güter

(WEL, S. 156 - 178)

Die alten Höfe des Urbars von 1720 und des Güterverzeichnisses von 1844 hat WEL in seinem Dorfbuch erwähnt. Damit heutige und künftige Einwohner Neufrachs wissen, wo sich die von WEL erwähnten Anwesen, Güter und Häuser befinden, wurde die folgende Tabelle erstellt. Zugleich ist ausgewiesen, ob die damaligen Häuser erhalten, nur abgerissen oder durch neue Häuser ersetzt wurden. Angemerkt ist auch, ob das Grundstück zusätzlich bebaut wurde.

Anwesen, Urbar und Hausnummer (WEL)	**Straße und Hausnummer heute A = Abriss; N = Neubau (ggf. zusätzlicher Neubau)**
Greifenhof, Nr. 59, Hs 32	Markdorfer Str. 18
Wicken-Gut, Nr. 2, Hs 33	Markdorfer Str. 20 A; N - heute: Sparkassen-Filiale

Sperling-Güthle, Nr. 61, Hs 28	Markdorfer Str. 21
Roß-, Wagen- u. Schwammgut, Gasthaus zum Grünen Baum, Nr. 60, Hs 22	Markdorfer Str. 27; heute: Pizzeria „Grüner Baum"; zusätzlich N - Wohnhaus (Weildorfer Str.)
Binsen- oder Bünzenhof, Nr. 22, Hs 24	Markdorfer Str. 29
Gollen o. Gollhof, Nr. 23, Hs 35	Markdorfer Str. 31 A; N - „Prinz Max"
Pantoffel, Nr. 24, Gasthaus Prinz Max, Hs 36	Markdorfer Str. 33 A; N „Prinz Max"
Brombeergut-, Braunbeer- oder Braunbier-Gut, Nr. 56, Hs 38	Markdorfer Str. 35
Hauengut, Nr. 68, Hs 16	Weildorfer Str. 7 Zusätzlich N - Haus und Anbau
Büchsel-, Bückel- oder Pickel-Hof, Nr. 18, Hs 21	Weildorfer Str. 8 Früher: Mosterei Karrer
Findausgütle, Nr. 63, Hs 18	Weildorfer Str. 5
Steinbock-Gut, Nr. 6, Hs 12	Weildorfer Str. 9 A; N
Lattich-Hof, Nr. 11, Hs 15	Weildorfer Str. 16, sog. „Basler-Haus"
Dellen- oder Deller-Hof, Nr. 72, Hs 9	Weildorfer Str. 17
Zaunschlupfer-Güthle, Nr. 10, Hs 14	Weildorfer Str. 18 und 20 A; N
Hobel-Güthle, Nr. 73, Hs 8	Weildorfer Str. 19 Zusätzlich N - zwei Einf.häuser
Bohnengütle, Nr. 7, Hs 10	Weildorfer Str. 26
Staffel, Nr. 76, Nr. 7	Weildorfer Str. 38 „Umbau"
Speyer-Hof, Nr. 81, Hs 6	Weildorfer Str. 42
Guggau oder Guggughof, Nr. 27, Hs 43	Leutkircher Str. 5
Zinsle o. Zünsle-Gut, Nr. 49, Hs 53	Leutkircher Str. 6 Umbau und Ausbau
Kressig-Gut, Nr. 28, Hs 50	Leutkircher Str. 7
Linsen-Gut, Nr. 48, Hs 54	Leutkircher Str. 8
Waffen-Güthle, Nr. 57, Hs 85	Leutkircher Str. 9
Eisenhut-Gut, Nr. 30, Hs 52	Leutkircher Str. 11 A; N
Rattengütle, Nr. 29, Hs 51	Leutkircher Str. 11

Hacken-Hof, Nr. 40, Hs 55	Leutkircher Str. 13 A; N
Sporen-Gut, Sporn-Hof, Nr. 46, Hs 56	Leutkircher Str. 16 Zusätzlich N - Einfamilienhaus
Klettengut, Nr. 41, Hs 57	Leutkircher Str. 17
Amselgütle, Nr. 42, Hs 59	Leutkircher Str. 19 A; N
„Trachter" (Trichter), Nr. 31, Hs 122	Nüffernstr. 1 - zusätzlich N
Schlegel-Hof, Nr. 32, Hs 67	Nüffernstr. 5
Skorpion-Hof, Nr. 39, Hs 65	Nüffernstr. 6 – zusätzlich N
Schippen- oder Schiepenhof, Nr. 33, Hs 68	Nüffernstr. 10
Brettgut, Nr. 20, Hs 70 - Burgstall, Nüffernburg, Zwingschloss	Nüffernstr. 11
Flegel- oder Pflegel-Hof, Nr. 34, Hs 69	Nüffernstr. 12
Ranzen-Hof, Nr. 35, Hs 74	Nüffernstr. 14
Kautz-Hof, Nr. 19, Hs 71	Nüffernstr. 15
Komet-Gut, Nr. 1, Hs 83	Nüffernstr. 16, „Komethof"
Kranich-Hof, Nr. 17. Hs 73	Nüffernstr. 17 A; N - Mehrfamilienhaus
Gabelgut, Hs 91	Nüffernstr. 18
Schaufel-Güthle, Nr. 4, Hs 86	Nüffernstr. 20, 1 – 3 A; Neubauten
Hilsenhof, Nr. 9, Hs 87	Nüffernstr. 23, Bäckerei Weber
Wannengut, Nr. 12, Hs 84	Nüffernstr. 21
Leiter-Gut, Nr. 78,2, Hs 2	Stummberg 26/1 - „Sonnenhof"
Meßmerhaus, Nr. 8, Hs 89	Haldenbühlstr. 1 - zusätzlich N
Mistel- o. Mistler-Hof, Trostel-Hof, Kübelgut (Einheit), Nr. 53, Hs 46	Lockgasse 4 Trostelhof - Neubau
Mühle, Nr. 82, Hs 29	Mühlenweg 1, „Mühle"
Salatgut	Mühlenweg 3 A - Zimmerei; N – Mehrfam.haus
Sattelhof, Nr. 31, Hs 76	Riedlestr. 3
Widder-Gut, Nr. 2, Hs 82	Riedlestr. 7

Nebel- oder Magsamengut, Nr. 36 A und B, Nr. 77 und 78	Riedlestr. 10
Zwiebelgut, Nr. 68	Riedlestr. 10
„Sternen", Nr. 37, früher Gemeindehaus	Riedlestr. 12
Hechel, Hechelgüthle, Nr. 38, Hs 80	Riedlestr. 18
Rechen-Gut, Nr. 65, Hs 13	Fridolin-Amann.Str. 2 A; N - Pfarrkirche
Reischen-Güthle, Nr. 80, Hs 3	Im Unteren Weingarten 3
Schlößle-Gut, sog. „Geiger-Haus", Nr. 79, Hs 1	Im Stummberg 7 A; N
Staren-Güthle, Nr. 62, Hs 19	Postgasse 2/4
„Taube", Daubenhof, Nr. 51, Hs 45	Lockgasse 3
Striegel-Hof, Nr. 47, Hs 49	Lockgasse 7
„Wassermann", Nr. 53, Hs 48	Lockgasse 16
Gems- oder Gemeindegut, Nr. 45, Hs 56	Walter-Eberhard-Loch-Str. 1
Schulhaus, Hs 56	Walter-Eberhard-Loch-Str. 3
Fischerhaus	Fischerhaus 1
Kübel-Gut	A

Wecken-Hof, Nr. 89, Hs 2	Leutkirch 1/1 - Zusätzlich N
Schwanen-Gut und „Krehe", Nr. 87 „„Linde"	Leutkirch 3 Gasthaus „Linde"
Meßmerhaus, Nr. 86	Leutkircher Str. 5
Egge-Hof, Hs 1	Leutkircher Str. 6
Geier-Hof, Nr. 97, Hs 4	Leutkircher Str. 14
Pfarrhof, Nr. 98	Leutkircher Str. 20
Stangenhof	Leutkirch 22
Trapp-Güthle, Nr. 85	Leutkirch 22
Tobelhof	3: ehemals WEL-Haus

Zangen-Hof, Nr. 1, Hs 1, 3	Haberstenweiler, Nr. 1

Zangenhof, Hs 2	Haberstenweiler, Nr. 2
Habergut, Nr. 6	Haberstenweiler, Nr. 5
Spreuer-Hof, Nr. 9	Haberstenweiler, Nr. 3
Stiefel-Hof, Nr. 2, Hs 4	Haberstenweiler, Nr. 4

Hof neueren Datums	Birkenweiler, 1
Hammergut	Birkenweiler, 2

Ansichten von Neufrach

1901

koloriert: postalisch gelaufen 1903; s/w: postalisch gelaufen 1902

1908

s/w: postalisch gelaufen 1909; koloriert: postalisch gelaufen 1908

Neufrach 1919. Bild im Bild: Kaufhaus W. Koch, heute Markdorfer Str. 24

um 1920

im Vordergrund: Heutige Markdorfer Straße

um 1920

um 1940

Im Jahr 1967 waren die neue Pfarrkirche „St. Peter und Paul", der Kindergarten und das Pfarr- und Schwesternhaus fertiggestellt. Aufgrund des Kirchenbaus ist der idyllisch im Ortskern gelegene Sportplatz um einige Meter versetzt worden. Die Siedlung neben dem Sportplatz entstand in den 1950-er Jahren. Damals hatte der Ort etwa 1.200 Einwohner.

Ansichten von Leutkirch

um 1925

Haus Freistetter (oben rechts), Gasthaus „zur Linde“ (unten links), Haus Schatz (unten rechts)

um 1940

Blick auf den Ort, die Handlung Richard Strobel und das Schulhaus

um 1965

Ein junger Neufracher hat im letzten Weltkrieg fern der Heimat geschrieben: „Du liegst so schön auf deiner Höh` so herrlich und vertraut, als hätt` dich Gott am letzten Tag noch selber hingebaut!“ Bei Staiger (S. 290) ist uns ein Lied mit acht Strophen überliefert. In der ersten Strophe heißt es dort:

„Im Dörfchen will ich wohnen,
Im Dörfchen wohnt sich`s gut,
Wird Lied mich noch belohnen,
Erfaß ich Kraft und Mut.“

um 2004

1995

um 2000

Dorfgeschichte

(WEL, 62 - 116)

Was ist in Neufrach in den letzten 60 Jahren geschehen? Wie hat sich der Ort entwickelt? Wer war an der Entwicklung und an der Geschichte des Dorfes maßgeblich beteiligt? Diese Fragen werden in diesem Buch ausführlich beantwortet.

Auf den folgenden Seiten geht es darum,

- einen ersten, kurzen Überblick zur Dorfgeschichte im kirchlichen und weltlichen Bereich zu geben und
- wichtige Geschehnisse und Gegebenheiten (z. B. Abbruch von Häusern, bedeutsame und schöne Häuser, Blick in einzelne Quartiere des Dorfes) durch Bilder und kurze Bildtexte in Erinnerung zu rufen.

Geschichte im Überblick

Weltliche und kirchliche Ereignisse

Jahr	Weltliche Ereignisse	Kirchliche Ereignisse
1952	Baubeginn der Volksschule Hermann Auer seit 1945 Bürgermeister	
1955	Beginn der Flurbereinigung	Zwei neue Glocken für Leutkirch
1955	Einweihung der Volksschule	Neuer Boden, neue Bänke in der Pfarrkirche
1956	Einweihung des Vitus-Hauses Wespach Einrichtung der Gefrieranlage Wasserleitung in Haberstenweiler	
1959	Ende der Flurbereinigung Letzte Abrechnungen: 1964	Tod von Pfarrer Anton Seifried Kilian Jost wird Pfarrer
1960	Gründung des Bodensee-Obstmarktes	
1962	Erster Bezirksbauerntag	
1963		Josef Beha wird Pfarrer
1965/66	Sanierung des Stammhauses Wespach	Bau des Pfarrzentrums Neufrach
1967		Einweihung der Pfarrkirche
1969		Erste Pfarrgemeinderatswahlen
1970		Einweihung der Einsegnungshalle
1971	Neue Straßennamen Großbrand Hof Haug, In den Auen 1	
1972	Neufrach wird Teilort von Salem Bau des neuen Rathauses Bürgermeister Werner Kesenheimer	
1973		Einweihung des Jugendheimes
1974	Abriss des alten Rathauses Erschließungsbeginn Gewerbegebiet	Pfarrerwechsel: Josef Beha geht, Rudolf Schatz kommt
1975	ZG erstellt Zentrallager	
1976	Abriss des altes Schwesternhauses Bau der Sparkassen-Filiale	

1976/77	Neubau Haus 3 in Wespach Schließung der Molkerei	Orgelweihe Pfarrkirche Gesangbuch „Gotteslob"
1979	Brand Hof Berenbold, Nüffernstraße	Gründung der Sozialstation
1980		Ende der Außensanierung Leutkirch; Glockenweihe Pfarrkirche
1981	Einweihung Schlossseestadion	
1981/82		Außensanierung Markuskapelle
1984	Sanierungsende Stammhaus Wespach Einweihung Stadion-Clubhaus	Pfarrerwechsel: Rudolf Schatz geht, Helmut Miltner kommt
1985	Brand des Hauses Loch, Tobelhalde	
1986	Neubau der Schulturnhalle Neuer Bahnhofsname: Salem	Primiz von Harald Eichhorn
1987	Anschluss an das Erdgasnetz Abriss Vitusbau Inbetriebnahme Tennisanlage	
1988	Neubau Haus 1 Wespach Ordensschwestern verlassen Wespach Bürgermeister Peter Allgaier	
1989	Zentr. Wasserversorgung für Leutkirch	
1990	Einweihung der Turnhalle	
1991	Wespach wird Alten- und Pflegeheim Brand Raiffeisen-Lagerhalle	Erstes gemeinsames Fronleichnamsfest im Schlossbereich
1992	Beginn der Ortskernsanierung	Kindergartenpavillon
1993	Bau der Tennishalle	
1995		Einweihung Pfarrhaus Leutkirch
1996	Aussiedlung „SMV" und „Autohaus Karrer"	Verabschiedung der Schwestern
1997	Abriss Gasthaus „Prinz Max" Bau „Prinz Max"	Sanierung der Pfarrkirche Pfarrerwechsel: Helmut Miltner geht, Peter Nicola kommt. Pastoralreferent W. Neumann kommt.
1999	Einweihung „Prinz Max"	
2001	Abbruch des Gasthauses „Sternen"	Glockenweihe
2002	Erweiterungsbau der Grundschule	Solardach der Pfarrkirche
2003	Einweihung „Hermann-Auer-GS"	Gründung Seelsorgeeinheit Salem
2004	Bürgermeister Manfred Härle	
2006		Investitur von Peter Nicola Brand der Weihnachtskrippe
2007		Sanierung der Pfarrkirche Glockenguss, Glockenweihe
2009	Abriss Haus 3 in Wespach	
2010	Neubau Haus 3 mit Demenzabteilung	
2012	Stammhaus-Sanierung Wespach Einweihung der Bahnunterführung	Abriss des Kindergartens
2013	1.6.: Hochwasser	Einweihung des Kindergartens

Dorfgeschichte in Bildern (H: Heutige Hausnummer)

Geschichte hat mit Geschehen zu tun. Hier wird in Bildern und kurzen Bildtexten dargestellt, was sich in Neufrach ereignet hat. Wenn man sich in Erinnerung ruft, dass nach dem Dreißgjährigen Krieg (1618-1648) in Neufrach nur 13 Häuser übrig blieben und dass es im 19. und 20. Jahrhundert viele Hausbrände gab, wird verständlich, warum es nur wenige alte Bauten im Ort gibt (WEL, 48-51). Einige bedeutsame Häuser sind unter anderen Themen (z.B. Landwirtschaft) dieses Buches abgebildet.

Haus Heudorf-Schmid, H 8, 1933

Das Haus wurde 1902 gebaut. Konrad Laur fährt mit Tochter Resi auf der Dorfstraße, heute Markdorfer Straße. Zum Haus gehörte eine Schreinerei. Seit dem Jahr 2004 sind Achim und Susanna Bauer Eigentümer und renovieren das stattliche Gebäude.

Die Musikkapelle neben dem Gasthaus „zum Grünen Baum", 1932
Hinter dem Gasthaus sind die Scheune (Knechtskammer über dem Pferdestall) und das ehemals denkmalgeschützte Wohnhaus (Konstanzer-Haus), Weildorfer Str. 1, zu sehen. Das Wohnhaus aus der 1. Hälfte des 19. Jh. gehörte zum Gasthof „Grüner Baum". Das eingeschossige, massiv erbaute Wohnhaus war geprägt durch das Mansard-Krüppelwalmdach und den über die Freitreppe zugänglichen Mitteleingang. Diese Architektur war bis dahin bei privaten Wohnhäusern kaum verbreitet. In der rechten Gebäudehälfte war ein sehr tiefer Balkenkeller mit schlanker, profilierter Stütze. Damals handelte es sich um einen fortschrittlichen Haustyp.

Geiger-Haus, H 7, 1961

Das malerische Fachwerkhaus, auch „Schlössle-Gut" genannt, stand im Stummberg. Es wurde im Jahr 1962 abgerissen.

Haus Stehle/Fitz, H 9, 1966

Hinten ist bereits der Kirchturm der Pfarrkirche zu sehen. Im Juni 1964 verkauften Luise und Gottfried Fitz Hofreite mit Gebäuden und Gartenland, die sie 1956 erworben hatten, an die Pfarrei. Das Anwesen ist bereits 1882 erwähnt.

Blick vom Kirchturm, 1966

In der Weildorfer Str.: (H 9, H 24, H 22, H 20), Markuskapelle; an der Nüffernstr.: (H 22, H 25) Bäckerei Weißenrieder/Beil/Weber (H 23), Hof Laur (H 20); in der Haldenbühlstr.: Riedmaier (H 1), Haug (H 3), Stegmaier/Mattes (H 2)

Blick vom Kirchturm, 1966

In der Nüffernstr.: Komethof (H 16), Stumpp (H 21), Löhle (H 14) Auer (H 6); in der Riedlestr.: (H 3), Verheyen (H 8), Gemeindehaus (H 10) Fuchsloch (H 18)

Blick vom Kirchturm, 1966

Wohnsiedlung am Sportplatz und im Öschle, Mühle (Mühlenweg 1), in der Mühlenstraße Walk (H 3), Häring (H 11), Albrecht (Stefansfelder Str. 9)

Markdorfer Straße

Markdorfer Straße, 1972

Das Schwesternhaus (rechts, H 22), (dahinter H 35), das alte Rathaus (Mitte), Gasthaus „Prinz Max" (links), Häring-Haus (ganz links)

1971

Gasthaus „Prinz Max", Haus Busch (H 29), Schwesternhaus (H 22), Haus Fitz (H 20), Tankstelle Leberer, heute Rothmund (H 16)

1976

Abgerissenes Schwesternhaus, Gasthaus „Prinz Max", Teil des Rathauses, Hegner-Haus (H 3), Haus Gern (H 7)

1971

Gasthaus „Grüner Baum" (rechts), Tankstelle Leberer (links)

1971

(linke Seite) Metzger (H 25), „Grüner Baum" (H 27), Busch (H 29), „Prinz Max", (rechte Seite) Nunne (H 18), Fitz (H 20) und Schwesternhaus (H 22), Rathaus

1984

Haus Zweifel (H 5)
Es wurde in den 1920-er Jahren gebaut. Im Haus befanden sich eine Zeit lang die Schneiderei Futterer und der Gartenbaubetrieb Koch.

1997

Haus Busch, Markdorfer Str. 29, nach der Renovation. Das Haus wurde 1908 von Bäckermeister Josef Stickel gebaut.

Das stattliche und schöne Haus Busch wurde und wird vielfältig genutzt. 1911: Anbau des Ostflügels mit Dampfbackstube und Badstube; 1937: Erwerb durch Müllermeister Alfred Busch, Verpachtung an Bäckermeister Hetzel; 1938/39: Renovierung und Erweiterung; 1939-1951: Verpachtung an Bäckermeister Hermann Nell, Bäckerei und Gemischtwarengeschäft; 1952-1963: Bäckerei Karl Kollmann; 1964: Renovierung; „Edeka-Geschäft" Hoher, Zweigstelle der Sparkasse Salem, vier Wohnungen; 1979-1997: Zweigstelle der Volksbank Markdorf; 1982-2010: Quelle-Agentur; 1995: Übernahme durch Manfred Busch, Quelle-Agentur und Zweigstelle Volksbank; 1995: Renovierung, Feinkostgeschäft Tassone und Quelle-Agentur Lohr; 2002: Friseurgeschäft Möcking und Quelle-Agentur Bentele; 2010-heute: Friseurgeschäft Möcking (Friseur 29), Fahrschule Mader.

Haus Asprion, heute Gindele (H 9), 1960-er Jahre (links) und 2013 (rechts)
Das Haus wurde um 1925 erbaut. Es bestand aus Wohnhaus mit Werkstatt und Ökonomiegebäude. In der Werkstatt des Maurerbetriebs Karl Asprion wurden Zementrohre hergestellt. Im Winter diente die Werkstatt zum Fertigen von Körben und Besen. 1972 wurde das Haus grundlegend renoviert. 2008 erwarben Wilhelm Gindele und Sonja Fries das Haus, renovierten es innen komplett und bauten neue Fenster ein. 2011 wurden Dach und Außenfassade renoviert sowie die Fensterläden rekonstruiert.

Weildorfer Straße

1971

Busch (H 29), Gasthaus „Sternen" (H 2/2a), Autohaus Karrer (H 4, 6), Schmiede und Tankstelle Karrer (H 10)

1966

(von links) Viellieber (heute Früh, H 9), Markuskapelle, (H 22), Neubau Megger/Uhl (H 20/18), Allgeyer

1975

Haus Kretz/ Hund (H 12), Schmiede und Tankstelle Karrer (H 10), Autohaus Karrer (H 4/6)

1978

Haus Kretz/ Hund mit Blick auf die Häuser Basler (H 16), Uhl/Megger (H 18, 20), (H 22), Markuskapelle

Um 1975

(links) Scheune (H 1/1a) und Speicher von Rieger (H 3), (rechts) Busch (H 29), Gasthaus „Sternen"- (H 2/2a), Autohaus (H 4) und Schmiede/Haus Karrer (H 10)

1966

(von links) Megger (H 20), (H 18), Basler (H 16)

1995

Abriss (H 22), Bau eines Dreifamilienhauses im Hintergrund: Markuskapelle, Haus Früh (H 9-9/1)

Nüffernstraße

Das Fachwerk-Haus Keßler, Nüffernstraße 9, 1978

Das Haus gehörte bis 1962 zum Anwesen Gern. Josef Gern verkaufte damals das Haus an die Gemeinde. Es sollte abgebrochen werden. 1963 zog jedoch die Familie Keßler ein. Sie kaufte 1983 das Haus und renovierte es im Laufe der Jahre. Im Jahr 2000 wurde das Dach saniert.

Brand des Hauses Berenbold (H 12), 1978

Im Jahr 1971 brannte der Hof Haug, 1985 das WEL-Haus im Tobelhof, 1991 das Raiffeisen-Lagerhaus an der Bahnhofstraße.

Haus und Hof Laur, 1985

Der Hof Laur wurde 1985 abgerissen. Auf dem Areal wurden neue Häuser erstellt. Neben dem Haus Laur: Das etwa 300 Jahre alte Haus der Familie Stegmaier

Rimmele-Haus (H 6), Bild links: 1926; Bild rechts: 2013
Das Haus wurde im Jahr 1926 gebaut. Nach dem frühen Tod von Max Rimmele im Jahr 1967 setzte sich Irma Rimmele mit aller Kraft dafür ein, dass der Hof der Familie erhalten blieb. In den Jahren 1978 bis 1980 wurde das Haus mit Hilfe der ganzen Familie und des zweiten Mannes Adolf Steidle saniert und umgebaut. Seit 1991 ist Sohn Dieter Rimmele Eigentümer und sorgt dafür, dass das Anwesen im Familienbesitz bleibt.

Haus Löhle (H 14), 2013

Das Haus wurde 1937 wieder aufgebaut. Nach dem tödlichen Verkehrsunfall seines Vaters führte Sohn Matthäus Löhle, geb. am 31. Juli 1952, den landwirtschaftlichen Betrieb bis 1990 weiter. Bis dahin gehörte das Anwesen Theresia Löhle.

Haus Hug, 2010

Es wurde 2011 abgerissen und durch ein Sechsfamilienhaus ersetzt.

1977

Abriss Haus Lohr (1976; H 15) und Neubau, Haus Hug (H 17), Komethof (H 16)

Andere Straßen

Das Hofgut Stegmaier/Mattes, (H 2), 2013

Das Hofgut an der Haldenbühlstraße hat eine 300-jährige Geschichte. Abriss und Neubau sind geplant.

Haus Löhle, Leutkirch, um 1975

Es stand östlich des Gasthauses „zur Linde". Der Abriss wurde Ende 1977 genehmigt. 1986 wurde an dieser Stelle ein neues Wohnhaus gebaut.

Das Haus von J. G. Mayer, um 1920 (links), um 1940 (rechts). Seit 1984 bewohnen Inge und Dieter Lange dieses Haus.

Hof von Wilhelm Walk, geb. am 14.1.1902, gest. am 2.7. 1998, in der Mühlenstraße (H 3), 1998

In seinem Haus lebte er von 1953 bis 1998. Er war im Gesangverein und in der Feuerwehr. Nach dem Jahr 2000 entstanden hier mehrere Doppelhäuser.

Maibaum auf dem Dorfplatz beim Rathaus, 2005

Denkmale und Gedenkstätten

(WEL, 11; 164; 185 f.)

In Neufrach gibt es 21 Denkmale als „Objekte“ von besonderer Bedeutung. Sie erfüllen die Voraussetzung für einen Eintrag in die Denkmalliste, weil sie aus wissenschaftlichen, künstlerischen oder heimatgeschichtlichen Gründen wichtig sind und an ihrer Erhaltung ein öffentliches Interesse besteht.

Im Jahr 1977 wurden vom Landesdenkmalamt vier denkmalgeschützte Gebäude ausgewiesen: Markuskapelle, „Komethof“ (alte Schmiede), Wagnerwerkstatt (Ausgedinghaus, Speicher), „Latt-Hof“ („Basler-Haus“).

1984/1985 erfolgte die Aufnahme der in der folgenden Übersicht dargestellten Denkmale in das Denkmalbuch (erstellt: 31.10.1985, Stand 28.10.2008).

Für geschichtsträchtig hält der Autor darüber hinaus viele kleine „Objekte“, die Ort und Landschaft zieren und zur Geschichte der Heimat gehören. Dies sind Kapellen, Brunnen, Bildstöcke, Feld- und Wegkreuze sowie Kriegergedenkstätten.

Denkmal - Übersicht (F = Flurstück)

Kapelle St. Markus und Martin	F 59, Weildorfer Str. 11	1257
Bauernhaus, Lattich-Hof	F 85, Weildorfer Str. 16	1803
Ofenhaus (Back- und Waschhaus)	F 100, Haldenbühlstr. 2	um 1800
Speicher; Ausgedinghaus	F 1, Markdorfer Str. 18	Mitte 18. Jh.
Mühle	F 123/1, Mühlenweg 1	Mitte 18. Jh.
Speicher	F 30/1, Nüffernstr. 5	18. Jh.
Wasserburg (Nüffernburg)	F 29, Nüffernstr. 11	Mittelalter
Fachwerkhaus	F 96, Nüffernstr. 16	um 1700
Dorfbrunnen	F 96, Nüffernstr. 16	ab 1883
Bauernhaus mit Ausgedinghaus	F 84, Nüffernstr. 21 u. 21 a	Mitte 18. Jh.
Wohnhaus (Gemeindehaus)	F 54, Riedlestr. 12	17. Jh.
Fischerhaus	F 1334, Fischerhaus Nr. 1	Ende 19. Jh.
Bahnstation (Sachgesamtheit)	F 1201, Bahnhofstr. 100,100a	1900
Stammhaus Wespach	F 1507, Wespach 1	1445
Kruzifix am „Zangenhof“	F 1103, Haberstenweiler 1	18. Jh.
Wegkapelle	F 1103, Haberstenweiler 1	2. Hälfte 19. Jh.
Wohnspeicher	F 1105, Haberstenweiler 5	2. Hälfte 18. Jh.
Grenzstein	F 1154, Gemark.grenze	1768
Ehemalige kath. Pfarrkirche	F 1500, Leutkirch Nr. 18	11./12. Jh.
Kath. Pfarrhaus mit Torkel	F 1501, Leutkirch Nr. 20	unklar
Wappenstein am „Stangen-Gut“	F 1488, Leutkirch Nr. 22	unklar

Denkmal - Beschreibungen

Kapelle St. Markus und Martin

(WEL, 200; s. „Kirchliches Leben“) Textquelle: „Liste der Kulturdenkmale“

Die erstmals im Jahr 1257 urkundlich erwähnte Kapelle ist wohl eine Reichenauer Gründung (um 1200) und diente als Eigenkirche der „Herren von Niuveron“. Illustration: 1953; Foto: 2013

Latt- oder Lattich-Hof („Basler-Haus“)

(WEL, 104)

Der Latt- oder Lattich-Hof, ein stattlicher Fachwerkbau aus dem Jahr 1803, Illustration: 1953; Foto: 2013

Einfachere Zierformen prägen das Haus. Ein senkrechter, gerader Stiel ist in den Brüstungsfeldern des Erdgeschosses und ein gerader Stiel in Form eines nach unten offenes „V“ in den Brüstungsfeldern des Obergeschosses zu erkennen.

Backhaus

Back-, Ofenhaus, 2012
Es stammt aus der Zeit um 1800 und gehört zur Hofanlage Stegmaier/Mattes.
(s. auch „Landwirtschaft")

Es handelt sich um einen kleinen, eingeschossigen und massiv errichteten Rechteckbau mit Satteldach. Die traufseitigen Fensteröffnungen sind noch mit alten Holzgewänden versehen. Der gewölbte Ofen ist in den langgestreckten Bau integriert.

Ehemaliger Speicher, Ausgedinghaus

(WEL, 185)

Es handelt sich um einen ehemaligen Speicher bzw. um ein Ausgedinghaus einer großen Hofanlage. Der Fachwerkbau mit eindrucksvollen Zierformen stammt aus der Mitte des 18. Jh.s.
Illustration: 1953; Foto (links): 2013

In diesem Haus hatte Matthäus Rübsamen seine Wagner-Werkstatt (von ihm genutzt bis 1980). Das denkmalgeschützte Gebäude ist heute Eigentum der Familie Nunne. In der Markdorfer Str. 18 stehen das ehemalige landwirtschaftliche Gebäude und das frühere Wohnhaus der Familie Nunne, in dem seit 2010 die Familie Franco Giardiello Obst und Gemüse verkauft.

Mühle

(WEL, 42)

Die Mühle
Illustration: 1953; Foto: 1920-er Jahre

Die Mühle befindet sich am westlichen Rand des Dorfes an der Deggenhauser Aach. Das jetzige zweigeschossige Gebäude stammt aus der Mitte des 18. Jh. Es hat ein hohes Vollwalmdach. Der Bau ist quererschlossen. Links vom breiten Flur befindet sich der Mühlenraum, rechts vom Flur der Wohnbereich. Die Dachstuhlkonstruktion ist im ersten Geschoss mit einer zusätzlichen Reihe profilierter Stützen versehen.

Aus dem 20. Jh. stammt die noch in Betrieb befindliche Mühleneinrichtung (Turbinenhaus von 1915 als Mühlradersatz).

Zweimal war die Mühle vom Hochwasser besonders stark betroffen, und zwar in den Jahren 1906 und 1930.

Ab dem Jahr 1964 betrieben Franz und Maria Wolf die Mühle, die sie von der Familie Busch übernommen hatten. Der Schweinestall an der Mühlenstraße wurde 1964 erweitert und im Jahr 1977 neu gebaut.

1965/66 riss man das Staubhaus ab und errichtete ein Silo, das später durch den Druck des Weizens zerstörte wurde. Daraufhin wurde der vordere Teil des Silos statisch verstärkt und der hintere Teil durch ein Stahl-Silo ersetzt. Nach dem Abriss des Pferdestalls im Jahr 1967 errichtete die Familie Wolf ein Wohnhaus. Im Jahr 1969 richtete Franz Wolf die Vermahlungseinheit (Walzenstühle, Plansichter, Mischmaschinen, Pneumatik) neu ein. Derzeitige Inhaber der Mühle sind Heike (G: Heppner) und Ulrich Wolf.

Mühle, 2010

Wasserburg, Nüffernburg, Schloss Nüffern, Zwingschloss
(WEL, 13; 64; 67)

Wohnhaus Majewski, 2012

Hier stand ehemals die Burg Nüffern, Wohnsitz der Herren von Neufrach. Ein Teil des alten Kellergewölbes ist heute noch erhalten.

Das Schloss Nüffern wurde im Bauernkrieg (16. Jh.) zerstört. Danach ließ die Zisterzienserabtei Salem über dem noch erhaltenen Keller ein Gutshaus errichten.

Zunächst gehörte das Anwesen Wendelin Haag und seinen Kindern Maria und Agathe. Franz Gern heiratete Maria Haag und zog dann in das Haus ein. Von ihm übernahm Josef Gern das Anwesen. Im Nebengebäude richtete er eine Wagner-Werkstatt ein. Auf diesem Hof betrieb Josef Gern bis zur Aussiedlung seine Landwirtschaft und sein Handwerk. 1962 erwarb Monika Gern (E: Majewski) das Haus und einen Teil des Grundstücks unter Berücksichtigung des Erbteils. Die Nebengebäude und ein Teil des Grundstücks wurden von Josef Gern an die Gemeinde verkauft.

Nach Aussage von Monika Majewski habe sich ihr Vater Josef Gern noch daran erinnert, dass erst zu Lebzeiten seines Vaters der um das Haus herum angelegte Wassergraben entfernt worden sei.

Heute gehört das Anwesen Monika Majewski und ihrer Tochter Ursula. Rudi Majewski hatte bereits vor Jahren zusammen mit seinen Brüdern das ehemals landwirtschaftliche Gebäude umgebaut. Die obere Etage wurde aufgestockt und das Dach neu eingedeckt. Stall und Scheune gestaltete man zu Wohn- bzw. Lagerräumen um.

Speicher

Speicher, Nüffernstraße 5, 2013

Es handelt sich um ein eingeschossiges Speichergebäude aus dem 18. Jh., das zum Hof Futterer gehört. Der kleine Rechteckbau mit Satteldach ist von der Giebelseite her erschlossen. Im massiven, hochgelegenen Sockelgeschoss befindet sich ein Balkenkeller, der mittels flachrechteckigen Öffnungen belüftet wird. Das darüber liegende, durch eine Außentreppe zugängliche Fachwerkgeschoss diente in erster Linie der Fruchtlagerung. Bemerkenswert bei diesem Speicherbau ist die aufwändige Giebelgestaltung an der Eingangsseite. Mittlerweile befindet sich das Gebäude in einem baufälligen Zustand. Es wird erzählt, dass Leopold Futterer im Keller dieses Speichers seinen Most gelagert hatte.

„Komethof"

(WEL, 163)

Illustration:1953

Komethof mit Dorfbrunnen, 2000

Im Mittelpunkt des Ortes stand einst das „Komet-Gut" mit einem schönen Dorfbrunnen und einem stattlichen Lindenbaum, der im Jahr 1941 gefällt werden musste.

Erste Urkunden erwähnen das „Kometgut" in „Niufron" bereits im frühen 13. Jh. Nach dem Dreißigjährigen Krieg (1618-1648) wurde das Fachwerkhaus auf das Doppelte seiner ursprünglichen Größe ausgebaut. Es gehörte bis zur Säkularisation (1803) dem Kloster Salem. Im alten Urbar trägt es die Nummer 1.

Nach dem 2. Weltkrieg gehörte das Kometgut der Familie Alois Haberbosch. Willi Bolline aus Bermatingen hatte das Haus samt Feldern gepachtet, bevor es im Jahr 1971 von Wolfram Seidel erworben und vor dem Abriss gerettet worden war. Dass es nicht zum Abbruch und zur Bebauung mit einem Gewerbebetrieb kam, war das große Verdienst von Wolfram Seidel. Im Jahr 1972 hatte das Denkmalamt Konstanz einen Zuschuss unter der Bedingung gewährt, dass Kreis und Gemeinde ebenfalls mit 4.000 DM die Sanierung unterstützen. Dies geschah so. Im Lauf der Jahre sanierte er den Komethof in mehreren Abschnitten, zum größten Teil in Eigenarbeit. Der Urzustand wurde in seiner ganzen Schönheit wieder hergestellt. Es wurden nur geringe, aber notwendige Veränderungen vorgenommen, z. B. im Sanitärbereich. Insgesamt 16 historische Balken, die 12 Meter lang waren, wurden aus drei Etagen herausgeschnitten und wieder eingesetzt. Alte Balkendecken, freigelegtes Fachwerk und historisch bunt bemalte Kassettendecken sind Charakteristika der Innenräume. Der Garten und vor allem der zum größten Teil sehr alte Bestand von Streuobstbäumen und Fichten blieben bewusst unangetastet.

Im Komethof hatte Wolfram Seidel einen Raum für Ausstellungen, in dem u. a. seit 1980 Werke der Künstler Hans und Agnes Gaensslen, Ursula Rauch, Emil Wachter und WEL zu sehen waren.

Komethof, vor und nach der Sanierung: Zustand vor 1971 (links); Zustand von 1985 (rechts); Komethof vor dem Verkauf 1997 (rechts unten)

Eis-Kristall

Die Gefrierbehälter der nächsten Generation. Im neuen Design mit abgerundeten Kanten und moderner Form.

- **1** Aromadicht schließender Deckel
- **2** Verstärkte Ecke zum leichteren Öffnen
- **3** Rille im Deckel zum perfekten Stapeln der Behälter
- **4** Konische Behälterform
- **5** Innenliegende Maximal-Linie für die optimale Einfüllmenge
- **6** Abgerundete Kanten
- **7** Füßchen unter dem Behälter für eine optimale Luftzirkulation
- 8 2x 450-ml-Behälter
- 9 2x 1,1-l-Behälter
- 10 1,0-l-Behälter

Tupperware®

D150037

- Der aromadicht schließende Deckel **1** bewahrt den Inhalt vor Gerüchen, Sauerstoff und Gefrierbrand.
- Zum Öffnen den Deckel an der verstärkten Ecke **2** hochdrücken und den Deckel abnehmen. Zum Verschließen immer am Deckelrand mit dem Daumen entlangfahren, damit alles gut verschlossen ist.
- Das flexible Material von Deckel und Behälter ermöglicht eine einfache Handhabung auch im gefrorenen Zustand. Auch das Entnehmen des Gefriergutes wird damit einfacher. Dazu den Gefrierbehälter umdrehen und mit beiden Daumen auf den Behälterboden drücken, bis sich der Inhalt löst. Dabei auch den Behälter etwas verdrehen.
- Abgerundete Kanten zwischen Boden und Behälterwand **6** sind ideal zur leichten Reinigung. Außerdem bleiben Lebensmittel in der Kante nicht hängen.
- Verfärbungen an der Innenseite der Behälter werden durch die ColorControll-Oberflächen-Versiegelung im Inneren minimiert.

Modular stapelbar

Das modulare System ermöglicht eine platzsparende Aufbewahrung im Gefriergerät. Dank der Füßchen und der Rille im Deckel sitzen die Behälter rutschsicher aufeinander.

Ausdehnung beachten

Die optimale Einfüllmenge wird durch eine Max-Linie gekennzeichnet. Hierbei wird berücksichtigt, dass sich Lebensmittel beim Einfrieren ausdehnen.

Optimal einfrieren

Der kleine Fuß unter dem Behälter erlaubt der Luft, auch unter dem Behälter zu zirkulieren. So wird ein optimales Einfrierergebnis erreicht. Dazu beschleunigen die konische Form des Behälters und der Fuß den Gefrierprozess.

Platz sparen!

Die verschiedenen Behälter lassen sich ineinander setzen, so dass sie wenig Platz im Schrank beanspruchen.

Tipps

- Beim Einfrieren von Flüssigkeiten immer darauf achten, dass der Behälter im Gefriergerät auf einer geraden Ebene steht.
- Geöffnete Packungen von Tiefkühlkost lassen sich portionsweise in die verschieden großen Gefrierbehälter umfüllen. Darin bleiben sie geschützt.

Der Komethof wurde im Jahr 1997 von Eugen Baur erworben. Zum Zeitpunkt des Verkaufs an Eugen Baur war der Kellerbereich noch nicht fertig gestellt und der gesamte Raum unter der Dachschräge noch nicht in Angriff genommen worden.

In Abstimmung mit dem Denkmalamt führte der neue Eigentümer umfangreiche Sanierungsarbeiten an dem historischen Gebäude durch: Bearbeitung und Neuanstrich des Fachwerks, Erneuerung der Fenstergebinde, Pflasterung des Hofes. Sehr alte Streuobstbäume, hohe Fichten, eine Tanne und drei Birken wurden gefällt.

Im Sommer 2009 kaufte Sigrid Hansen mit ihrer Tochter Christina den Komethof. Im Garten wurde eine Garage für ein Wohnmobil gebaut. Ein notwendig gewordener neuer Hof öffnet sich zur Riedlestraße. Der Raum über der bestehenden Garage wurde nutzbar gemacht. Das Haus hat ca. 340 qm Wohnfläche, bestehend aus einer großen Hauptwohnung, einem Büro und einer Ferienwohnung.

Zurzeit finden Gespräche mit dem Denkmalamt statt mit dem Ziel, den Dachboden zu sichern, zu dämmen und einen „Schauraum" einzurichten. In diesem Raum soll gezeigt werden, wie man früher ohne Strom und Gefrierschrank gelebt hat. Des Weiteren ist geplant, in diesem Raum alte Gegenstände auszustellen, die im Komethof gefunden wurden. Dazu müsste ein externer Treppenaufgang geschaffen werden.

Bis zum Verkauf des Komethofes durch Wolfram Seidel existierte noch der alte Brunnen mit den vom ihm geliebten Gebrauchsspuren. Der neue Eigentümer Eugen Baur ließ den historischen Brunnen vom Steinmetz- und Bildhauerbetrieb Hans-Peter und Andreas Kienzler restaurieren. Grobe Fehlteile wurden ergänzt, Vierungen und Verklebungen vorgenommen. Der Brunnen sollte ins Gesamtensemble des schmucken Kleinods integriert werden. Durch eine Nutzungsvereinbarung mit der Gemeinde erhielt die Allgemeinheit weiterhin Zugang zum Brunnen.

Bauernhaus mit Ausgedinghaus

Speicher (H 21 a) und Bauernhaus (H 21), 2013
Die Hofanlage stammt aus der Mitte des 18. Jhs. und besteht aus Hauptgebäude und multifunktionalem Nebengebäude. Das Hauptgebäude ist ein für den Linzgau typisches langgestrecktes und quererschlossenes Einhaus mit Satteldach. Das kleine rechteckige Speichergebäude mit Satteldach diente als Ausgedinghaus und als Wasch- und Backküche. Das Wohngeschoss ist durch eine umknickende Außentreppe zugänglich.

Wohnhaus (früheres Armen- und Gemeindehaus)

Wohn-, Armen- und Gemeindehaus, 2013

Es handelt sich um ein zweigeschossiges, traufständiges Wohnhaus aus dem 17. Jh. mit Satteldach. Das Haus ist an den Giebelwänden und an der vorderen Traufseite massiv errichtet worden. Es hat einen typischen Mittelflurgrundriss. Die Garageneinfahrt ist jüngeren Datums.

Auffällig sind im Innern die ungewöhnliche Höhe der Räume und die Mächtigkeit der sichtbaren Fachwerkständer. Im EG und OG ist eine Bohlenbalkendecke erhalten. Ab 1728 diente das Haus der Gemeinde als Armenhaus. Über die ursprüngliche Funktion des reinen Wohnhauses ist nichts bekannt. Es darf jedoch vermutet werden, dass das Kloster dieses ansehnliche Haus (im EG eine Barockdecke) erbauen und nutzen ließ.

Von Ursula Wessels wurde das Haus 2004 innen saniert und im Lauf der Jahre stets instand gehalten. 2013 verkaufte Ursula Wessels das Haus an Sigrid Hansen.

Fischerhaus

(WEL, 160)

Das „Fischerhaus" wurde im ausgehenden 18. Jh. durch das Kloster Salem als Dienstwohnung des salemischen Fischermeisters erbaut und diente danach dem jeweiligen Bezirksförster als Wohnsitz. In der klösterlichen Versorgung hatte Fischzucht und die damit verbundene Anlage von Fischweihern einen hohen Stellenwert.

Beim Fischerhaus handelt es sich um ein repräsentatives, zweigeschossiges Haus mit fünf Achsen, Mitteleingang und Vollwalmdach. Seitlich sind die Ökonomiegebäude mit Mansarddächern angebaut. Die Fassade wird stark bestimmt von den großen korbbogigen Toröffnungen der seitlichen Ökonomieteile. Die Architektur besticht durch Qualität und Einzigartigkeit. Im Oktober 1993 veranlasste das Regierungspräsidium Tübingen die Eintragung des Fischerhauses ins Denkmalbuch.

Das Fischerhaus wird seit 1994 als privates Alten- und Pflegeheim genutzt. Illustration: 1953; Foto (rechts): 2013

Bahnhof und Bahnhofsareal

(WEL, 192; 194)

Bei der Bahnstation handelt es sich um eine der umfangreichsten Anlagen in historischer Architektur. Sie umfasst das Empfangsgebäude, den Güterschuppen, das Wohnhaus des Bahnmeisters und eines weiteren Bahnbediensteten.

Das Empfangsgebäude zeigt die typische zweiteilige Gliederung: Im Erdgeschoss die Schalterhalle und Büroräume, im Obergeschoss die Wohnung des Bahnhofsvorstehers. Im zweiten Teil befindet sich der eingeschossige Wartesaal mit überstehendem Satteldach. Verwendet wurde als Baumaterial gelber und roter Ziegelstein sowie Werksteingewände. Gegliedert ist das Ganze durch Eckpilaster, umlaufende Gesimse und Fensterverdachungen.

Östlich vom Empfangsgebäude wurde über einem Steinsockel der eingeschossige Güterschuppen errichtet mit zusätzlichem Kniestock und flachem Satteldach, das über die Verladerampe hinausgeht. Das Gebäude ist mit Brettern verschalt.

Westlich vom Empfangsgebäude befinden sich die beiden Wohnhäuser.

Bahnhof Salem und Lagerhalle, 2013; Bahnwärter-Häuschen am ehemaligen Bahnübergang Neufrach-Buggensegel, 2012

Die Architektur ist der des Bahnhofs ähnlich. An die Häuser sind kleine Wirtschaftsbereiche aus Holz angebaut. Als letztes Gebäude gehört das Bahnwärter-Häuschen beim früheren Bahnübergang nach Buggensegel zum denkmalgeschützten Gesamtkomplex.

Armenhaus mit Innenausstattung der Kapelle

(s. auch „Sozial-, Gesundheits- und Sicherheitswesen")

Wespach, um 1890

Mit Bescheid des Regierungspräsidiums Tübingen vom 19. 10. 1987 wurde das Altersheim Wespach unter der Bezeichnung „Ehemaliges Salemer Leprosen- bzw. Armenhaus" („Armenhaus mit Innenausstattung der Kapelle") ins Denkmalbuch eingetragen.

Im Gutachten heißt es: „Unterhalb des Kirchbergs von Leutkirch, eine der Mutterpfarreien des Linzgaus, liegt der Wohnplatz Wespach, früher „Weschbach", an gleichnamigem Bach. Der Salemer Abt Georg I. ließ hier im Jahre 1445 für die Untertanen seines Herrschaftsgebietes ein Siechen- und Leprosenhaus mitsamt einer Kapelle errichten, die kurz darauf im Jahre 1447 von Generalvikar zu Konstanz Johann Schürpfer eingeweiht wurde (eigene Anmerkung: Der damalige Generalvikar im Bistum Konstanz hieß Johannes Lidringer). Als Schutzpatron wurde der Märtyrer St. Vitus (Veit) gewählt, der vom 15. Jh. an den Nothelfern zugezählt und gegen \`fallende Sucht´ angerufen wird.

Unter Abt Peter II. wurde die Anlage Wespach 1599 erneuert bzw. umgebaut. 1783/84 schließlich wurde das Leprosenhaus von Abt Robert Schlecht zu einem Armenhaus bestimmt und in seine jetzige Größe und Gestalt gebracht.

Bei dem bestehenden Kernbau des heutigen Altersheimkomplexes handelt es sich um einen stattlichen, zweigeschossigen Massivbau mit Längserschließung und charakteristischer Halbabwalmung an der westlichen Giebelseite. Die dortige Eingangsfront mit Mittelportal ist symmetrisch und fünfachsig gegliedert, die

Traufseiten sind neunachsig und gleichfalls symmetrisch ausgebildet. Ein kleiner Dachreiter ziert das östliche Firstende.

Die Substanz des Gebäudes dürfte überwiegend aus dem späten 18. Jh. stammen, so beispielsweise neben den Außenmauern der durchgehend einheitlich erhaltene, doppelt liegende Dachstuhl mitsamt dem profilierten Glockenstuhl. Dass aber auch noch ältere Bauteile vorhanden sind, wird an dem rückwärtigen, nicht abgewalmten Ostgiebel aus Fachwerk deutlich, dessen Gefüge durch geknickte Fußstreben am Mittelständer gekennzeichnet ist (nur von innen sichtbar) und somit noch der Bauphase von 1599 angehören dürfte.

Vituskapelle, nach der Sanierung, 2012

Vor allem aber dürfte die in den 1960-er Jahren modernisierte Vituskapelle mit ihren spitzbogigen Fenstern im Kern noch aus dem 15. Jh. stammen. Sie bildet die Nordostecke des Gebäudes. Im Innern befindet sich neben einigen Einzelplastiken ein wertvoller Renaissancealtar. Nach 1968 erfolgter Restaurierung wird angenommen, dass der schwäbische Meister dieses Altars kein Geringerer als Melchior Binder war, von dem unter anderem das Chorgestühl der Klosterkirche Salem, Altararbeiten in Ostrach und in der Stadtpfarrkirche von Ehingen stammen. Der wohl um 1600 geschaffene Altar zeigt im Mittelteil die Kreuzigungsszene mit Maria und Johannes als Standfiguren und kleinen schwebenden Engeln, die das Blut der Wunden in Kelchen auffangen. In den Seitennischen sieht man zum einen den Heiligen König Heinrich II., zum anderen den Patron der Kapelle St. Vitus. Das Wappen des Salemer Abts Peter II. bildet die obere, abschließende Spitze dieses reich und qualitätsvoll gestalteten Renaissancealtars.

Das ehemalige Salemer Leprosen- und Armenhaus stellt ein wichtiges Beispiel einer jahrhundertealten Einrichtung der Fürsorge dar, die vor dem 19. Jh. weitgehend geistlichen Institutionen oblag, z. B. den städtischen Spitälern oder Klöstern. Noch heute belegt die Stattlichkeit des Wespacher Baus den hohen Stellenwert, der dieser sozialen Einrichtung bereits in vergangenen Zeiten zukam.

In Anbetracht der bis ins 15. Jh. zurückreichenden Geschichte Wespachs ist nicht nur der aufgehende Bau von Wichtigkeit, sondern kommt auch eventuellen Funden aus dem Boden große Bedeutung zu. Sie würden nicht nur Belege zur Baugeschichte der Anlage bieten können, sondern auch Erkenntnisse über funktionale Strukturen dieser Fürsorgeeinrichtung. Objekte zur Dokumentation mittelalterlicher und neuzeitlicher Sachkultur stehen gleichfalls in Aussicht.
Zusammengefasst: Das ehemalige Salemer Leprosen- bzw. Armenhaus Wespach stellt mitsamt der Innenausstattung der Kapelle ein Kulturdenkmal von besonderer Bedeutung dar. An seiner Erhaltung besteht aus heimatgeschichtlichen und wissenschaftlichen, in Bezug auf die Innenausstattung der Kapelle auch aus künstlerischen Gründen, ein öffentliches Interesse.

Kreuz, Haberstenweiler

Wegkapelle, Haberstenweiler

Kreuz am Wohnhaus Kamuf, 2013
Bei dem am „Zangenhof" (gebaut 1932) angebrachten Holzkreuz handelt es sich wohl um ein Kruzifix, das bei der Inventar-Versteigerung der Mimmenhausener Liebfrauenkapelle (Abbruch 1841) von Landwirt Rimmele erworben wurde. Der farbig gefasste Holzkorpus ist eine hochwertige, ausdrucksstarke Arbeit des 18. Jh.s.

Wegkapelle, 2012
Die Wegkapelle stammt aus der zweiten Hälfte des 19. Jh.s und gehört zum Wohntrakt des „Zangenhofes". Es handelt sich um einen kleinen, unverputzten Ziegelsteinbau mit einem mit zwei Holzpfeilern vorgezogenen Satteldach. Die Stützen haben ringförmige Zierprofile und Kapitelle. Das Kreuz an der Rückwand ist jüngeren Datums. Ehemals war das Kreuz flankiert von den Figuren der hl. Maria und des hl. Johannes.

Wohnspeicher und Ausgedinghaus, Haberstenweiler

Wohnspeicher, 2013
Zum Hof gehörte früher auch eine Fachwerkscheuer, die abgebaut und originalgetreu im Freilichtmuseum Neuhausen ob Eck wieder aufgebaut wurde.

Das zweigeschossige, quadratische Speichergebäude ist über einem massiven Sockel mit Balkenkeller im Fachwerkbau ausgeführt. Es ist mit einem Vollwalmdach bedeckt und über eine Freitreppe zugänglich. Das Haus zieren eine Eingangstür aus Holz und einige bemalte Fensterläden.

Grenzstein

Grenzstein aus dem Jahr 1768, Fotos: 2013
Zeichen und Zahlen sind kaum noch zu erkennen. Auf der einen Seite des Steines sind zu sehen: Jahreszahl 1768, Nr. 38 und die Heiligenberger Steige. Auf der anderen Seite ist abgebildet: Der Abtsstab der Salemer Zisterzienserabtei. Der Stein markiert die Grenze der ehemaligen Herrschaft der Grafschaft Heiligenberg und des Klosters Salem (heute: Gemarkungsgrenze von Salem und Deggenhausertal).

Katholische Pfarrkirche und Pfarrhaus (mit Torkel), Leutkirch

(s. „Kirchliches Leben")

Pfarrkirche und Pfarrhaus, 1990

Wappenstein am „Stangenhof"

Wappenstein, 2012
An der Scheune des Hofes Jauch gegenüber der Pfarrkirche ist eine Wappentafel aus Sandstein angebracht. Sie zeigt das Salemer Abtswappen mit Mitra und Stab.
Der „Stangenhof" war bis 1803 Leiblehen des Klosters Salem. Die Jahreszahl 1837 ist wohl später graviert worden und deutet auf die Ablösung des Lehens hin. Das Wappenbild scheint das des Klosters Salem mit Zisterzienserbalken, Widder und Löwen zu sein.

Gedenk- und Erinnerungsstätten

Es gibt wohl keinen, der sich nicht schon an einem schönen Bildstock oder Wegkreuz, an einer kleinen denkwürdigen Kapelle oder an einem beschaulichen Brunnen erfreut hat. Oft verbinden sich mit den kleinen Orten des Gedenkens bedeutende Erinnerungen. Auch wenn die Kleinode nicht unter Denkmalschutz stehen, sind sie als Zeichen sinnorientierter Tradition bewahrenswert. Die Kulturlandschaft war einst mit Kleindenkmalen reich „gesegnet". Sie erzählen davon, was das Leben der Vorfahren bestimmt hat. In alten Karten sind sie häufig als markante Orientierungspunkte dargestellt. Viele kleine Denkmale gibt es nicht mehr. Sie waren im Weg und wurden abgeräumt.

Kriegergedenkstätten (Mahnmale des Friedens)

Einweihung des renovierten und ergänzten Kriegerdenkmals, 2008

(von links) Bauhofleiter Raimund Graf und Ortsreferent Paul Müller. Der Gedenkstein befindet sich beim Rathaus. Die Tafel erinnert an die Neufracher Teilnehmer am Feldzug 1870/71. Den Adler gestaltete Robert Müller aus Bermatingen. (WEL, 85f.)

Bild links: Kapelle zum Gedenken der in den beiden Weltkriegen Verstorbenen und Vermissten, Leutkirch, 2011
Bild rechts: Kriegergedenktag an der Gedenkstätte im Pfarrhof Leutkirch, 2011
Bürgermeister Manfred Härle hält die Gedenkrede. Jedes Jahr an Allerheiligen treffen sich die Menschen der Kirchspielorte Neufrach, Buggensegel, Mittel- und Oberstenweiler, um der „Opfer der Kriege" zu gedenken. Beteiligt sind Musikkapelle, Männerchor, Kirchenchor und Feuerwehrabordnung.

Pestkapelle

(WEL, 202)

Die „Pestkapelle", früher auch „Kapellele oder Käppele" genannt, steht an der Straßengabelung Leutkirch-Haberstenweiler. Die kleine Andachtsstätte wurde zum Dank für eine erloschene Viehseuche erbaut. Die Instandsetzung der Kapelle erfolgte erstmals im Jahr 1894. Im Jahr 1996 wurde die kleine Gedenkstätte mit einem Kostenaufwand von 9.000 DM von der Gemeinde Salem saniert. Im Sommer 1997 erhielt das historische Kleinod einen neuen Putz. Die Kapelle ist

Eigentum der Gemeinde Salem. Im Käppele sind drei Kreuze und eine Statue „Maria mit dem Kind" zu sehen.

Pestkapelle

Illustration: 1953
Foto (links): 2013

Weg- und Feldkreuze

Ein wertvoller, traditionsbezogener Schatz im Dorf sind Weg- und Feldkreuze. Im Jahr 1984 wurden die Flurkreuze durch die Gemeinde Salem renoviert. Eine kleine Broschüre aus dem Jahr 2002 gibt nähere Informationen zu Weg- und Feldkreuzen.

Kugler-Kreuz	Am Landwirtschaftsweg „Schlosswiesenstraße" in Richtung Wespach, unterhalb von Leutkirch
Rieger-Kreuz	An der Kreisstraße 7759
Laur-Kreuz	Ortsausgang Neufrach an der L 205, gegenüber „Apfelblüte"
Gern-Kreuz	Beim Hofgut der Familie Gern, an der Kreisstraße 7759
Mayer-Kreuz	Am Ende des Landwirtschaftsweges Gern zum Schlosssee, an der Landesstraße 205
Jauch-Kreuz	Südlich vom Friedhof Leutkirch
Kamuf-Kreuz	An der Straße kurz vor Haberstenweiler
Rothmund-Kreuz	Von Neufrach kommend an der Straßengabelung Leutkirch-Mittelstenweiler
Marien-Bildstock	Beim Alten- und Pflegeheim Wespach
Löhle-Kreuz	An der Straße Neufrach, Mittel- bzw. Oberstenweiler
Mogg-Kreuz	Über dem Kirchenportal der Pfarrkirche Neufrach, an der Ostwand

Brunnen

(WEL, 53)

Brunnen in Leutkirch, 2013

Am Eingangstor zum Kirchhof; Entfernung des alten Brunnens (Foto S. 18) aufgrund des Straßenbaus

Rathaus-Brunnen, 2013

Er wurde gleich nach dem Abbruch des alten Rathauses (1974) aufgebaut.

Der frühere „Haller-Brunnen" beim „Komethof", 2013

Brunnen (1880) in der Gartenanlage der Familie Löhle, Nüffernstraße 14, 2013

Dorfentwicklung

Zu den bedeutsamen Ereignissen in der Entwicklung Neufrachs zählen:

- Flurbereinigung in den 1950-er Jahren (Flächenbereinigung)
- Strukturwandel (Rückgang der Landwirtschaft, Gewerbewachstum)
- Gemeindereform in den 1970-er Jahren, Schaffung von Wohnraum
- Ortskernsanierung in den 1990-er Jahren, Verbesserung der Infrastruktur

Hier werden einige Entwicklungsprozesse aufgezeigt. Diese belegen, welche Veränderungen in Neufrach in den letzten Jahrzehnten stattgefunden haben.

Zudem wird die Entwicklung des Ortes in weiteren Themen des Buches dargestellt.

Die Gründe für die bedeutsame Entwicklung sind vielschichtig. Zu diesen zählen der schnelllebige „Fortschritt" mit seinen gesellschaftlichen, wirtschaftlichen, wissenschaftlichen und technischen Errungenschaften sowie die durch die Gemeindereform (1972-1975) in Salem ausgelöste infrastrukturelle Dynamik.

Einwohnerzahlen

Ein Rückblick in die Geschichte zeigt folgende Einwohnerzahlen:

1578: 431	1797: 422	1877: 614

Im Jahr 1950 hatte Neufrach 965 Einwohner. Im Folgenden ist die Einwohnerzahl zum Ende des jeweiligen Jahres dargestellt.

1961: 1.074	1970: 1.271	1972: 1.300	1980: 1.534
1985: 1.548	1990: 1.736	1995: 1.998	2000: 2.151
2005: 2.219	2010: 2.222	2012: 2.278	

Die Zahlen zeigen, dass die Einwohnerzahl erst nach dem Gemeindezusammenschluss deutlich anstieg. Seit Bestehen der Gemeinde Salem ist Neufrach der zweitgrößte Teilort.

Die Entwicklung der Einwohnerzahlen steht im engen Zusammenhang mit einer sparsamen, effektiven und weitsichtigen Gemeindepolitik. Es wurden attraktive Bau- und Wohnmöglichkeiten mit einer vorbildlichen Infrastruktur geschaffen. Dazu leisteten Bürgermeister, Gemeindeverwaltung und Gemeinderäte einen maßgeblichen Beitrag.

Im Jahr 1970 gehörten 84,9 % der katholischen und 13,8 % der evangelischen Kirche an. An den Zahlen hat sich in den letzten Jahrzehnten nur wenig geändert.

Gemeinderäte

(WEL, 122 - 125)

Dem Gremium des Gemeinderats gehörten bzw. gehören folgende Personen an:

1953 Heinrich Fitz, Josef Gern, Karl Haug, Johann Jauch, Paul Kamuf, Josef Schmid, Richard Schwarz

1956	Karl Buch, Friedrich Einholz, Karl Haug, Josef Gern, August Hoher, Johann Jauch, Paul Kamuf, Konrad Laur, Karl Metzger, Josef Schmid
1959	Friedrich Einholz, Josef Gern, Karl Haug, August Hoher, Johann Jauch, Willi Lange, Konrad Laur, Helmut Löhle, Karl Metzger, Josef Schmid
1962	Fritz Einholz, Gebhard Gern, Karl Haug, August Hoher, Karl Metzger
1965	Heinrich Bamberg, Johann Laur, Adolf Lohr, Willi Lange, Franz Straßer
1968	Fritz Einholz, Karl Laur, Karl Leberer, Pirmin Kretz, Manfred Nolle (im Jahr 1970: Johann Rothmund für Heinrich Bamberg)
1971	Franz Straßer, Werner Schäffner, Gebhard Gern, Willi Lange, Adolf Lohr
	Nach dem Gemeindezusammenschluss
1972	Hermann Auer, Gebhard Gern, Manfred Nolle, Werner Schäffner (Frieda Raither)
1975	Hermann Auer, Herbert Keller, Manfred Nolle, Frieda Raither
1980	Jochen Albrecht, Hermann Auer, Egon Koch, Karl Laur, Manfred Nolle
1984	Jochen Albrecht, Hugo Gommeringer, Manfred Nolle, Frieda Raither
1989	Hugo Gommeringer, Michael Kersten, Paul Müller, Manfred Nolle
1994	Hugo Gommeringer, Michael Kersten, Paul Müller, Manfred Nolle
1999	Michael Kersten, Paul Müller, Ulrich Oexle, Walter Stegmaier
2004	Franz Jehle, Paul Müller, Walter Stegmaier, Bernhard Straßer
2009	Franz Jehle, Ingo Unger, 2013: Josef Kamuf für Armin Schafheutle

Flurbereinigung

(WEL, 20f.; s. „Landwirtschaft"; s. Beitrag G. Gern)

Im Jahr 1949 wurde die Agrarreform (Flurbereinigung) beschlossen. Neufrach war die erste Gemeinde, die im damaligen Kreis Überlingen mit der Flurbereinigung begann. Den Auftrag zur Durchführung erhielt die Badische Landsiedlung Karlsruhe. Auf Anregung des damaligen BLHV-Vizepräsidenten Arthur Raither beauftragte die Gemeinde Neufrach das im Jahr 1953 eingerichtete Flurbereinigungsamt Radolfzell mit der Abwicklung der Flurbereinigung. Bürger der Gemeinde bildeten den Flurbereinigungsausschuss, dessen Vorsitzender Konrad Laur und dessen Rechner Hermann Rimmele wurden.

Die meisten Maßnahmen wurden zwischen den Jahren 1955 und 1959 durchgeführt. Alle Flächen kamen in einen „Topf". Bestands- und Bodenwerte wurden erfasst und ermittelt. Die neuen Grundstücke wurden den Landwirten am 26. Februar 1959 zugeteilt. Die letzten Abrechnungen erfolgten im Jahr 1964.

Laut Gesetz mussten im Zuge der Flurbereinigung Großgrundbesitzer, in diesem Fall die Markgräflich Badische Verwaltung, 20% der landwirtschaftlichen Flächen an Landwirte abgeben, die aus ihrer Heimat vertrieben worden waren. Auf Neufracher Gemarkung bewirtschafteten viele Kleinbetriebe Pachtflächen des Markgräflichen Hauses. So gingen etwa 450 Morgen Nutzland, das bisher Eigentum des Markgräflich Badischen Hauses war, über die Badische Landsiedlung an die bisherigen Pächter. Auf diesem Weg erhielt der Neubürger Dr. Beyer eine landwirtschaftliche Fläche an der Stefansfelder Straße. Für seine Hühnerfarm baute er ein Ökonomiegebäude mit Stallung.

Die Flurbereinigung führte zu wesentlichen Veränderungen. So wurde beispielsweise die Schlosswiesenstraße neu geschaffen und die Leutkircher Straße verbreitert. Im Gewann „Riedle" fanden massive Erdabtragungen von vier bis acht Metern statt, um das hügelige Gelände besser bewirtschaften zu können. Im Bereich „Hüttenbohl" wurde ein Biotop von ca. 0,5 Hektar entwässert und so für die Landwirtschaft nutzbar gemacht.

Damals fiel ebenfalls die Entscheidung, dass die drei Aussiedlerhöfe von Josef Gern, Konrad Laur und Karl Haug die Teilnehmergemeinschaft nicht zusätzlich belasteten. Die drei Höfe wurden auf rund 15 ha aufgestockt.

In den ersten zehn Jahren nach Zuteilung der Grundstücke durften die Landwirte keine Grundstücksverkäufe vornehmen. So herrschte bis Mitte der 1960-er Jahre weitgehend Stillstand im Wohnungsbau.

Im Jahr 1963 berichtete der „Südkurier" über eine Besichtigungsfahrt. Da war zu lesen: „In Neufrach standen die Fahrtteilnehmer an der Geburtsstätte der Agrarreform im Kreis Überlingen, hier begann die Revolution des Bauernstandes von morgen."

Bauen und Wohnen

(WEL, 14f.)

Eine rege Entwicklung im Wohnungsbau setzte nach der Gemeindereform ein. Neufrach wurde als Wohnort für viele in der Region Beschäftigte attraktiv.

Bebauungspläne und Satzungen

(nach § 34 und § 35 des Baugesetzbuches; Datum des Inkrafttretens)

- 1961 — Neufrach Ort
- 4. August 1965 — Im Weingarten
- 9. April 1973 — Im Weingarten, Stummberg
- 20. Juni 1974 — Leutkirch
- 6. September 1974 — Änderung Neufrach Ort
- 29. Oktober 1974 — Änderung Neufrach Ort
- 3. Mai 1975 — Aachstraße und Breitenstraße I
- 11. Mai 1976 — Änderung Neufrach Ort
- 9. Juni 1978 — Öschle
- 25. April 1979 — Änderung Neufrach Ort
- 5. März 1982 — Flurstraße
- 1. Juli 1989 — Haldenbühl
- 20. Februar 1993 — Abrundungssatzung für das Flurstück 1414 (Buchbühlstraße 5, Walter-Eberhard-Loch-Str. 8)
- 23. Januar 1997 — Östliche Bahnhofsstraße
- 14. Februar 1997 — Ortskern Neufrach
- 21. Januar 2000 — Ergänzungssatzung Leutkirch (Flurstück 1496 und 1496/3)

- 7. Dezember 2001 Halden-Ost
- 14. Mai 2004 Riffenzell I (Riesenzell)
- 15. Mai 2004 Campinghof Gern
- 7. Juli 2006 Am Lichtenberg
- 6. August 2010 Neufrach Ort, Bereich am Lichtenberg Abrundungssatzung für das Gebiet Flurstück Nr. 56 (Innenbereich nördlich der Straßen Am Lichtenberg und Nüffernstraße)

In den 1950-er und 1960-er Jahren entstand eine Siedlung rund um den Neufracher Sportplatz. Gebaut wurden eineinhalbstöckige Wohnhäuser mit steilen Satteldächern. Als der Bebauungsplan Neufrach Ort erlassen wurde, kam die Siedlung am Sportplatz ohne Bauvorschriften in das Bestandsverzeichnis. Somit gilt noch heute für Baumaßnahmen in diesem Gebiet die Anpassung an die Umgebungsbebauung. Im Jahr 1959 wurde ein Teilbebauungsplan für das Gelände am Schulhaus aufgestellt.

Baugebiet „Im Weingarten", um 1967

Im Jahr 1960 gab es erste Bauplanungen. 1964 wurden Bebauungspläne gefertigt. Erste Baumaßnahmen folgten Mitte der 1960-er Jahre.

Straßennamen

Am 17. Januar 1971 erhielten alle Straßen und Wege in Neufrach neue Namen. Die Hausnummern wurden neu zugeordnet.

Die folgende Übersicht enthält alle aktuellen Straßennamen:

Die drei Durchgangs- bzw. Hauptverkehrsstraßen
Markdorfer Straße, Weildorfer Straße, Stefansfelder Straße

Gewerbegebiet
Am Riedweg, In Oberwiesen, In den Auen, Im Wasserstall

Im Ort, Ortsrand
Aachstraße, Alte Neufracher Straße, Am Lichtenberg, Am Sportplatz, Bahnhofstraße, Breitenstraße, Buchbühlstraße, Buggensegler Straße, Fischerhaus, Flurstraße, Fridolin-Amann-Straße, Haldenbühlstraße, Haldenweg, Im Loh, Im Oberen Weingarten, Im Öschle, Im Stummberg, Im Unteren Weingarten, Jägerweg, Kapellenweg, Leutkircher Straße, Lockgasse, Mühlenweg, Mühlenstraße, Nüffernstraße, Postgasse, Riedleweg, Riffenzell, Schlosswiesenstraße, Sepp-Schmid-Weg, Siedlung, Sonnhalde, Tobelhof, Trostelweg, Walter-Eberhard-Loch-Straße

Weiler
Birkenweiler, Haberstenweiler, Leutkirch, Wespach

Gemeindezusammenschluss

Zur Bildung einer neuen Gemeinde im Salemertal (Salemer Tal) wurde ein Sonderausschuss eingesetzt, der im Juli 1971 erste Informationen zum Zusammenschluss gab. Am 8. September 1971 fand eine Bürgerversammlung zum Thema Einheitsgemeinde im Gasthaus „Prinz Max" statt. In der Bürgeranhörung am 19. Dezember 1971 wurde auch eine Informationsschrift herausgegeben, die von den Bürgermeistern Matthäus Felder (Buggensegel), Fritz Baur (Mimmenhausen), Hermann Auer (Neufrach), Otto Stötzle (Rickenbach), Ulrich Pfeffer (Salem-Stefansfeld), Georg Raible (Tüfingen) und Wilhelm Kretz (Weildorf) unterzeichnet war.

Am 23. Dezember 1971 wurde das Ergebnis der Bürgeranhörung bekannt gegeben. In Neufrach waren 773 Personen stimmberechtigt, von denen 313 dem Zusammenschluss zustimmten. 86 waren dagegen.

In der Gemeinderatssitzung vom 26. Februar 1972 ging es um den Zusammenschluss der o. g. acht Gemeinden. Am 29. Februar 1972 erhielt die neue Gemeinde den Namen „Salem". Die Vereinbarung über den Zusammenschluss unterschrieben die acht Bürgermeister im Rathaus Mimmenhausen.

Folgende Vereinbarungen waren Grundlage des Vertrages:

1. Das kulturelle, sportliche, kirchliche, volkstümliche Eigenleben der Vereine soll in den einzelnen Teilorten frei entfaltet werden können und gefördert werden.
2. Die Gemeinderäte der neuen Gemeinde werden spätestens drei Monate nach

Inkrafttreten der Vereinbarung gewählt.
3. Bis dahin werden die Aufgaben von einem Übergangs-Gemeinderat wahrgenommen, der 20 Mitglieder zählt. In dieses Gremium entsendet Mimmenhausen 5, Neufrach 4, Salem 4, Weildorf 2 Gemeinderäte, Buggensegel, Mittelstenweiler, Rickenbach und Tüfingen je einen Gemeinderat.
4. Die erste Sitzung des Übergangs-Gemeinderats wird vom Lebensältesten einberufen und geleitet. Darin bestellt derselbe einen Amtsverweser und erlässt die Hauptsatzung.
5. Das Verwaltungszentrum wird im neuen Rathaus in Neufrach eingerichtet.
6. In allen bisher selbständigen Gemeinden werden Ortsreferenten bestellt. Diese Funktion übernehmen die bisherigen Bürgermeister.
7. Die bisherigen hauptamtlichen Bürgermeister von Mimmenhausen, Neufrach und Salem treten in den Dienst der neuen Gemeinde über, die anderen werden verabschiedet. Die anderen Bediensteten werden nötigenfalls übernommen oder abgefunden (zwei Monatsgehälter).

Inhalt der Vereinbarung

Am 1. April 1972 trat die Vereinbarung in Kraft. Sie hat folgenden Inhalt:
Die Bürgermeister dieser Gemeinden schließen aufgrund von Art. 74 Abs. 1 der Verfassung des Landes Baden-Württemberg vom 11. 11. 1953 (Ges. Bl. S. 173) in der Fassung vom 26. 7. 71 (Ges. Bl. S. 313) in Verbindung mit § 8 Abs. 2 und § 9 Abs. 1 der Gemeindeordnung für Baden-Württemberg vom 25. 7. 1955 (Ges. Bl. S. 129, ber. S. 224), zuletzt geändert durch Gesetz vom 27. 7. 1971 (Ges. Bl. S. 314), folgende Vereinbarung über die Neubildung der Gemeinde Salem:

§ 1 Neubildung der Gemeinde Salem
§ 2 Gesamtrechtsnachfolge
§ 3 Pflege des örtlichen Brauchtums
§ 4 Ortsrecht
§ 5 Verwaltungsorgane der Gemeinde Salem und vorläufige Wahrnehmung der Aufgaben der Verwaltungsorgane
§ 6 Verwaltung
§ 7 Unechte Teilortswahl
§ 8 Bestellung von Ortsreferenten
§ 9 Personelle Maßnahmen
§ 10 Einrichtungen und Vorhaben

1. Die Gemeinde Salem erfüllt alle in den einzelnen Teilorten anfallenden Aufgaben. Die einzelnen Teilorte werden unter Berücksichtigung der Belange der Gemeinde Salem gleichberechtigt gefördert.
2. Die in den vereinigten Gemeinden begonnenen Maßnahmen müssen weitergeführt werden. Bei der Ausweisung von Baugelände sollen alle Teilorte angemessen berücksichtigt werden.
3. Das als Anlage 1 zu dieser Vereinbarung festgelegte Investitionsprogramm soll verwirklicht werden. Dabei sind die in den bisherigen Gemeinden ange-

sammelten Rücklagen für Vorhaben in den jeweiligen Teilorten bestimmungsgemäß zu verwenden.

§ 11 Sonderbestimmungen

§ 12 Inkrafttreten 29. 2. 72

Im Anhang zur Vereinbarung ist auf drei Seiten das Investitionsprogramm festgehalten. Dieses Programm beinhaltet für Neufrach:

1 Fertigstellung und Einrichtung des Rathausneubaues sowie des Feuerwehrgebäudes und Einrichten der Gemeindebücherei mit Lesezimmer
2 Bau einer Kleinturn- bzw. Gymnastikhalle mit Lehrschwimmbecken für die Haupt- bzw. Grundschule
3 Ausbau von Ortsstraßen einschließlich Straßenbeleuchtung (Gemeindeverbindungsstraße Haberstenweiler-Birkenweiler, Alte Mimmenhauser Straße, Grüne Plan-Wege, Waldwege, Ortsstraßen in den Neubaugebieten, Gehwege Weildorfer Straße)
4 Bau einer Brücke oder eines Fußgängersteges über die Deggenhauser Aach oberhalb des Stauwehres
5 Ausbau des Mühlenkanales zu Badezwecken
6 Ausweisung und Erschließung von Baugelände
7 Erweiterung der Ortskanalisation
8 Erweiterung der Wasserversorgung bzw. Neuplanung für alle Teilorte mit Bau von entsprechenden Hochbehältern
9 Erweiterung des Friedhofes
10 Kauf eines Feuerwehrfahrzeuges
11 Renovierung der Pestkapelle

Die meisten Vorgaben wurden umgesetzt. Nicht verwirklicht wurden: Gemeindebücherei mit Lesezimmer, Lehrschwimmbecken für die Schule, Gemeindeverbindungsstraße Haberstenweiler–Birkenweiler, Fußgängerbrücke oder Steg über die Deggenhauser Aach (zwischen Mühle und Anwesen Häring), Ausbau des Mühlenkanals zu Badezwecken (der Mühlenkanal diente in früheren Zeiten dem Badevergnügen der Jugend).

Die Eingemeindungsfeier fand am 21. März 1972 im Gasthaus „Prinz Max" statt. Am 27. März 1972 erschien das erste Mitteilungsblatt der neuen Gemeinde.

Am 4. April 1972 tagte zum ersten Mal der Gemeinderat in der Turnhalle Mimmenhausen. Die Sitzung war von Vinzenz Schlotter, Weildorf, einberufen worden. Die Wahl fiel auf Ulrich Pfeffer als Amtsverweser. Am 2. Mai 1972 beschloss der Gemeinderat die Hauptsatzung. Die Gemeinderatswahl war am 28. Mai 1972.

Der erste Bürgermeister der Gesamtgemeinde Salem wurde am 11. Juni 1972 gewählt. Wahlberechtigt waren 3.437 Bürgerinnen und Bürger. 2.801 Stimmen wurden abgegeben, von denen 2.782 gültig waren. Werner Kesenheimer erhielt 1.854 Stimmen, davon 504 in Neufrach. Auf den zweiten Kandidaten Ulrich Pfeffer entfielen 928 Stimmen, davon in Neufrach 156.

Am 28. Juli 1972 wurde Werner Kesenheimer im Gasthaus „Prinz Max" in sein Amt eingeführt.

Ab dem 8. September 1972 konnten alle Verwaltungsarbeiten im „Neuen Rathaus" in Neufrach erledigt werden.

Die Gemeinde Neufrach - der steile Aufstieg eines Ortsteils im Elferbund der Gesamtgemeinde Salem

Beitrag von Werner Kesenheimer, Bürgermeister a. D.

Foto: 1987

Wieder einmal macht sich Hugo Gommeringer ans Werk, um die letzten sechs Jahrzehnte seines geliebten Neufrach den Menschen in Wort und Bild näher zu bringen, verbunden mit dem Ziel, Althergebrachtes nicht in Vergessenheit geraten zu lassen und Neuem gebührenden Platz einzuräumen. Dieses Bemühen, das kulturelle Erbe von Neufrach nachfolgenden Generationen zu erhalten, verdient höchste Anerkennung. Deshalb habe ich auch keinen Augenblick gezögert, meinen bescheidenen Anteil zum Gelingen dieser Arbeit beizutragen.

Da mein „Rucksack an Erinnerungen" übervoll ist, muss ich bemüht bleiben, mich auf das Wesentliche zu konzentrieren. Ich wohne schon runde 40 Jahre in Salem. 16 Jahre, von 1972 bis 1988, hatte ich Verantwortung als erster Bürgermeister von Salem, nicht nur für die Entwicklung von Neufrach, sondern vorrangig für die Gesamtgemeinde Salem mit 11 ehemals selbständigen Gemeinden. Rückblickend möchte ich schildern, wie ich, der selbst viele Jahre in Neufrach wohnte, die gewachsenen Strukturen von Neufrach, seine Menschen, seine Traditionen, seine Infrastruktur mit kulturellen und sozialen Angeboten, seine Siedlungsentwicklung und nicht zuletzt seine kommunalpolitische Bedeutung nach dem Gemeindezusammenschluss im Jahre 1972 sehe.

Für mich ist der Ortsteil Neufrach der große Gewinner des Gemeindezusammenschlusses in Salem. Bis heute waltet dort der Bürgermeister mit seiner inzwischen recht stattlichen Verwaltung in einer Gemeinde mit rund 11.000 Einwohnern. Neufrach hat darüber hinaus alles, was das Herz begehrt: Das größte und schönste Dorfgemeinschaftshaus von Salem, einen Kindergarten, eine Grundschule mit separater Turnhalle und eine Sozialstation mit weitem Einzugsgebiet. Auch das

Alten- und Pflegeheim Wespach in seiner modernen Ausstattung gehört zum Nahbereich von Neufrach.

Das kulturelle Leben im „Prinz Max" kann sich weitum sehen lassen. Musikverein und Gesangverein konzertieren auf höchstem Niveau und auch das Kulturforum der Gemeinde bietet ein hervorragendes Programm. Alles wird zusammengehalten vom Kirchenbezirk Neufrach mit seinen Ortschaften und Weilern hinauf bis Oberstenweiler und hinunter bis Buggensegel.

Das Team der Gemeindeverantwortlichen in der Anfangszeit der neuen Gemeinde Salem, 1975

Wie kommt es, dass Neufrach so hervorragend abschneidet als Teil der Gesamtgemeinde? Da fallen mir Namen ein wie Hermann Auer, Arthur Raither, Karl Löhle, Herbert Keller, Manfred Nolle oder Paul Müller, um nur einige Beispiele zu nennen. Eine Gemeinschaft lebt nun einmal von Akteuren, Vorbildern und Meinungsmachern, die all das in Bewegung bringen und halten, was für Bürgerinnen und Bürger Lebensqualität und Heimat bedeutet.
Warum steht denn das Rathaus ausgerechnet in Neufrach? Als bereits bekannt war, dass sich die vielen kleinen Gemeinden im Salemer Tal zusammenschließen müssen, bemühte sich Hermann Auer, im Hintergrund mit dem einflussreichen „Bauern-Raither", um ein neues Rathaus in Neufrach. Es sollte so geräumig sein, dass darin die Verwaltung der „Gesamtgemeinde" ausreichend Platz finden konnte.

Schlitzohrig wie sie waren, ließen sie den großen Sitzungssaal als Feuerwehrraum ausweisen und bekamen dafür eine Sonderzuweisung des Landes zu den Baukosten. Das Ganze wurde so rechtzeitig fertig, dass die neue Verwaltung nach nur 4-monatiger Interimszeit einziehen konnte. Ich selbst begann zuvor meine Bürgermeisterzeit mit zwei Angestellten in einer Wohnung in Stefansfeld. Die

Gemeinderatssitzungen fanden abwechselnd in Mimmenhausen und Weildorf statt, bis endlich der große Sitzungssaal in Neufrach belegt werden konnte. Besonders aus Mimmenhausen gab es sehr starke Ressentiments gegen Neufrach. Es bedurfte manchmal großer Geduld, um die dortigen „politischen Größen" und den Mitarbeiter des Südkuriers, ebenfalls Mimmenhausener, von der neuen Konstellation und ihrer Unveränderbarkeit zu überzeugen.

1987

Ein Herzensanliegen war für Werner Kesenheimer die optimale Entwicklung des Alten- und Pflegeheimes Wespach.
(von links) Egon Stoll, Sr. Bertila, Landrat Siegfried Tann, Sr. Oberin Daniela, Werner Kesenheimer, Hubert Viellieber

Neufrach profitierte auch immer von Vorbildern, die sich durch Bescheidenheit, unermüdlichen Einsatz für die Gemeinschaft und durch ein Gespür für das jeweils Machbare auszeichneten.
Karl Löhle, im Volksmund „dr Kasselöhle" genannt, war eine Persönlichkeit mit unverwechselbarem Profil. Von Beruf Chef der ältesten Sparkasse Deutschlands, Vorbild für Zuverlässigkeit und Bescheidenheit, begann seine Karriere durch Kundenbesuche mit dem Fahrrad. Er war ein weit über Salem hinaus angesehener „Sparkässler" und großzügiger Förderer der sozialen und kulturellen Einrichtungen im Salemer Tal. Es gab kaum eine Veranstaltung im öffentlichen Leben der Gesamtgemeinde Salem, bei der Karl Löhle nicht anzutreffen war und wo er nicht auch das Wort ergriff. In diese Fußstapfen trat immer mehr auch Manfred Nolle, später ebenfalls Vorstand der Sparkasse Salem-Heiligenberg und zuvor Adjutant von Karl Löhle. Es gibt und gab kaum einen Verein in Neufrach und in der Gesamtgemeinde, wo er sich nicht aktiv oder auch passiv betätigte. Fußball, Skifahren, Tennis, aber auch Musik und Gesang konnten und können immer mit seiner Unterstützung rechnen. Die Bürger dankten ihm seinen unermüdlichen Einsatz mit jeweils hohen Stimmzahlen bei den Gemeinderatswahlen. Im Gemeindeparlament meldete er sich nur zu Wort, wenn er etwas zu sagen hatte. Fensterreden waren seine Sache nicht, er war aber stets ein kritischer Beobachter der kommunalen Entscheidungsprozesse.

Paul Müller und Herbert Keller erwähne ich bewusst auf einer Linie. Sie könnten auch ganz am Anfang meiner Laudatio stehen. Beide waren Gemeinderäte wie Manfred Nolle, beide waren über viele Jahre in wichtigen Bereichen für die Allgemeinheit tätig und der bienenfleißige Paul Müller ist nach vielen Jahren immer noch Ortsreferent in Neufrach.

Was wäre ein Dorf wie Neufrach ohne seine Traditionen? Die alemannische Fasnet, wichtige „Feiertage" zu Beginn eines Jahres, gehören zum Profil jedes noch so kleinen Dorfes. Was da über mehrere närrische Tage abläuft, ist oft schweißtreibend für die Akteure, aber unverzichtbar für das Bewusstsein der Bürger, dass dies ihre liebgewordene Heimat ist. Herbert Keller, über viele Jahre Zunftmeister und Begründer der „Hardtwieble" und „Klufemichel", ließ das ganze Jahr sein frohgemutes Narrenherz schlagen und sponserte als tüchtiger Unternehmer alles, was mit Brauchtum und Heimatpflege zu tun hatte und war immer unterwegs nach dem Motto „allen zur Freud, niemand zum Leid"!

Paul Müller schätze ich, seit ich in Salem wohne. Er besticht durch seine Beharrlichkeit, wenn es darum geht, für sein Neufrach das Bestmögliche zu erreichen. Aktiv eingespannt als Tenor im Männerchor Neufrach und sportlich beim FC RW Salem und SV Neufrach, war er auch einer der Organisatoren bei den früheren A-Jugend-Pfingsturnieren im Schlossseestadion. Heute kennen wir ihn als unermüdlichen Kämpfer für eine Umfahrung von Neufrach im Zuge der L 201 und die weiteren öffentlichen Belange von Neufrach.

Diese „öffentlichen Belange" sollen am Schluss meiner Würdigung zu Wort kommen. Ich meine, Neufrach hat sich von seiner Infrastruktur und seiner Siedlungsentwicklung her so entwickelt, dass es sein Gesicht wahren konnte. Wer kennt heute z. B. noch das ehemalige Rathaus, die ehemalige Sparkasse, die ehemalige Schule oder die ehemalige Weildorfer Straße? Wen stören die Baugebiete hinter der Kirche, in der Aachstraße, am Lichtenberg oder Im Weingarten - abgesehen von manchen baulichen Schönheitsfehlern! Der Ort hat eine ausreichende ärztliche Versorgung und kleinere Geschäfte für den täglichen Bedarf. Der Bahnhof, das Bildungszentrum, die Freizeitanlagen, die Lebensmittelmärkte, das Gewerbegebiet sind in zumutbarer Entfernung erreichbar.

Werner Kesenheimer zu Besuch bei Dora Loch-Roth anlässlich ihres 90. Geburtstags, 1985

Ich fasse zusammen: Gesamtsalem hat seine Einwohnerzahl seit 1972 von etwa 6700 (alle 11 Teilorte einbezogen) auf 11.200 Einwohner erhöht. Manche mögen das kritisieren. Ich meine aber, es war eine „Abstimmung mit den Füßen", die besagt, dass einige tausend Neubürger meinten, es lohne sich, in Salem zu wohnen oder vielleicht auch zu arbeiten. An dieser Entwicklung war Neufrach aufgrund seines hohen Wohnwertes entscheidend beteiligt.

Zur Person

Werner Kesenheimer, Jahrgang 1937, Diplomverwaltungswirt (FH), war von 1972 bis 1988 Bürgermeister von Salem. Als 35-jähriger junger Mann wurde er in dieses wichtige Amt gewählt. Zuvor war Kesenheimer jeweils sechs Jahre lang im Hauptamt der Stadt Ravensburg und danach als Stadtkämmerer der Stadt Trossingen tätig. Er war Mitglied des Kreistages und des Regionalverbandes Bodensee-Oberschwaben.

Altes und neues Rathaus

Das alte Rathaus

Das alte Rathaus, 1972

Illustration: 1953

Abbruch des Spritzenhauses, 1973

1974

Abbruch des alten Rathauses, 1974

Am 29. Juli 1974 wurde das alte Rathaus abgebrochen. Das ehemalige Rathaus hatte folgende Räumlichkeiten: Grundbuchamt (östlich), Hausmeisterwohnung (westlich), Arrestzelle (südöstlich) im Erdgeschoss; einen Sitzungsraum, Bürgersaal, Probe- und Schulraum sowie Amtszimmer des Bürgermeisters, des Schreibers und Rechners im Obergeschoss. Nach Osten hin stand ein freistehendes Spritzenhaus, in dem Feuerwehrgeräte und Leichenwagen untergebracht waren.

Altes und neues Rathaus, 1972

Das neue Rathaus

Bau des neuen Rathauses der Gemeinde Salem, 1971

Bürgermeister Hermann Auer begutachtet den Baufortschritt.

Bereits in den 1930-er Jahren hatte die Gemeinde Neufrach den Obstgarten von Max Futterer gekauft. Am 8. April 1969 beschloss der Gemeinderat Neufrach, auf diesem Grundstück ein neues Rathaus zu bauen. Der Bauantrag zur Erstellung eines Rathauses mit Feuerwehrgebäude und Einbau einer Feuerstätte mit unterirdischer Lagerung eines Heizölbehälters wurde am 12. August 1969 genehmigt. Der Einzug ins neue Rathaus erfolgte 1972.

Rathaus-Anbau, 1986

Die Räume für die Verwaltung genügten nicht mehr. So wurde 1985 die Erweiterung des Rathauses beantragt und durchgeführt.

Weitere Rathaus-Veränderungen

- 1995 Abbruch eines Schuppens und einer Doppelgarage, Neubau eines Büro- und Bauverwaltungsgebäudes (genehmigt 11.9.1995)
- 1995 Neubau von zwei Garagen und Pultdachverlängerung der bestehenden Garage des Bauhofes (genehmigt 20.10.1995)
- 2001 Umbau von ehemaligen Geräteräumen des Bauhofes zu Büroräumen der Gemeindeverwaltung im Erdgeschoss des hofseitigen Rathausanbaues (genehmigt 25.1.2001)

Neufrach, um 1975

Wasserversorgung

(WEL, 33 - 40)

Im Jahr 1913 wurde für Neufrach, Leutkirch, Haberstenweiler und Wespach die Wasserleitung gebaut. Die Hauptquellen für das Trinkwasser waren das Gebiet „Im Sack" und „Lichtenberg". Das Wasserreservoir befand sich im „Leutkircher Wald, Gewann Tobelhalde". Leutkirch bezog sein Wasser aus der Quelle „Im Sack". Was nicht gebraucht wurde, floss in den „Brand- und Hauptbehälter" im Gewann „Lichtenberg". Von dort wurden die Neufracher Haushalte versorgt.

Noch vor der Gemeindereform ließ die Gemeinde Neufrach in den Jahren 1971/72 die Wasserleitung in die Markdorfer Straße legen. Die Maßnahme wurde von der Sanitärfirma Eberhard Stumpp durchgeführt.

1972 beschloss der Gemeinderat, einen Wasserversorgungsplan für die gesamte Gemeinde Salem erstellen zu lassen. Am 23. Mai 1975 wurde im Gemeinderat entschieden, eine generelle, insbesondere hydrogeologische Untersuchung für den Grundwasserschutz, die Grundwassernutzung und die Grundwasserverteilung durchführen und den Wasserbedarf errechnen zu lassen.

Im März 1989 wurde der Weiler Leutkirch an die zentrale Wasserversorgung angeschlossen, der bisher sein Wasser aus der Quelle „Im Sack" (Nähe Oberstenweiler) bezogen hatte.

Der Anschluss von Birkenweiler an den Hochbehälter Oberstenweiler erfolgte im Jahr 1975.

Das Wasser der Quelle „Im Sack" wird heute noch für die Friedhofsbewässerung und den Leutkircher Dorfbrunnen verwendet.

Wasserhochbehälter

Am 13. November 1981 vergab der Gemeinderat den Auftrag zum Bau des Hochbehälters. Im Jahr 1984 wurde der Wasserhochbehälter in Betrieb genommen.

Bau des Hochbehälters im Gewann „Gemeindemerk", 1982/83

Der Wasserhochbehälter am Rande des Leutkircher Waldes wurde Anfang der 1980-er Jahre gebaut. Ende des Jahres 1985 fiel im Gemeinderat die Entscheidung zur Verwirklichung des Wasserverbundsystems.

Das Wasser im Hochbehälter Neufrach besteht aus Mischwasser aus den Tiefbrunnen Neufrach, Stefansfeld und aus der Schapbuchquelle. Teilweise wird Wasser aus dem Hochbehälter Beuren zugeführt.

Die zwei Brunnen Neufrach und Hardtwald liefern im Jahr drei Millionen Kubikmeter Wasser (täglich 8.500 Kubikmeter).

Es handelt sich in Neufrach um hartes Wasser mit 21,4 Grad deutscher Härte. Der Nitratgehalt beträgt 24,0 mg/ltr.

Oberstes Anliegen der Gemeinde war und ist es, stets für ausreichend Wasser, optimalen Wasserschutz und beste Wasserqualität zu sorgen.

Die Baulanderschließungen der letzten Jahrzehnte waren stets gekoppelt an die Erschließung der Grundstücke mit Wasserleitungen, Abwasserkanälen, Strom und Telekommunikation (s. „Bebauungspläne").

Nach und nach erhielten auch die bisherigen Wohngebiete eine zeitgemäße Versorgung. Alte Leitungssysteme mussten erneuert werden. So wurde beispielsweise im Jahr 1985 die Wasserleitung in der Breitenstraße verlegt und 1987 die Wasserleitung in der Riedlestraße erneuert.

Durch den Bau des Tiefbrunnens Neufrach, des Hochbehälters Neufrach und durch die systematische Herstellung des Verbundsystems wurde das Wasserdargebot auf lange Zeit gesichert und der Wasserdruck im Leitungssystem (selbst in Höhenlagen, auch bei Trockenzeiten) stets gewährleistet.

Wasserschutzgebiet

Der Schutz des lebenswichtigen Gutes Wasser hatte und hat stets oberste Priorität. So wurde in den 1980-er Jahren ein Wasserschutzgebiet ausgewiesen. Zum

Schutz des Grundwassers im Einzugsgebiet der Grundwasserfassungen „Tiefbrunnen Neufrach“ und „Tiefbrunnen Hardtwald“ besteht ein gemeinsames Wasserschutzgebiet mit der Bezeichnung „Salemer Becken".

Das Wasserschutzgebiet ist in die beiden weiteren Schutzzonen IIIA und IIIB sowie in die engeren Schutzzonen II und I unterteilt.

Das Wasserschutzgebiet Neufrach umfasst eine Fläche von 216,7 Hektar und das Wasserschutzgebiet Hardtwald 301,1 Hektar. Am 20. März 2004 trat die Verordnung in Kraft.

Zuvor hatte jeder Brunnen sein eigenes Wasserschutzgebiet. Die erstmalige Ausweisung des Wasserschutzgebietes mit der Bezeichnung „Bei der Brücke" erfolgte am 27. September 1987. Die Größe betrug 175,8 Hektar.

Für den Brunnen „Hardt" (Rechtsverordnung vom 2. März 1973) betrug die Schutzfläche 178,4 ha.

Zum 1. Januar 1989 wurde vom Landratsamt das Wasserschutzgebiet „Riedle“ aufgehoben.

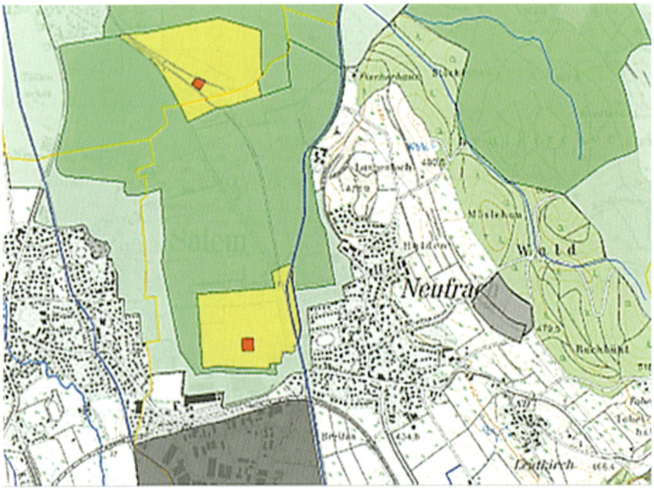

Übersichtskarte:
grün = Zone III
gelb = Zone II
rot = Zone I

Tiefbrunnen Neufrach

Richtfest des neuen Pumpenhauses (Tiefbrunnen) an der Alten Neufracher Straße, 1986

Der neue Tiefbrunnen, 1986

Abwasserbeseitigung

Der Zweckverband „Mittleres Salemertal" mit Sitz in Mimmenhausen, dem neben der Gemeinde Neufrach auch Beuren, Buggensegel, Mimmenhausen, Salem und Weildorf angehörten, errichtete im Jahr 1967 auf dem Gelände des heutigen Wertstoffhofes die erste mechanisch-biologische Kläranlage im Bereich der heutigen Gemeinde Salem. Dies war zur damaligen Zeit eine außergewöhnliche Pionierleistung im ländlichen Raum. Die Abschreibung erfolgte ab 1968. Die Verbandssatzung war jedoch bereits am 20. August 1962 verbindlich geworden.

In den 1960-er Jahren wurde nach und nach in Neufrach die Kanalisation gebaut.

Kanalbau entlang der Aach, um 1965

Im Vordergrund Bürgermeister Hermann Auer

Der Zweckverband wurde im Zuge der Gebietsreform und damit der Neugründung der Gemeinde Salem, letztlich auch mit der Eingemeindung von Beuren, am 1. Januar 1975 aufgelöst.

1975 wurde festgestellt, dass die Sammelkläranlage in Mimmenhausen überlastet war.

Ein Generalentwässerungsplan für die Gemeinde Salem wurde vom Wasserwirtschaftsamt Ravensburg gefordert. Die Gemeinde Salem beantragte die Durchführung eines Planfeststellungsverfahrens für die gesamte Kanalisation. Im Generalentwässerungsplan gab sich die Gemeinde einen verbindlichen Zeitrahmen.

1999 hieß es: „Das Kanalisationsnetz ist fast komplett." Rund 40 Millionen Mark flossen von 1972 bis 1999 in Abwassermaßnahmen.

Zum Ende der Amtszeit von Werner Kesenheimer wurde mit dem Bau einer 3-stufigen Kläranlage im Aach-Winkel begonnen. Kosten: 12,5 Mio. DM. Am 15. Februar 1991 ging die Anlage in Betrieb. Am 8. und 9. Juni 1991 hatte Bürgermeister Peter Allgaier zum „Tag der offenen Tür" in der Kläranlage eingeladen. Nach dem Bau der Kläranlage verfügte Salem über eine perfekte Abwasserbeseitigung. Rickenbach, Altenbeuren, Tüfingen und Buggensegel kamen zu einem späteren Zeitpunkt ans Kanalnetz. Somit sind acht Salemer Teilorte an die Kläranlage angeschlossen. Grasbeuren, Obersten- und Mittelstenweiler gehören zum Abwasserzweckverband „Obere Seefelder Aach" mit dem Kläranlagen-Standort Grasbeuren.

Abwasserentsorgung (Kanalisation)

Die Dorfgräben (Wassergräben; s. Bild, S. 125), die vor der Kanalisation der Gebraucht- und Schmutzwasserentsorgung dienten, hatten folgenden Verlauf:

1. Überlauf des Wasserreservoires im Gebiet „Riedle" (heute: Schrebergärten) - Gassner - Schulhof - Molke - Sick - unter und entlang der Leutkircher Str.- altes Rathaus - unter der Markdorfer Str. - entlang der Aachstraße - Deggenhauser Aach
2. Stummberg - Reuther - entlang der Weildorfer Str. - Kapellenweg - Stehle (Fitz) - Hoher - Metzger und „Grüner Baum" - unter der Markdorfer Str. - zwischen Rübsamen/Nunne und Leberer/Rothmund - Einmündung in den Dorfgraben (s. 1.)
3. Hohlgasse - vorbei am Brunnen am Komethof - Hund/Kretz - unter der Weilorfer Str. - Stehle - Postgasse - Einmündung in den Dorfgraben (s. 2.)
4. Dorfgraben von Leutkirch her - Einmündung in den Dorfgraben (s. 1.)

Die Kläranlage der Gemeinde, 1991

Die feierliche Eröffnung fand vom 7. bis 9. Juni 1991 statt.

Hochwasser

(WEL, 37 - 42)

Hochwasser, Deggenhauser Aach, 1988

Im Hintergrund: Fischerhaus

Hochwasser, Überschwemmung, 1. Juni 2013

Campinghof Salem

Am 1. Juni 2013 überflutete ein schlimmes Hochwasser viele Gebiete und Häuser Neufrachs. Die Deggenhauser Aach konnte die Wassermassen nicht mehr aufnehmen. Viele Keller standen unter Wasser. Am schlimmsten traf es den Campinghof Salem der Familie Gern. Innerhalb kürzester Zeit standen Wohnwagen und Wohnmobile im nördlichen Teil des Campinghofes einen Meter tief unter Wasser.

Die letzten schlimmen Hochwasser waren 1872, 1880 und 1906. Schwere Schäden wurden angerichtet. Vom Hochwasser des Jahres 1906 war die Mühle besonders stark betroffen. Am 7. Juni 1930 wurde das Mühlenwehr erneut durch Hochwasser zerstört. Ein Anliegen des Ortes war immer der Schutz vor Hochwasser. So wurde Mitter der 1950-er Jahre am Wespach-Bach (am Weg von Leutkirch nach Oberstenweiler) ein Rückhaltebecken gebaut. Bald nach Einweihung kamen wolkenbruchartige Regenfälle und das Becken wurde zerstört. Das Wasser überflutete Leutkirch.

Abfallentsorgung

Zuständigkeit

• 1. Juli 1977 - 31. Dezember 2004	Gemeinde Salem
• 1. Januar 2005 - heute	Bodenseekreis
• 8. September 1992	Gemeinde-Ablehnung der Übertragung an den Bodenseekreis
• 1. Januar 1993	Einführung „Gelbe Säcke“ Änderung der Zuständigkeit für die Wertstoffcontainerstandplätze
• 1. Januar 1996	Getrennte Biomüllabfuhr
• 1. Januar 2004	Papier (Bodenseekreis zuständig)
• 1. Januar 2004	Verpackungen: (DSD zuständig)
• 1. Januar 2014	Blaue Tonne für Altpapier (LK)

Sammlung, Abfuhr

- Restmüllabfuhr (35/50 L Gefäße; zusätzliche Müllsäcke gegen Gebühr)
- Wöchentliche Abfuhr bis zur Einführung der Biomüllabfuhr (31.12.1995); danach 14-tägig oder 4-wöchig für Einpersonenhaushalte
- Sperrmüllabfuhr, Altholzabfuhr auf Anmeldung (ab 1996)
- Zwei Gartenabfallsammlungen (ab 1996)
- Entsorgung auf der Mülldeponie Bermatingen (ab 1977)
- Zwei Problemstoffannahmen durch das Landratsamt Bodenseekreis
- Altkleidersammelbehälter: 4 Standorte, 13 Behälter (Kolpingfamilie)
- Wertstoffhof zur Abgabe von Wertstoffen
- Wertstoffsammelbehälter in den Teilorten
- Gartenabfallsäcke für Gartenabfallsammlungen
- Zusätzliche 50-L-blaue Müllsäcke für Restmüll
- Kühlgeräteabfuhr auf Anmeldung (kostenpflichtig)
- Altmetallannahme auf dem gemeindlichen Wertstoffhof (ab 1996)
- Zwei Straßensammlungen für Schrott durch Vereine
- Vereinssammlungen von Altpapier (Fluggemeinschaft und Kirchenchor)
- Vereinssammlung von Altglas (Männgergesangverein Neufrach)
- Elektro-Schrottannahme durch Bodenseekreis (1997 bis 2004)
- Verkaufsaktionen von Schnellkompostern durch die Gemeinde
- Einführung der getrennten Biomüllabfuhr (14-tägig; Befreiung und Gebührenermäßigung für Eigenkompostierung möglich)
- Flächendeckende Einführung des Gelben Sackes (1993)
- Neue Benutzungsordnung für den gemeindlichen Wertstoffhof und Grüngutverwertung (Betreuung durch den MBR Deggenhausertal; 1996)
- Bereitstellung und Sauberhaltung der Containerstandorte (Gemeinde Salem; Betreuung durch örtliche Vereine; aktuell: 18 Standorte in den Teilorten, davon 4 in Neufrach)
- Eröffnung des neuen kreiseigenen Wertstoffhofes auf gemeindlichem Gelände (2005)
- Einführung neuer 60L/80L/120L/240L Restmüllgefäße (2005)
- Zwei Problemstoffannahmen und drei Gartenabfallsammlungen (2005)
- Entsorgung Sperrmüll, Altholz, Kühlgeräte und Alteisen (2005; Anmeldung); Alteisensammlung durch örtliche Vereine
- Folgende Straßensammlungen gibt es noch: Christbaumsammlungen durch Vereine, Altpapierstraßensammlung durch Fluggemeinschaft Heiligenberg, Altmetallstraßensammlung durch mehrere Vereine

Ab dem 1. Januar 2014 wird kreisweit die kommunale Papiertonne verpflichtend eingeführt.

Seit 1970 bis heute sammelt die Segelfliegergruppe Heiligenberg, heute Fluggemeinschaft Heiligenberg e. V., Altpapier in Neufrach. Auch der Kirchenchor Neufrach sammelte von 1985 bis 1992 Altpapier im Kirchspiel Neufrach. Der Männerchor leistete von 1977 bis 2003 durch seine Flaschen und Altglassamm-

lungen einen wichtigen Beitrag zum Umweltschutz. Kirchen- und Männerchor sind noch heute in der Betreuung der Wertstoffcontainer engagiert.
Kleider können im Container am Rathaus abgegeben werden.

Wertstoffhof

Seit 1990 betrieb die Gemeinde Salem die Bauhofräumlichkeiten beim Rathaus. Am 30. Juli 1996 wurde der Wertstoffhof auf das Gelände der ehemaligen Kläranlage verlegt. Bis zur Rückübertragung der Öffentlichen Müllabfuhr auf den Landkreis war die Gemeinde Salem für den Wertstoffhof zuständig.

Gemeindeputzete - Aktion „Gemeinsam für ein sauberes Salem“

„Gemeinsam für ein sauberes Salem" lautet das Motto für die seit 1999 flächendeckend in Salem stattfindende Gemeindeputzete. Dass die Bürgerinnen und Bürger der Gemeinde Salem Wert auf den Umweltschutz legen, beweist die „Gemeindeputzete“, die jährlich im Frühjahr durchgeführt wird.

Strom, Gas, Telefon, Internet

Strom

Das Badenwerk (gegründet 1921 als Landeselektrizitätsversorgung) war bis zur Fusion mit der EVS (Energie-Versorgung Schwaben AG) im Jahr 1999, zuletzt schon unter dem Namen EnBW Badenwerk AG, für die Stromversorgung der Gesamtgemeinde Salem und somit auch von Neufrach zuständig.

Die Liberalisierung der Stromversorgung im Jahr 1998 führte dann schließlich zur Auftrennung von Netz- und Stromvertrieb. Ab 1. Januar 1999 war dann für die Aufrechterhaltung der Stromversorgung und die Betreuung des Verteilnetzes die EnBW Regional AG zuständig. Das ist bis heute so. Für die Grundversorgung (Belieferung der Kunden mit Strom) ist die EnBW-Vertriebsgesellschaft mbH verantwortlich. Zunächst war es großen Industriekunden grundsätzlich möglich, den Lieferanten frei zu wählen. Dieses Recht wurde Zug um Zug auch den kleineren Stromverbrauchern eingeräumt, so dass der freie Markt seit 2001 für alle Kunden offen ist.

Freileitungen im Niederspannungsnetz innerhalb der Ortschaften werden seit Ende der 1960-er Jahre nicht mehr neu gebaut. In bestehenden Freileitungsnetzen finden bis heute auch Instandhaltungs- und Erneuerungsmaßnahmen statt. Im Mittelspannungsnetz (20-kV) gilt für innerörtliche Leitungen derselbe Zeitraum für die Umstellung auf Kabeltechnik. Für die außerörtlichen Leitungen fand der Wechsel Anfang der 1980-er Jahre statt. Seither werden im Mittel- und Niederspannungsnetz grundsätzlich keine neuen Freileitungen mehr gebaut. Neufrach wird im Wesentlichen aus dem Umspannwerk in Weildorf versorgt. Das in den letzten Jahren stetig gewachsene Gewerbegebiet in Neufrach führte in jüngster Zeit zu vermehrten Investitionen, vor allem in neue 20-kV-Kabel.

Zunehmendes Umweltbewusstsein führte dazu, dass ab dem Jahr 2000 in größerem Umfang Photovoltaik-Anlagen auf den Dächern öffentlicher und privater Gebäude installiert wurden.

Straßenbeleuchtung

In der Gemeinde Salem gibt es über 1.400 Leuchten, davon 297 in Neufrach. Die bestehende Straßenbeleuchtung wird seit 2013 nach und nach auf die energieeffiziente LED-Technik umgestellt, um Energie einzusparen und den CO_2 -Ausstoß zu reduzieren. In Neufrach werden die Lampen der Ortsdurchfahrten Weildorfer Str. und Markdorfer Str. ausgetauscht. Die neuen LED-Leuchten mit einem Anschlusswert von 51 W verbrauchen rund 65 % weniger Energie als die bisherigen Lampen.

Telefon

Im Jahr 1952 waren nur 23 Haushalte mit einem Fernsprecher an das Telefonnetz Salem angeschlossen.

Bis heute hat sich dies durch den technischen Fortschritt grundlegend geändert. Telefon, Internet und Fernsehen sind aus dem Alltag nicht mehr wegzudenken.

Erdgas

Anschluss an das Erdgasnetz, Markdorfer Straße, 1987

In Neufrach sind 272 und in Leutkirch 9 Haushalte ans Erdgasnetz der Thüga Energienetze GmbH Singen angeschlossen. Auch zum Alten- und Pflegeheim Wespach führt die Gasleitung.

Insgesamt gibt es also 282 Gasanschlüsse. 17 Haushalte beziehen noch kein Gas, da einige Neubauten noch nicht vollständig fertig sind.

Friedhof

Neue Friedhofshalle, 1970

Auf dem Friedhof Leutkirch konnte am 25. Oktober 1970 die neue Einsegnungshalle eingeweiht werden.

Im Jahr 1977 wurden neue Grabfelder angelegt. Zusätzliche Parkplätze entstanden, die 2013 im Rahmen der Straßenarbeiten zwischen Leutkirch und Mittelstenweiler neu geteert wurden.

Neufrach, um 1989

Ortskernsanierung

Zu weitreichenden Veränderungen im Ort führte die Aufnahme Neufrachs in das Landessanierungsprogramm. Der Bebauungsplan erhitzte die Gemüter vieler Neufracher, die der Meinung waren, dass der Ortskern seinen ländlichen Charakter verliere. Die städtebauliche Erneuerungsmaßnahme hatte folgenden Ablauf:

- 7. Mai 1990 — Beschluss zu den vorbereitenden Untersuchungen
- 31. März 1992 — Aufnahme in das Landessanierungsprogramm
- 30. Juni 1992 — Förmliche Festlegung des Sanierungsgebietes
- 30. Oktober 1992 — Öffentliche Bekanntmachung der Festlegung
- 12. April 1994 — Beschluss des Bebauungsplans „Ortskern Neufrach“
- 7. April 1995 — Bekanntgabe des Aufstellungsbeschlusses für den Bebauungsplan
- 16. November 1995 — Verabschiedung der Satzung und des Textteiles zum Bebauungsplan
- 20. Juni 1996 — Öffentliche Auslegung des Bebauungsplans
- 11. Oktober 2002 — Aufhebung der förmlichen Festlegung (Satzung)

Der Förderrahmen hatte ein Finanzvolumen von 4,8 Millionen DM. Die Landesfinanzhilfen betrugen 3,2 Millionen DM. Der verfügbare Förderrahmen wurde voll ausgeschöpft. Die Sanierungsvorhaben betrafen den öffentlichen und privaten Bereich in der Leutkircher Str., Riedlestr., Nüffernstr., Weildorfer Str. und Markdorfer Straße.

Mehrere Gebäude wurden im Sanierungsgebiet abgebrochen (s. auch unten):

- 1995 Autohaus Karrer und Schmiede Karrer
- 1995 Allgeyer-Haus (Sick/Gogol)
- 1997 Gasthaus „Prinz Max"
- 2001 Gasthaus „Sternen"

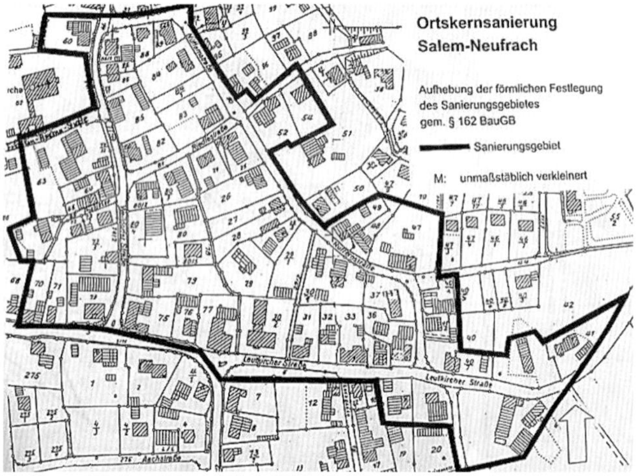

Das Plangebiet „Ortskernsanierung"

Die Landsiedlung Baden-Württemberg GmbH betreute die Maßnahmen zur Ortskernsanierung Neufrach. Durchgeführt wurden u. a. folgende Maßnahmen:

- Neubau des Dorfgemeinschaftshauses „Prinz Max" nach Abbruch der Altgebäude (Markdorfer Str. 31 und 33, Flst. Nr. 76 und 77)
- Neubau eines Wohn- und Geschäftshauses nach Auslagerung des Autohauses und nach Abbruch der Altgebäude (Weildorfer Str. 8, Flst. Nr. 80/4)
- Neubau eines Wohngebäudes nach Abbruch des ehemaligen Wohn- und Werkstattgebäudes (Weildorfer Str. 10, Flst. Nr. 80/2)
- Neubau eines Wohnhauses nach Abbruch der Altgebäude (Weildorfer Str. 22, Flst. Nr. 86/1)
- Modernisierung des Wohn- und Geschäftshauses (Markdorfer Str. 29, Flst. Nr. 75)
- Modernisierung des Wohngebäudes (Riedlestr. 3, Flst. Nr. 83)
- Neubau eines Wohnhauses nach Abbruch des ehemaligen Wohn- und Ökonomiegebäudes (Leutkircher Str. 9, Flst. 35)
- Neubau eines Wohnhauses mit zwei Wohneinheiten (Leutkircher Str. 11, Flst. Nr. 36)
- Neubau eines 6-Familien-Wohnhauses nach Abbruch des ehemaligen Wohn- und Ökonomiegebäudes (Leutkircher Str. 5, Flst. Nr. 32)

- Restmodernisierung des Wohnhauses nach Abbruch des ehemaligen Ökonomieteiles (Leutkircher Str. 6, Flst. Nr. 19)

Bereits vor der Ortskernsanierung waren im Jahr 1991 der Abbruch der Stallgebäude, der Scheuer und des Wohnspeichers in der Weildorfer Straße genehmigt worden. 1992 wurde mit dem Bau von Wohnhäusern begonnen.

„Prinz Max"

Als Heimat der örtlichen Vereine und der Dorfgemeinschaft sowie als Stätte des Kultur- und Gemeindelebens wurde auf dem ehemaligen Gelände des Gasthauses „Prinz Max" und des Anwesens „Häring" der „Prinz Max" gebaut.

Die Vorgeschichte des Hauses war lange und hürdenreich. Noch zu Lebzeiten des Bauernpräsidenten und Vereinsförderers Arthur Raither kämpften die örtlichen Vereine Mitte der 1980-er Jahre um Probenräume und eine Begegnungsstätte der Dorfgemeinschaft. Zunächst war geplant, die Vereinsräume mit der neuen Turnhalle zu kombinieren. Aber die hohen Kosten wurden nur dann als gerechtfertigt angesehen, wenn die Turnhalle einer Mehrzwecknutzung zur Verfügung stünde. Der Einspruch eines Nachbarn führte dazu, dass das Projekt nicht verwirklicht wurde.

Lange Zeit gab es Diskussionen um eine zentrale Schlossseehalle, die die Entscheidung für den Bau des „Prinz Max" hinauszögerte.

Auf der Suche nach einem Standort für das neue Vereins- und Dorfgemeinschaftshaus kamen folgende Vorschläge: Rathaus, Altes Pfarrhaus Leutkirch, Schiffswerfthalle der Markgräflich-Badischen Verwaltung.

Im Jahr 1989 beantragten die Neufracher Vereine eine Begegnungsstätte. Bürgermeister Peter Allgaier bestätigte den dringenden Bedarf geeigneter Räumlichkeiten. Im Blick auf eine mögliche Schlossseehalle und die aktuelle Finanzlage sah er damals jedoch keine Möglichkeit, ein neues Dorfgemeinschaftshaus in Neufrach zu bauen.

Die Aufnahme Neufrachs in das Landessanierungsprogramm eröffnete 1992 neue Chancen. Ende desselben Jahres trafen sich die Verantwortlichen, um über die Gestaltung einer Bürgerbegegnungsstätte auf dem Areal des Gasthauses „Prinz Max" zu sprechen. Anfang des Jahres 1994 fasste der Gemeinderat den Beschluss, den alten Gasthof abzureißen und einen Neubau zu erstellen.

1995 stand durch den Kauf des westlich vom Gasthof gelegenen landwirtschaftlichen Anwesens ein größeres Grundstück zur Verfügung.

Den Planungsauftrag erhielt das Architekturbüro Michael Muffler.

- 4. Oktober 1995 — Zustimmung zu einem ersten Entwurf
- 11. September 1996 — Vorstellung der detaillierten Planung
- 15. Oktober 1996 — Zustimmung zu den geänderten Planentwürfen (geschätzte Kosten: 5,4 Millionen DM)
- 19. November 1996 — Auftrag zum Abbruch des alten Gasthauses „Prinz Max" an die Fa. Lattner aus Uhldingen

- Februar 1997 — Abriss des Gasthauses
- 23. Februar 1997 — Frühschoppen zum Abschied vom „Prinz Max" (s. „Gasthäuser-Gästehäuser-Campinghof")
- Mitte 1997 — Abriss des Hauses und des Ökonomiegebäudes der Familie Häring
- September 1997 — Spatenstich für den Neubau

„Eine historische Stunde!" So bezeichnete Bürgermeister Peter Allgaier am 16. September 1997 den ersten Spatenstich zur Erstellung des „Prinz Max".

Bau des „Prinz Max", 1997

Richtfest, 1998

Am 26. Juni konnte Richtfest gefeiert werden.

Im Jahr 1999 wurde ein langgehegter Wunsch der Neufracher Dorfgemeinschaft und Vereine Wirklichkeit, als der „Prinz Max“ am 8. Oktober eingeweiht wurde.

Gleich nach der Einweihung war der „Prinz Max“ mit Leben erfüllt. Schon am 9. Oktober begannen die Veranstaltungen mit einem Chorkonzert, am 10. Oktober folgte die Erntedankfeier der landwirtschaftlichen Fachschulabsolventen und am 5. Dezember spielte das Stuttgarter Kammerorchester unter der Leitung von Georg Mais.

Erstmals konnte das festliche Gemeinschaftskonzert von Musik- und Gesangverein Neufrach zur Freude aller im „Prinz Max“ stattfinden (s. „Vereinsleben“).

Einweihung des „Prinz Max" mit vielen prominenten Gästen, 8. Oktober 1999

Der Bau des „Prinz Max“ mit Grunderwerb und Erstellung der Außenanlagen kostete rund 6 Millionen DM. Obwohl in der Bevölkerung schon immer vom „Prinz Max“ die Rede war, erhielt das neue Haus der Kultur und Vereine erst Ende 2000 offiziell diesen Namen.

Am 8. Mai 1998 wurde der Förderverein „Dorfgemeinschaftshaus Prinz Max“ gegründet, dessen Vorsitzender Paul Müller war. Den Verein gab es bis 2008.

Trotz ursprünglicher Bedenken zeigt die mittlerweile 14-jährige Geschichte des „Prinz Max“, dass er stets bestens ausgelastet war und heute noch ist.
Während der Woche finden in den Räumlichkeiten des „Prinz Max“ Proben und Übungsstunden von Vereinen und Gruppen statt.

Der Saal wird u. a. genutzt für Veranstaltungen

- der Vereine
- der Gemeinde Salem
- des Kulturforums Salem

Prinz Max mit Außenanlage, 2000

Die Rolle Neufrachs in der Gemeinde Salem

Beitrag von Peter Allgaier,
Bürgermeister a. D.
Amtszeit: 1988 - 2004

Foto: 1996

„*Ein Sträußchen am Hute ...*", vom Männergesangverein Neufrach gesungen, erklang im Autoradio, als ich im April 1988 von meinem damaligen Wohnort Schwenningen/Heuberg zum Rathaus in Salem-Neufrach zu meinem Amtsvorgänger Bürgermeister Werner Kesenheimer fuhr, um meine Bewerbung für das Amt des Bürgermeisters abzugeben. Bevor ich mich zu dieser Kandidatur entschlossen hatte, kannte ich die Gesamtgemeinde nur von zwei Besuchen, bei denen ich alle Ortsteile besichtigte, um ein Gefühl für die Aufgaben dieser großen, erst 16 Jahre alten Flächengemeinde, zu gewinnen.
Warum nun dieser Vorspann, der auf den ersten Blick so gar nichts damit zu tun zu haben scheint, was mein Thema zum neuen Dorfbuch von Neufrach betrifft: „Die Rolle Neufrachs in der Gemeinde Salem während meiner Amtszeit von 1988 bis 2004".

Und doch: Beim Hören des Liedes im Südwestrundfunk bildete sich die Meinung, dass es sich bei Neufrach um einen sehr selbstbewussten Ortsteil der Gemeinde Salem handeln musste, der bereit ist, diese Rolle anzunehmen und an der weiteren Entwicklung der Gemeinde Salem mitzuarbeiten. Dieser Gedanke zog sich nach meiner Wahl wie ein roter Faden durch meine gesamte Amtszeit. Nachfolgend will ich dies, auch anhand von Beispielen, darlegen.

Neufrach: Zweitgrößter Ortsteil der Gesamtgemeinde, Standort des Rathauses und Sitz des Gemeinderats und des Bürgermeisters

Aus diesen Gegebenheiten leiten sich nach meiner Meinung zum einen dieses starke Selbstbewusstsein, aber auch ein gewisser Stolz und vielleicht auch etwas Eitelkeit, ab. „Hier" werden die politischen Entscheidungen für die Zukunft der Gesamtgemeinde getroffen. Das Rathaus ist, wie vor der Gemeindereform, vor Ort. Die schnelle Erreichbarkeit der kommunalen Entscheidungsträger und der Rathausdienste ist gegeben. Zum Bürgermeister hat der Neufracher Bürger wegen dieser Nähe eine ganz besondere Beziehung. Man sieht den Bürgermeister kommen und gehen. Manchmal fällt zu seinem Nachteil auf, wenn er „fehlt" und zum Beispiel seine Abendsprechstunden für Bürger und Einwohner nicht abhalten kann. Der Sitzungssaal im Rathaus, in dem die Gemeinderatssitzungen abgehalten werden, ist leicht zu erreichen. Die Entscheidungen, die im Rathaus, von welchem Organ auch immer, getroffen werden, werden zumindest teilweise, positiver oder auch kritischer beurteilt und diskutiert als vielleicht in anderen Teilorten.

Besichtigung der Kläranlage, 1991

(von links) Klärmeister Braxmeier, Mitarbeiter Anton Keßler, Robert Naglic, Bürgermeister Peter Allgaier, Dipl.Ing. Hölle, Nikolaus Schwab

Neufrach: Seine kirchlichen und sozialen Einrichtungen

Das Kirchspiel Neufrach umfasst neben Neufrach die Teilorte und ehemals selbständigen Gemeinden Buggensegel, Mittelstenweiler und Oberstenweiler. Die Verstorbenen aller vier Teilorte finden auf dem Leutkircher Friedhof ihre letzte Ruhestätte. Der in der Trägerschaft der Katholischen Pfarrgemeinde stehende Kindergarten wird, mit Ausnahme vom Teilort Buggensegel, von den Kindern der

drei Teilorte besucht. Das Katholische Gemeindezentrum ist Standort und Begegnungsstätte der älteren Mitbürgerinnen und Mitbürger des Kirchspiels. Zunächst ist in diesem Gemeindezentrum bis nach der Renovierung des ehemaligen Pfarrhauses in Leutkirch der Sitz der Sozialstation Salem gewesen, deren Zuständigkeitsbereich sich auf die politischen Gemeinden Daisendorf, Frickingen, Heiligenberg, Meersburg, Salem, Stetten und Uhldingen-Mühlhofen erstreckt. Das vom Kloster Salem vor über 560 Jahren gegründete Alten- und Pflegeheim Wespach liegt auf der Gemarkung Neufrach. Es nimmt eine wichtige Stellung im Bereich der Altersvorsorge ein, die sich durch die gesellschaftlichen Veränderungen ständig weiter entwickelt. Neufrach ist mit den genannten Einrichtungen auf das Engste verbunden. Der Musikverein Neufrach, der Männergesangverein Neufrach, die Hardtwieblezunft, der Kindergarten, der ehrenamtliche Besuchsdienst - sie alle tragen durch Besuche und Auftritte im Alten- und Pflegeheim Wespach dazu bei, Abwechslung und Freude zu den Bewohnern zu bringen. Von der Sozialstation geht viel Unterstützung und Hilfe für Kranke, Pflegebedürftige und andere Bedürftige und deren Angehörige aus. Die regelmäßigen Begegnungen im Gemeindezentrum erfreuen die älteren Mitbürgerinnen und Mitbürger und bringen Abwechslung.
All das macht den Teilort Neufrach innerhalb der Gesamtgemeinde Salem selbstbewusst und stolz und verleiht ihm eine besondere Rolle und Bedeutung.

Neufrach: Seine Kultur und sein Vereinsleben

Die Darstellung zu diesem Kapitel kann, wie auch schon die Darstellungen zuvor, nach meiner Meinung am wenigsten vollständig sein und sich natürlich nicht ausschließlich auf Neufrach allein beziehen. Auch andere Ortsteile leisten ihre wichtigen Beiträge zum Zusammenleben in der Gesamtgemeinde.

Einweihung des „Prinz Max", 1999

Architekt Michael Muffler (links) bei der symbolischen, feierlichen Schlüsselübergabe an den Hausherren Bürgermeister Peter Allgaier

Trotzdem: Der „rote Faden", von dem ich eingangs gesprochen habe, zieht sich weiter durch. Ein Beispiel: Der Gasthof „Prinz Max" strahlte bis Anfang der 1990-er Jahre des letzten Jahrhunderts vor allem wegen seines Festsaals auf die nähere und weitere Umgebung aus. Tanzveranstaltungen, Fastnachtsveranstaltungen, Hochzeiten, Bauerntage und vieles mehr waren im kollektiven Gedächtnis der

Neufracher so tief verwurzelt und verhaftet, dass sie, nach Aufgabe des Gasthauses „Prinz Max" durch die Eheleute Hafen, lieber über viele Jahre auf eine Begegnungsstätte verzichteten, als dass sie die Idee eines neuen „Prinz Max" an gleicher Stelle aufgegeben hätten. Selbstbewusst, zielstrebig und unnachgiebig wurde aus allen Schichten der Neufracher Bevölkerung das Ziel „Neubau Prinz Max" an gleicher Stelle verfolgt und schlussendlich durch einen einstimmigen Gemeinderatsbeschluss erreicht. Heute ist der „Prinz Max" Mittelpunkt des kulturellen und gesellschaftlichen Lebens des Teilorts und der Gesamtgemeinde. Hochrangige Veranstaltungen verschiedenster Art, von Kabarett über Theater und Konzerte bis hin zu Ausstellungen, finden regelmäßig statt, organisiert von einem eigens hierfür gegründeten Kulturforum. Aber auch Zusammenschlüsse von Salemer Bürgern und Einwohnern aus mehreren Teilorten wie der Essarter Chor, die Tanzsportgruppe, der Partnerschaftsausschuss für die Deutsch-Französische Partnerschaft mit Les Essarts le Roi und andere gemeindeübergreifende Vereinigungen haben in Neufrach im „Prinz Max" ihren Mittelpunkt gefunden. Somit trägt der Ortsteil indirekt zum Zusammenwachsen der Salemer Ortsteile bei.

Rede von Bürgermeister Peter Allgaier anlässlich des 50-jährigen Jubiläums der Theatergruppe Mittelstenweiler, 1995

Neufracher Einwohner und Bürger bringen sich auch in besonderer Weise in den die Gesamtgemeinde überdeckenden Vereinen ein und tragen so zum guten Gemeinschaftsleben der Bürger in unserer großflächigen und recht heterogenen Gemeinde mit ihren ehemals 11 selbständigen Gemeinden bei. Beispielhaft seien hier der Skiclub Salem, der Tennisclub Salem, die Gesamtfeuerwehr Salem, der Ortsverband des Deutschen Roten Kreuzes Salemertal, die Gemeinschaft der 12 Salemer Narrenvereine, die Schlossseefestgemeinschaft der Musikvereine, aber auch der Fußballclub Rot-Weiß Salem genannt, obwohl letzterer nur den „südlichen Teil" der Gemeinde abdeckt, da ja mit dem FC Beuren-Weildorf ein zweiter Fußballclub in der Gemeinde vorhanden ist. Obwohl durch den drohenden Abstieg aus der Spielklasse nahezu „erzwungen", bewiesen die damals Verantwortlichen des Fußballclubs SV Neufrach schon vier Jahre nach dem Gemeindezusammenschluss große Weitsicht, als nur eine Fusion mit der bis dahin sehr stark konkurrierenden Fußballabteilung des TSV Mimmenhausen zukunftsweisend sein konnte. Der aus der Fusion hervorgegangene Vereinsname FC Rot-Weiß Salem e. V. führt die Aktiven und Fans aus den beiden größten Ortsteilen zusammen und trägt so zur Integration bei. Auch der Auftritt nach außen unter dem Gemeindenamen

„Salem“ schafft Bekanntheit und Ansehen.

Neufracher Bürger nehmen führende und tragende Positionen in den genannten Vereinigungen wahr. Ob Schlossseefest oder Großveranstaltungen wie die Fernsehsehsendung „Spaß auf der Gass“ und das leider nicht mehr stattfindende Internationale A-Junioren-Fußballturnier wurden und werden vom Ortsteil Neufrach mitgestaltet. Die Gemeinde Salem erfuhr und erfährt durch diese aktiven Beiträge des Ortsteils im näheren und weiteren Umkreis eine beachtliche Anerkennung und Aufwertung.

Neufrach: Seine Persönlichkeiten

Die ehemals in Neufrach beheimateten Künstler Maximilian Straube und Walter Eberhard Loch sind bis heute unvergessen und wirken auch nach ihrem Tode durch Ausstellungen in ganz Deutschland nach. Einen ideell und materiell großen Erfolg konnte Salem Mitte der 1990-er Jahre feiern, als das nahezu gesamte Werk von Walter Eberhard Loch von der Schlesischen Kulturstiftung in Würzburg in die Gemeinde Salem zurückgeholt werden konnte. Ein einmaliger, schon verloren geglaubter Schatz, auf den die Gemeinde stolz ist, ist damit zurückgekehrt. Dorle Loch, eine Musikpädagogin, vermittelte Salemer Kindern schon sehr früh Musikunterricht, als noch niemand an eine zentrale Musikschule dachte. Drei Persönlichkeiten, die von Neufrach aus, obwohl alle drei längst verstorben, das kulturelle Leben im Ortsteil und in der Gesamtgemeinde auch während meiner Amtszeit noch nachhaltig beeinflussten.

Arthur Raither, langjähriger Präsident des Badisch-Landwirtschaftlichen Hauptverbandes, war zeitlebens in Neufrach wohnhaft. Seine guten Beziehungen zu vielen gesellschaftlichen Kreisen, seine starke Präsenz in vielen überörtlichen Gremien und sein ehrenamtlicher Einsatz für die Gemeinde wirkten auch nach seinem Tod noch in meine Amtszeit hinein.

Hermann Auer, 1945 von der französischen Besatzungsmacht eingesetzter und bis zur Gemeindereform 1972 amtierender und mehrfach von der Bevölkerung wieder gewählter Bürgermeister, habe ich noch persönlich kennen und schätzen gelernt. Obwohl er bis fast zu seinem Tode in hohem Alter Ortsreferent von Neufrach war, war er eine Persönlichkeit, die sich am Ratstisch und darüber hinaus immer für Ausgleich und die Integration aller Ortsteile in die noch junge Gemeinde einsetzte.

Gebhard Gern begleitete meine Amtszeit als Vorsitzender des Kreisverbandes Überlingen des Badisch-Landwirtschaftlichen Hauptverbandes. Sein unermüdlicher Einsatz für den Berufsstand der Landwirte war vorbildlich. War die Landwirtschaft durch anstehende Entscheidungen der Gemeinde betroffen, hatte sie schon im Vorfeld in ihm einen mächtigen Fürsprecher. Zukunftsweisend war seine Initiative, die Ortsvereine aller Teilorte des Badisch-Landwirtschaftlichen Hauptverbandes unter einem „Salemer Dach“ zu vereinen und so Synergien zu bündeln.

Manfred Nolle soll nicht unerwähnt bleiben. Ab 1968 war er Gemeinderat in der noch selbständigen Gemeinde Neufrach, dann im Übergangsgemeinderat und bis 1999 im Gemeinderat. Erst nach seiner Wahl in den Vorstand der Sparkasse Salem-

Heiligenberg schied er aus der aktiven Kommunalpolitik aus. Er begleitete, gestaltete und beeinflusste in den 31 Jahren insgesamt und in den 12 Jahren unserer Zusammenarbeit, zeitweise auch als Bürgermeister-Stellvertreter, die Entwicklung der Gesamtgemeinde im positivsten Sinn. Sein ehrenamtlicher Einsatz in vielen Vereinen und Institutionen, die sich über mehrere Ortsteile erstreckten, wie zum Beispiel im Skiclub Salem und im Fußballclub Rot-Weiß Salem, wirken bis in die heutige Zeit nach.

Neufrach: Ein Fazit zum gestellten Thema aus meiner Sicht

Der Kreis schließt sich: Neufrach ist ein selbstbewusster Ortsteil, der sich während meiner Amtszeit von 1988 bis 2004 einerseits seine eigene Identität bewahrt und gesichert hat. Gleichzeitig hat Neufrach aber auch in vielen Bereichen des kommunalen, kirchlichen, sozialen und gesellschaftlichen Lebens einen wertvollen Beitrag zur gedeihlichen und kontinuierlichen Entwicklung und zum hohen Ansehen der Gemeinde Salem erbracht.

Nachwort

Es war zugegeben eine etwas schwierige Aufgabe für mich, die ***„Rolle des Ortsteils Neufrach in der Gemeinde Salem während meiner Amtszeit"*** mit einem Beitrag in diesem Buch zu würdigen und zu beurteilen. Einerseits nimmt Neufrach eine wichtige und besondere Stellung ein unter den elf ehemals selbständigen Gemeinden, die sich vor über 40 Jahren freiwillig zur neuen Gemeinde Salem zusammengeschlossen haben. Es könnte beim Leser meines Beitrags somit der Eindruck entstehen, ich wollte Neufrach in ganz besonderer Weise aus dem bunten Reigen unserer Ortsteile besonders herausheben. Dies ist aber mitnichten meine Absicht gewesen, denn ich weiß nur zu gut, dass jeder der elf Ortsteile seinen eigenen und den für ihn ob der Gegebenheiten möglichen Beitrag zum guten Miteinander und Zusammenwachsen der Gemeinde Salem geleistet hat und auch nach wie vor leistet.

Zur Person

Peter Allgaier, Jahrgang 1944, ist verheiratet mit Gertrud. Aus der Ehe gingen die Söhne Gerd und Jörg hervor. Allgaier war von 1988 bis 2004 Bürgermeister von Salem. Zuvor war er von 1974 bis 1988 Bürgermeister in Schwenningen/Heuberg. Nach der fachgebundenen Hochschulreife absolvierte er eine Zimmermannslehre. Danach entschied er sich für den Gehobenen Verwaltungsdienst. Als Regierungsinspektor beim Landratsamt Sigmaringen schaffte er es mit 29 Jahren auf den Bürgermeistersessel. Zudem war Allgaier im Kreistag des Landkreises Sigmaringen von 1979 bis 1988 und im Kreistag des Bodenseekreises seit 1989 bis heute. Während seiner Amtszeit in Salem stieg die Einwohnerzahl von 8.500 auf 11.200. Zahlreich waren die Infrastruktur-Projekte, die er angehen musste. In seiner Freizeit war und ist Peter Allgaier sportlich und ehrenamtlich in folgenden Bereichen engagiert: Fußball, Tennis, Radfahren, Skifahren, Förderverein RW Salem (Vorsitzender).

- 30 Jahre lang Mitglied des Stiftungsrats der Pfarrgemeinde; drei Amtsperioden im Pfarrgemeinderat
- Mitbegründer und Leiter des Altenwerks der Pfarrgemeinde
- Passives Mitglied im Narrenverein, Kirchenchor, Musikverein und Sportverein
- 25 Jahre lang Vorsitzender des Männergesangvereins Neufrach
- Zu den zahlreichen Auszeichnungen zählen:

❖ 1987 Ehrennadel des Landes Baden-Württemberg
❖ 1991 Bundesverdienstkreuz
❖ 2003 „Hermann-Auer-Grundschule"

1991

Bürgermeister Peter Allgaier gratuliert Hermann Auer zur Verleihung des Bundesverdienstkreuzes.

Feier zu Ehren von Hermann Auer im Saal des Gasthauses „Prinz Max", 1991
Zu den Ehrengästen zählten u. a. (von links) Manfred Nolle, Adolf Lohr, Klara Lohr, Fritz Einholz, Maria Einholz, Ferdinand Lohr, Elisabeth Biele, Adelbert Lohr, Herbert Keller (stehend).

Gebhard Gern

*5. August 1937

Foto, 2012

Im Jahr 1937 kam Gebhard Gern in Neufrach zur Welt und wuchs in einer sozial engagierten Landwirtsfamilie auf. Er besuchte von 1943 bis 1951 die Volksschule Leutkirch. Im ehemaligen Rathaus zu Neufrach erhielt er von 1951 bis 1954 in der Landwirtschaftlichen Berufsschule das fachliche Rüstzeug, bevor er von 1955 bis 1957 im Winterhalbjahr die Landwirtschaftliche Fachschule besuchte.

Seine dreijährige Lehrzeit schloss Gebhard Gern im Jahr 1959 mit dem Gehilfenbrief ab. Er absolvierte danach ein halbes Jahr lang ein Auslandspraktikum auf einem Gutsbetrieb in Basel und einen Hauptlehrgang in der Badischen Bauernschule Tiengen.

Die Jahre 1962 und 1963 waren wichtige Stationen für die Landwirtsfamilie Gern. 1962 siedelte sein Vater Josef Gern in das Gewann „Fischerreuthe“ aus und brachte zunächst sein Vieh in den neu erstellten Stall.

Im Mai 1963 legte Gebhard Gern die Meisterprüfung zum Landwirtschaftsmeister ab. Der Einzug ins Wohnhaus erfolgte ebenfalls 1963. In diesem Jahr schloss Gebhard auch den Ehebund mit Mathilde. Acht Kindern schenkte das Paar das Leben: Bernhard, Ludger, Gudrun, Hildegard, Henriette, Sigrid, Cornelia und Dagmar. Das Fest der „Goldenen Hochzeit“ feierte das Ehepaar Mathilde und Gebhard Gern im Mai 2013.

Im Jahr 2002 gab Gebhard Gern den Hof an seinen Sohn Ludger weiter.

Im Zusammenhang mit seinem Beruf übernahm Gebhard Gern in den letzten Jahrzehnten zahlreiche Ämter:

- 1965-1980 Vorsitzender der Molkereigenossenschaft Neufrach
- 1970-1982 Im Vorstand des Milchwerkes Radolfzell
- 1980-2002 Vorsitzender des örtlichen Raiffeisen–Lagerhauses
- 1989-2004 Kreisvorsitzender des BLHV–Kreisverbandes Überlingen-Pfullendorf
- 1989-2004 Mitglied der Vertreterversammlung des Deutschen Bauernverbandes Bonn/Berlin
- 1994-2001 Im Beirat der Landwirtschaftlichen Zentralgenossenschaft Karlsruhe
- 1998-2004 Im Landesvorstand BLHV-Freiburg
- 1998-2004 Ehrenamtlicher Richter am Oberlandesgericht Karlsruhe im Landwirtschaftlichen Senat
- 2001-2005 Aufsichtsrat in der Landwirtschaftlichen Zentralgenossenschaft Karlsruhe
- 1991-2007 Mitglied in der Vertreterversammlung der Landwirtschaftlichen Sozialversicherung Karlsruhe/Stuttgart

Gebhard Gern ist eine Persönlichkeit, die tiefe Spuren in der Dorfgeschichte und in der Entwicklung der Landwirtschaft hinterlassen hat. 15 Jahre lang war er Kreisvorsitzender des Kreisverbandes Überlingen-Pfullendorf im BLHV.

Dass Gebhard Gern seine Heimatgemeinde immer sehr am Herzen lag und liegt, belegen viele ehrenamtliche Ämter und Dienste:

- Gemeinderat in der letzten Periode der noch selbständigen Gemeinde Neufrach und in der ersten Periode der Gemeinde Salem
- 54 Jahre im Männerchor Neufrach (bis 2013)
- Acht Jahre lang zweiter und dann acht Jahre lang erster Vorsitzender
- Über 50 Jahre bei der Kolpingsfamilie Salem; Gründungsmitglied
- Über 30 Jahre lang Zunftrat in der Hardtwieble-Zunft

Noch heute ist Gebhard Gern aktiv bei den Land-Senioren und Beiratsmitglied im Bezirk Stockach-Konstanz.

Ehrungen

- 1995 Staatsmedaille in Silber für besondere Verdienste in der Agrarpolitik, überreicht von Gerhard Weiser
- 2004 Raiffeisen-Schulze-Delitsch -Medaille
- 2004 Ehrenvorsitzender beim BLHV-Kreisverband Überlingen-Pfullendorf
- 2003 Ehrenzunftrat der Hardtwieble-Zunft
- 2012 Ehrenvorsitzender des Männerchors Neufrach

Goldene Hochzeit von Mathilde und Gebhard Gern, 2013
In die frühere Pfarrkirche geleitet wurde das Jubelpaar von (von links) Siegfried Raither, Christian Haug, Michael Herrmann und Karlheinz Kuczewski.

Josef Gern

* 5. Februar 1910 † 6. Oktober 1981

Foto: 1970
Bild rechts: Bürgermeister Hermann Auer beglückwünscht den Feuerwehrkommandanten Josef Gern, 1967. Neben Josef Gern sitzt Heinrich Basler, (daneben NN).

Josef Gern arbeitete als Wagnermeister und Landwirt. Er hatte vier Geschwister: Benedikt, Gerda, Franz und Karl. Er war verheiratet mit Martha Fetscher. Das Paar hatte zwei Kinder: Monika (E: Majewski) und Gebhard.

Josef Gern war von 1928 bis 1980 Sänger und 15 Jahre lang Vorsitzender im Kirchenchor Neufrach. 15 Jahre lang stand er als Gemeinderat in kommunalpolitischer Verantwortung.

Gleich nach dem 2. Weltkrieg engagierte er sich im Stiftungsrat der Pfarrei und von 1968 bis 1981 war er im Pfarrgemeinderat. Von 1953 bis 1968 kümmerte er sich mit Leib und Seele als Gemeinderat um das Wohl seiner Gemeinde. Er war Mitbegründer und tragende Säule des Altenwerkes, dessen Angebot er zunehmend erweiterte und verfeinerte. Seine Devise war: „Als Mensch den Menschen helfen".

Seit seinem 18. Lebensjahr diente er in der Feuerwehr, deren Kommandant er 20 Jahre lang war. Er ist Inhaber des „Goldenen Feuerwehrkreuzes".

1961 fasste Josef Gern den Entschluss, seinen auf der „Nüffernburg" gelegenen landwirtschaftlichen Betrieb auszusiedeln. Er baute mit der Badischen Landsiedlung.

Josef Gern mit Fuhrwerk in der Dorfstraße, 1950-er Jahre

Adolf Lohr

*10. September 1926 † 21. Dezember 2011

Adolf Lohr war ein echtes „Original" und ein unverwechselbares Urgestein des Dorfes, das vielseitig engagiert war.

1926 kam er in Neufrach zur Welt, besuchte in Leutkirch die Schule und erlernte das Schmiede-Handwerk. 1947 schloss er mit Anneliese den Bund der Ehe. Das Paar schenkte Sohn Rainer das Leben.

Zunftmeister Bernhard Weiß (links) überreicht Adolf Lohr die Urkunde für 45 Jahre Mitgliedschaft. 1998

Diamantene Hochzeit von Anneliese und Adolf Lohr, 2007

Vielfältig waren Lohrs ehrenamtliche Dienste in der Gemeinde und den örtlichen Vereinen. Zwei Amtsperioden lang trug Adolf Lohr Mitverantwortung im Neufracher Gemeinderat. Fünf Jahre lang war er in der Musikkapelle Neufrach aktiv. Bereits als 15-Jähriger trat Lohr im Jahr 1941 in die Feuerwehr ein. Über 70 Jahre lang war er mit ihr verbunden. Im Einsatz war er als Gerätewart und Maschinist, in der Altersabteilung war er Chef der Funkenmannschaft.

Im närrischen Brauchtum der Hardtwieble-Zunft erfüllte er über Jahrzehnte hinweg viele Aufgaben, so von 1953 bis 1998 die des Narrenpolizisten.

Auch im Sportverein Neufrach war Adolf Lohr im Jahr 1948 „Mann der ersten Stunde". Er war 20 Jahre lang zweiter Vorsitzender. Großen Einsatz zeigte er beim Clubhausbau 1968 und 1987, bei der Pflege des Sportgeländes und Clubhauses, bei allen Veranstaltungen, insbesondere beim großen Internationalen Pfingstturnier.

Zahlreich waren die Auszeichnungen, zu denen die Fußballverbandsehrennadel (1972) und die Ehrennadel des Landes Baden-Württemberg (11. Juli 1987) zählten. Mit Auszeichnungen gewürdigt wurden auch die vielen Verdienste in den drei Vereinen, denen Adolf Lohr besonders nahe stand.

Unvergessen ist er als unvergleichliches Original der örtlichen Fastnacht, insbesondere in der Rolle des Narrenpolizisten.

Paul Müller

* 8. Juli 1940

Foto: um 2010

Paul Müller kam am 8. Juli 1940 in Neufrach zur Welt. Er ist seit 1970 mit Erna (G: Mauthe) verheiratet und hat drei Kinder: Eva, Stefanie und Markus. Paul Müller absolvierte eine mehrjährige Ausbildung mit Fremdlehre (ein Jahr in einem auswärtigen Betrieb) und Fachschulen zum Landwirtschaftsmeister. Den Meisterbrief erhielt er im Jahr 1964. Danach bewirtschaftete er bis 1968 einen Pachtbetrieb in Wittenhofen. Nach seiner Umschulung zum Großhandelskaufmann arbeitete er von 1970 bis 1978 bei der ZG Raiffeisen in Markdorf.

Als im Jahr 1978 die ZG in Neufrach neu gebaut worden war, arbeitete Paul Müller im Außendienst dieses Betriebes bis zu seinem Ruhestand im Jahr 1996.

Bereits in jungen Jahren war Paul Müller politisch interessiert und Mitglied der Jungen Union. Seit 1971 ist er in der CDU engagiert und schon seit vielen Jahren kommunalpolitisch aktiv.

➢ 1989-2009	Gemeinderat
➢ 1997-heute	Ortsreferent

Wohl kaum jemand identifiziert sich mit seinem Heimatort so sehr wie Paul Müller. Ein Herzensanliegen ist ihm seit Jahrzehnten die Lösung der Verkehrsprobleme im Ort. Darüber hinaus hat er in mehreren Vereinen wichtige Ämter und Aufgaben übernommen und ist mit vielen Vereinen eng verbunden. Er sagt: „Die örtlichen Vereine sind für mich die Träger des sozial-kulturellen Lebens der Dorfgemeinschaft." Es ist ihm auch ein Bedürfnis, den Seniorentreff zu unterstützen. Paul Müller ist ein sozial-engagiertes Vorbild.

Bürgermeister Manfred Härle (rechts) gratuliert Paul Müller zur Wiederwahl als Ortsreferent. 2005

Männerchor Neufrach

➢ Seit 1968	Sänger
➢ 1984-1990	Beisitzer
➢ 1990-1992	Schriftführer
➢ 1997-2005	zweiter Vorsitzender

Als Stütze des Chors trug er 25 Jahre lang die Verantwortung für die Altglassammlungen. Seit 1997 betreut er zuverlässig die Wertstoffcontainer im Ort. Auf seine Initiative hin fanden viele Veranstaltungen und Auftritte, u.a. in Funk und Fernsehen, statt. Auch die Mitgestaltung des Pfingstgottesdienstes durch den Chor geschah auf seine Anregung hin. Das kirchliche Leben liegt ihm sehr am Herzen.

SV Neufrach und FC RW Salem

➢ 1971-heute	Vorstandsmitglied des SV Neufrach
➢ 1971-1987	Betreuung der Seniorenfußballspieler
➢ 1976-1996	verschiedenste Aufgaben beim FC RW Salem (u.a. Öffentlichkeitsarbeit und Jugendbetreuer)
➢ 1978-1980	stellvertretender Schriftführer
➢ 1980-1984	Schriftführer
➢ 1980-1992	Jugendbetreuer
➢ 1984-1987	stellvertretender Vorsitzender
➢ 1987-1996	Geschäftsführer

Hardtwieble-Zunft

- 1973-1983

Ehrungen

- 1986 Ehrennadel des Landes Baden-Württemberg
- 2008 Ehrenmitglied im Männerchor Neufrach; Ehrung des Deutschen Chorverbandes für 50-jähriges Singen
- 2008 Ehrenmitglied des FC RW Salem

Paul Müller gehört zu den Bürgern, die sich seit Jahrzehnten dafür eingesetzt haben, dass Neufrach eine „Heimat" erhält, in der sich örtliche Vereine und Menschen treffen können. Schließlich wurde 1999 der lang gehegte Wunsch mit der Einweihung des „Prinz Max" Wirklichkeit. Paul Müller war und ist Motor und Bindeglied der Dorfgemeinschaft.

Feier des 70. Geburtstages im „Prinz Max", 2010

(von links) Rudolf Köberle, Manfred Meschenmoser, Franz Jehle, Paul und Erna Müller, Ingo Unger, Franz Lutz

Manfred Nolle

*24. September 1938

Gaby und Manfred Nolle, 2010
Das Foto entstand im Rahmen des Akademie-Treffens in Hamburg.

Manfred Nolle wurde als Sohn von Eduard und Stefanie Nolle geboren. Manfred Nolle besuchte die Volksschule in Untersiggingen und anschließend die Höhere Handelsschule in Freiburg. Seine Ausbildung zum Bankkaufmann beendete er 1956. 1965 heiratete er Gaby Elben. Drei Kinder entstammen dieser Ehe: Silke, Sven und Jost.

Manfred Nolle ist eine vielseitig engagierte Persönlichkeit mit zahlreichen Tugenden. Zu diesen zählen Sachlichkeit, Kompetenz, Geradlinigkeit, Beharrlichkeit, Zielstrebigkeit, Verantwortungsbewusstsein, Freundlichkeit, Fairness und Gerechtigkeit. Lang ist die Liste seiner beruflichen Stationen und ehrenamtlichen Tätigkeiten.

Berufliche und politische Stationen

- 1956-1995 Angestellter bei der Bezirkssparkasse Salem bzw. Sparkasse Salem-Heiligenberg
- 1968-1995 Verhinderungsstellvertreter des Vorstandsvorsitzenden
- 1995-2001 Vorstandsmitglied, stellvertretender Vorstandsvorsitzender
- 1968-1999 Gemeinderat der Gemeinde Neufrach und Salem
- 1988-1999 Bürgermeister-Stellvertreter
- 1980-1999 Fraktionsvorsitzender und Sprecher der FWV
- 1972-1999 Stiftungsrat des Alten- und Pflegeheimes Wespach

Manfred Nolle im Gespräch mit Bürgermeister Manfred Härle, 2009
Das Bild entstand im Landgasthof „Apfelblüte“ bei der Feier zum 25-jährigen Bestehen des Hauses.

Ehrenamtliche Tätigkeiten

- 1969-1995 Pfarrgemeinderat und Stiftungsrat der Pfarrei
- 1961-1964 Jugendleiter des SV Neufrach
- 1964-heute Vorsitzender des SV Neufrach
- 1963-1969 Kassierer des Reitvereins Salem
- 1976-1989 Vorsitzender des FC RW Salem
- 1976-1984 Trainer und Betreuer des Rennteams beim Skiclub Salem
- 2005-heute Kassierer beim Förderverein FC RW Salem
- 2006-heute Kassierer beim Förderverein WEL-Kreis Salem

Zudem war Manfred Nolle als Kassenprüfer beim Südbadischen Fußballverband, als Kampfrichter im Schwäbischen Skiverband und im Deutschen Skiverband aktiv.

Gründungsmitglied war er in folgenden Vereinen: Reitverein Salem, Skiclub Salem, FC RW Salem, Tennisclub Salem, Förderverein Alten- und Pflegeheim Wespach.

Ehrungen

- ❖ Ehrennadeln des SV Neufrach (1962, 1970, 1977)
- ❖ Ehrenvorsitzender beim FC RW Salem (1990)
- ❖ Ehrennadeln des Schwäbischen Skiverbandes (1998, 2000, Ehrenkrug 2000, Ehrenbrief 2009)
- ❖ Ehrennadeln des Südbadischen Fußballverbandes (1974, 1984, 1992)
- ❖ Ehrennadel des Landes Baden-Württemberg (1984)
- ❖ DFB-Ehrennadel für besondere Verdienste um den Fußballsport (1989)
- ❖ **Verleihung des Bundesverdienstkreuzes (1989)**
- ❖ Goldene Ehrennadel des Gemeindetages Baden-Württemberg (1999)
- ❖ **Ehrenmedaille der Gemeinde Salem (2000)**
- ❖ Baden-Württembergische Sparkassenmedaille (2001)

Verleihung der Ehrenmedaille der Gemeinde Salem, 2000

Bürgermeister Peter Allgaier (2. von rechts) ehrte (von links) Manfred Nolle, Adolf Schmid und Pfarrer Hermann Mäntele.

Arthur Raither

*23. Oktober 1911 † 16. Januar 1988

Foto: 1980

Arthur Raithers Vater hieß Heinrich und seine Mutter Luise. Er besuchte die Volksschule in Neufrach-Leutkirch, anschließend die Landwirtschaftsschule in Salem und Landvolksschule in Ittendorf. Verheiratet war er mit Frieda Zollinger. Aus der Ehe stammen die Kinder Bruno und Siegfried. Er war Landwirt, Agrarpolitiker, Genossenschaftler und hat viel für die örtlichen Vereine geleistet. U. a. setzte er sich mit aller Energie für ein Haus der Neufracher Dorfgemeinschaft ein. In der Kriegszeit war er Aushilfsorganist in Leutkirch.

Zu Raithers Tugenden zählten Unerschrockenheit, Furchtlosigkeit, Willensstärke, Selbstbewusstsein, Unabhängigkeit und Kantigkeit. Er war ein wichtiges Parteimitglied der CDU.

Berufliche und politische Stationen

- 1948-1982 Vorsitzender des Kreisverbandes Überlingen des BLHV
- 1949-1979 Mitglied des Kreistages (Überlingen, Bodenseekreis)
- 1950 Übernahme des 45 Hektar großen bäuerlichen Betriebs
- 1953-1963 Vizepräsident des BLHV
- 1962-1985 Aufsichtsratsvors. der Karlsruher Versicherungs-AG
- 1964-1983 Präsident des BLHV
- 1953-1986 Vorstandsmitglied der Badisch Landwirtschaftlichen Sozialversicherungsträger (ab 1969 Vorstandsvorsitzender)
- 1970-1986 Vorstandsvorsitzender des Bodensee-Obstmarktes Neufrach-Radolfzell
- 1971-1986 Vorstandsvorsitzender der AG für ländliche Erwachsenenbildung in Baden-Württemberg
- 1970-1987 stellvertretender Vorsitzender des Hochschulbundes der Universität Hohenheim

Als Präsident der „Liga für demokratische Verwaltungsreform" war er auf der Seite der Verwaltungsreform-Kritiker. Ein Zitat: „Ich fürchte die Flucht aus der Eigenverantwortung hin zur Vermassung. Wir müssen dafür sorgen, dass der ländliche Raum in dieser gewaltigen Weltseuche der Konzentration nicht zum Armenhaus der Gesellschaft gestempelt wird." (Der Spiegel, 29/1971)

Bezirksbauerntag, 1977

Zu den Ehrengästen zählte Lothar Späth, Vorsitzender der CDU-Fraktion in Baden-Württemberg (1978-1991 Ministerpräsident).

Arthur Raither (vorne), Lothar Späth (2. von links)

70. Geburtstag von Arthur Raither, 1981

Glückwünsche überbringen u. a. der Musikverein Neufrach (von links) Walter Stegmaier und Bernhard Notheis. Neben dem Jubilar seine Frau Frieda.

Ehrungen

- 1956 Grünes Band in Gold (BLHV)
- 1977 Verdienstmedaille des Landes Baden-Württemberg
- **1979 Großes Verdienstkreuz des Verdienstordens der BRD**
- 1979 Ehrensenator der Uni Hohenheim
- 1981 Goldene Ehrennadel des Deutschen Bauernverbandes und des Deutschen Genossenschaftsverbandes, Wilhelm Nicklas-Medaille
- 1984 Ehrenpräsident des BLHV

Frieda Raither

*24. Juli 1921 † 18. März 2009

Frieda Zollinger kam in Weiterdingen zur Welt. Nach ihrer Schulzeit nahm sie eine Stelle in Überlingen an. So lernte sie Arthur Raither kennen, mit dem sie im Jahr 1946 den Bund der Ehe schloss. Aus der Ehe gingen die Söhne Bruno und Siegfried hervor.

Nach der Hochzeit absolvierte Frieda Raither die Ausbildung zur Landwirtschaftsmeisterin. An der Seite des bekannten Bauernpräsidenten Arthur Raither setzte sich Frieda Raither nicht nur unermüdlich für die eigene Familie und den landwirtschaftlichen Familienbetrieb ein, sondern auch mit aller Kraft für das Gemeinwohl ihrer Gemeinde und ihres Dorfes.

Die Fotos:

(1) Frieda Raither, 2000

(2) 70. Geburtstag, 1991
Zu den Gratulanten gehörten (von links) Gebhard Gern, Sohn Siegfried, Bürgermeister Peter Allgaier, Theo Wieland.

(3) Landwirtschaftsminister Gerhard Weiser verleiht Frieda Raither das Bundesverdienstkreuz. 1985

An das segensreiche Lebenswerk der Verstorbenen erinnerten Pfarrer Peter Nicola und Hanne Dauwalter, Vizepräsidentin des Landfrauenverbandes Südbaden, im „Seelenamt". In den Jahren 1973 bis 1980 und 1984 bis 1989 engagierte sich Frieda Raither im Salemer Gemeinderat. Darüber hinaus war sie als Schöffin eingesetzt. Besonders am Herzen lag ihr die Heilstätte „Sieben Zwerge" in Oberstenweiler. Frieda Raither war in vielen Vereinen und Vereinigungen Mitglied, die sie stets mit Rat und Tat unterstützte. Sie sang einige Zeit im Kirchenchor Neufrach und leitete eine Zeit lang die Frauengemeinschaft.

Eine wichtige Stütze war Frieda Raither in der Landfrauenbewegung. Bereits 1953 gründete sie den Ortsverein Neufrach und wurde dessen Vorsitzende. Viele Jahre lang bekleidete sie das Amt der stellvertretenden Landesvorsitzenden. Sie war auch Vorstandsmitglied im BLHV.

Frieda Raither formulierte: „Für ein konfliktfreies Miteinander ist zwischenmenschliches Verstehen in Familie und Gesellschaft erforderlich." Ihre Maxime lautete: „Fang niemals an aufzuhören und höre niemals auf anzufangen."

Sie erhielt u. a. folgende Ehrungen:

Ehrenvorsitzende des Landfrauenverbandes (1982) und Bundesverdienstkreuz (1985)

Franz Straßer

* 23. Dezember 1928 † 14. Dezember 2007

Franz Straßer kam in Leutkirch zur Welt. Er wuchs in Leutkirch auf, wo er auch die Schule besuchte. Im Jahr 1955 schloss er den Bund der Ehe mit Gertrud Eckert. Vier Kindern schenkte das Ehepaar das Leben: Anneliese, Bernhard, Hubert und Monika.

75. Geburtstag von Franz Straßer in Begleitung seiner Frau Gertrud, Torkel Leutkirch, 2003

1961 gründete Franz Straßer sein Bauunternehmen, das noch heute seine Initialen „FS" trägt. Das Bauunternehmen war zunächst ein Drei-Mann-Betrieb. Bei Aufträgen für Um- und Neubauten von Wohn- und Ökonomiegebäuden, aber auch durch Reparaturarbeiten zu fairen Bedingungen hat sich das Unternehmen schnell einen guten Namen geschaffen. Aufgrund der Qualitätsarbeit und Terminzuverlässigkeit erhielt das Unternehmen anspruchsvolle Aufträge wie den Bau des Rathauses der Gemeinde Salem. Im Jahr 1989 übergab Franz Straßer seinen Betrieb an Sohn Bernhard.

Zahlreich sind die Verdienste, die sich Franz Straßer in seinem Einsatz für die Gemeinde, Kirchengemeinde und viele Vereine erworben hat.

Von 1965 bis 1968 und von 1971 bis 1972 war er Gemeinderat. Über 60 Jahre lang erfüllte er mit seiner Frau und Familie den Mesnerdienst in Leutkirch. Im Leitungsteam des Seniorentreffs organisierte er unzählige Veranstaltungen mit. Im Kirchenchor sang er von 1949 bis 2004 zur Ehre Gottes und Freude der Menschen. Einige Jahre lang gestaltete er Gottesdienste als Kantor mit. Als „Vorbeter" leitete er Rosenkranz-Andachten.

Über 50 Jahre lang war er in der Kolpingsfamilie Salem aktiv und über 60 Jahre lang sang er im Männerchor Neufrach mit. Der Feuerwehr gehörte er ab 1946 an. Kommandant der Feuerwehrabteilung Neufrach war er von 1971 bis 1984. Nach dem Zusammenschluss der früher selbstständigen Wehren im Jahre 1972 führte Ehrenkommandant Franz Straßer die Abteilung Neufrach weiter bis zum Jahre 1984. Eng verbunden war Franz Straßer 40 Jahre lang mit dem närrischen Brauchtum. Er gehörte zu den Gründungsmitgliedern der Zunft. Über 30 Jahre lang engagierte er sich als Zunftrat.

„It schwätze, mache!" Nach diesem Leitgedanken handelte Franz Straßer. Diesem eigenen Maßstab gemäß setzte er sich vorbildlich für ein gelingendes Dorfleben ein.

Goldene Hochzeit von Gertrud und Franz Straßer, 2005 Gruppenbild der Großfamilie Straßer in der Pfarrkirche Leutkirch

Ehrungen

- Zahlreiche Ehrungen in der Hardtwieble-Zunft, im Kirchenchor, im Männerchor, im Imkerverein, in der Feuerwehr, in der Kolpingsfamilie
- 1984 Ehrenkommandant
- 1987 Ehrenmitglied im Sängerbund
- 1989 Ehrenmitglied im Kirchenchor
  Ehrennadel des Landes Baden-Württemberg
- 1995 Goldenes Mesnerjubiläum
- **2001 Ehrenmedaille der Gemeinde Salem**
- 2003 Ehrenzunftrat der Hartwieble-Zunft
- 2005 60-jähriges Mesner-Jubiläum
- 2007 Goldene Ehrennadel des Deutschen Chorverbandes

Die Dorf-Ältesten

Edwin Hertkorn

*11. September 1910

Edwin Hertkorn, 2012
Das Bild entstand bei der Einweihung der Bahnunterführung in Neufrach.

Edwin Hertkorn kam in Owingen als zweites von sechs Kindern zur Welt. In Owingen ging er auch zur Schule. Sein Vater war Imker und seine Mutter betrieb bis in die 1960-er Jahre einen Lebensmittelladen. Bis zum Kriegsbeginn war Edwin Hertkorn Angestellter bei der Bundesbahn. 1943 kehrte er schwerstverwundet aus dem 2. Weltkrieg in seinen Heimatort zurück. Mit seinem Motorrad war er auf eine Mine gefahren. Er verlor seinen rechten Arm und erlitt weitere schwere Verwundungen.

Im November 1943 heiratete Edwin Hertkorn. Aus der Ehe gingen sechs Kinder hervor. Der Umzug nach Neufrach erfolgte 1945. Am 16. November 1993 konnte das Ehepaar Johanna und Edwin Hertkorn Goldene Hochzeit feiern. Hertkorn hatte stets großes Interesse an den baulichen Veränderungen in der Gemeinde, die er auch fotografisch dokumentierte. So verdankt ihm dieses Dorfbuch einige historische Bilder. Zudem unternahm Edwin Hertkorn gerne ausgedehnte Spaziergänge in seiner Heimat.

Maria Klipp

*17. August 1912

100. Geburtstag, 2012
Es gratulierten Peter Frick (links) und Paul Müller.

Maria Klipp wuchs in Groß-Salau bei Danzig auf. Am 13. März 1945 musste sie mit ihren zwei Kindern Gerhard und Alfons bei Schnee und Kälte die Heimat verlassen. Die Flucht führte mit dem Schiff „Deutschland" über die Ostsee nach Dänemark. Von dort kam Maria Klipp im Jahr 1947 ohne Hab und Gut in Neufrach an, wo sie zunächst auf dem Bauernhof von Eugen Stehle unterkam. Neun Jahre lang war ihr Mann Max im Krieg und in sowjetischer Gefangenschaft. Mit Hilfe des Roten Kreuzes hat sich das Paar in Neufrach wieder gefunden. Klipps Ehemann verstarb bereits im Jahr 1974 im Alter von 61 Jahren. Ihre beiden Söhne sind im Jahr 2001 und 2007 gestorben.

Trotz ihres schweren und arbeitsreichen Lebens hat Maria Klipp nie den Mut verloren. Bescheiden, zufrieden und froh gelaunt meistert sie ihr Leben. Sie schreibt noch fleißig Briefe und verfasst Gedichte.

Wirtschaft - Handel - Gewerbe

Für die Gemeinde Salem ist das Gewerbegebiet in Neufrach von großer wirtschaftlicher Bedeutung. Es ist während der letzten 30 Jahre beträchtlich gewachsen.

Alle Betriebe und Standorte lassen sich nicht aktuell und exakt erfassen, weil es immer wieder Veränderungen gibt.

So baut derzeit der Betrieb Seeger ein Firmengebäude im neu erschlossenen Gewerbegebiet Ost „Im Wasserstall". Der Betrieb Krause wird von der Bahnhofstraße in das bisherige Gebäude von Seeger umziehen.

Einen interessanten und aktuellen Einblick in die Gewerbeentwicklung gewährt der nun folgende Beitrag von Bürgermeister Manfred Härle.

Wirtschaftliche Entwicklung in Neufrach

Beitrag von Manfred Härle,
Bürgermeister von Salem ab 2004

Foto: 2012

Die wirtschaftliche Entwicklung Neufrachs in den vergangenen 40 Jahren seit dem Gemeindezusammenschluss war in erster Linie geprägt von einem enormen Rückgang der Zahl landwirtschaftlicher Vollerwerbsbetriebe und von der zeitgleich verlaufenden Entwicklung des Gewerbegebietes südlich der Bahnlinie. Der unmittelbare Gleisanschluss an die Bodensee-Gürtelbahn, aber auch die ausreichend vorhandenen ebenen Flächen waren die Ausschlag gebenden Faktoren dafür, dass sich Handwerk und Gewerbe bereits ab Mitte der 70er Jahre hier verstärkt ansiedelten.

Die Pionierrolle spielten dabei die Raiffeisen-Zentralgenossenschaft sowie das Kies- und Betonwerk Salem. Letzteres hatte sukzessive den Kiesabbau am früheren Baggersee, dem heutigen Schlosssee, eingestellt und fand in dem neu ausgewiesenen Gewerbegebiet einen idealen Standort. Ebenso wie die ZG-Neufrach, die hier 1975 - unmittelbar an der Bahnlinie - eine zentrale Getreideerfassung für den gesamten Linzgau und das Salemer Tal begründete. Auch das Düngemittellager und der Raiffeisen-Markt gewannen schnell überregionale Bedeutung, vorwiegend für die Landwirtschaft.

Die Schreinerei Stehle und das Bauunternehmen Straßer waren ebenfalls Betriebe der „Ersten Stunde“ im neuen Gewerbegebiet.

Gewerbegebiet, 1985
Im Hintergrund Mimmenhausen

Die Grundvoraussetzungen für diese Entwicklung hatte die noch sehr junge Gemeinde Salem bereits kurz nach dem Zusammenschluss der 11 bisher selbständigen Teilorte geschaffen. Im Jahr 1974 beschloss der damalige Gemeinderat die Aufstellung eines Bebauungsplanes für das Gewerbegebiet. Dieser Bebauungsplan mit der darin vorgesehenen Erschließung wurde im Verlauf von mehr als drei Jahrzehnten bis auf wenige kleine Abweichungen umgesetzt.

Bis heute, im Jahr 2013, haben sich rund 80 Produktions- und Dienstleistungsbetriebe im Gewerbegebiet Neufrach niedergelassen. Über 500 Menschen aus Salem und der näheren Umgebung haben hier ihren Arbeitsplatz.

In diesem Zusammenhang möchte ich auch die geplante Ansiedlung eines Logistik-Zentrums der Firma MTU, Friedrichshafen, im Jahr 2008 nicht unerwähnt lassen. Über Wochen und Monate hinweg bot das Thema Anlass zu teils heftigen und emotional geführten Diskussionen in der Bürgerschaft, wie auch im Gemeinderat. Die Befürworter sahen in dieser Betriebsansiedlung eine einzigartige Chance und einen enormen Gewinn an wirtschaftlichem Potential. Die Gegner kritisierten vor allem den Flächenverbrauch und das erhöhte Aufkommen an Schwerlastverkehr mit all seinen negativen Begleiterscheinungen. Entschieden wurde letztendlich im Rahmen eines Bürgerentscheides, der erste in der Geschichte der Gemeinde Salem. Mit hauchdünner Mehrheit wurde das geplante Logistik-Zentrum abgelehnt.
Ein innovatives und äußerst attraktives Projekt, das dem Gewerbegebiet und mithin der wirtschaftlichen Entwicklung Neufrachs entscheidende Impulse gab und gibt, wurde ziemlich genau zur Jahrhundertwende umgesetzt: Der Gewerbepark

Salem öffnete mit Beginn des Jahres 2001 seine Türen.

Die Initiative hierzu ging von dem Unternehmerehepaar Claudia und Bernhard Straßer, Inhaber des gleichnamigen Bauunternehmens, aus. Die Realisierung wurde von der Gemeinde in mehrfacher Hinsicht mitgetragen und unterstützt. Das Modell des Gewerbeparks sieht vor, dass junge Unternehmer, sogenannte „Existenzgründer", ihr Investitionskapital nicht in Immobilien binden müssen, sondern sich die erforderlichen Büro- und Produktionsflächen anmieten können. Ein viergeschossiges Hauptgebäude mit zwei angegliederten Werkhallen - insgesamt alles in einer sehr ansprechenden Architektur gestaltet - bietet für das jeweilige Unternehmen Büro-, Produktions- und Lagerflächen nach dem individuellen Bedarf. Gleichzeitig können die umfangreiche Infrastruktur mit Konferenz- und Schulungsräumen sowie Grunddienste der Hausverwaltung mitgenutzt werden.

Bild oben: Bau des Gewerbeparks, 2000

Bild rechts: Gewerbepark, 2013
In ihm haben sich 20 Betriebe angesiedelt.

Im Rahmen der Wirtschaftsförderung stellte die Gemeinde Salem das benötigte Gewerbegrundstück im Wege des Erbbaurechts zur Verfügung und zwar unter Verzicht auf den Erbbauzins für die ersten 10 Jahre.

Unterstützung leistete die Gemeinde aber auch, um einen Zuschuss aus dem „Entwicklungsprogramm Ländlicher Raum" zu erlangen. Die Bemühungen hatten Erfolg. Dem Bauherrn wurde der damalige Höchstzuschuss von 250.000 € zum Bau des Gewerbeparks bewilligt.

Des Weiteren wurde ein gemeinsamer Förderfonds mit einem Volumen von 250.000 € zur Förderung von Existenzgründern eingerichtet. Dieser Fonds wird je hälftig von der Familie Straßer und der Gemeinde Salem getragen.

Erfreulicherweise hat sich der Gewerbepark Salem nicht nur zu einem Vorzeigeprojekt entwickelt, sondern auch zu einer wesentlichen Aufwertung des Gewerbestandorts Neufrach geführt. Insgesamt 20 äußerst interessante und innovative Betriebe mit zusammen 110 Beschäftigten unter dem Dach des Gewerbeparks stellen dies eindrucksvoll unter Beweis. Im Jahre 2007 konnte Bernhard Straßer für das Konzept, die Planung und die Verwirklichung des Gewerbeparks Salem die Auszeichnung „ELR - Projekt des Monats" vom damaligen Landwirtschaftsminister Peter Hauk in Empfang nehmen.

Eine große Chance, die wirtschaftliche Entwicklung Neufrachs positiv zu lenken, bot sich Ende der 1990er Jahre. Veränderte Strukturen in der Landwirtschaft, vor allem aber auch im Güterverkehr, hatten dazu geführt, dass ein Großteil der im Eigentum der Bahn befindlichen Flächen entlang der Bahnhofstraße zwischen dem Ortsende Neufrach und dem Bahnhof brach lag. So wurden bereits 1999 erste Gespräche zwischen der Gemeinde Salem und der Deutschen Bahn AG über einen Kauf dieser Flächen durch die Gemeinde geführt.

Lange und schwierige Verhandlungen gingen dem Abschluss des Kaufvertrages Ende 2007 voraus. Unter anderem galt es dabei, eine tragbare Regelung zur Beseitigung vorhandener „Altlasten" zwischen der Bahn und der Gemeinde Salem auszuhandeln. Letztendlich erwarb die Gemeinde Salem das 2,7 ha große Bahnareal für rund 1 Million € inklusive denkmalgeschütztem Bahnhof.

Mit dieser Investition war die Grundlage geschaffen, die erworbene Fläche zu überplanen und sie für die Weiterentwicklung des örtlichen Gewerbes zur Verfügung zu stellen. Ziel der Gemeinde Salem ist es, hier vor allem Gewerbebetriebe anzusiedeln, die von ihrer Struktur und ihrer Ausrichtung her nicht nur zusätzliche Arbeitsplätze bieten, sondern auch zu einer städtebaulichen Aufwertung dieses Areals beitragen. Und bereits heute ist erkennbar, dass wir von diesem Ziel nicht allzu weit entfernt sind. Die Firmen RST und Viellieber etablierten sich hier mit dem Bau moderner und attraktiver Betriebsgebäude und der Gemeinderat hat bereits seine Zustimmung für den Verkauf von zwei weiteren Grundstücken an ortsansässige Firmen beschlossen.

War die Anbindung an das Schienennetz der damaligen Deutschen Bundesbahn einerseits eine der tragenden Säulen der gewerblichen Entwicklung in Neufrach, so forderte der Bahnübergang in der Buggensegler Straße all denjenigen viel Geduld ab, die von Neufrach ins Gewerbegebiet oder umgekehrt gelangen wollten. Bis zu fünfzigmal pro Tag schloss sich die Schranke und die daraus resultierenden Wartezeiten stellten für manchen Gewerbebetrieb eine nicht unerhebliche Belastung dar.

Erste Überlegungen und Planungen zum Bau einer Bahnunterführung gehen auf das Jahr 1990 zurück. Von diesem Zeitpunkt bis zur offiziellen Freigabe im Jahr 2012 war es ein langer und steiniger Weg. Der Landkreis Bodenseekreis als Träger der Baumaßnahme, die Deutsche Bahn, die einen beachtlichen Teil der Maßnahme mitfinanzieren musste, aber auch das Land Baden-Württemberg und die Bundesrepublik Deutschland waren die Protagonisten im zähen Ringen um die Finanzierung des Projektes und dessen Entwicklung bis hin zur Baureife.

Der Spatenstich am 19.07.2010 wurde deshalb mit einem fröhlichen Fest, an dem zahlreiche Bürger teilnahmen, gebührend gefeiert. Von nun an war Neufrach über nahezu zwei Jahre hinweg Schauplatz der größten und teuersten Straßenbaustelle im gesamten Bodenseekreis. Das Projekt stellte höchste Anforderungen an das Können der beteiligten Ingenieure und Baufirmen. Geradezu spektakulär war das Verschieben des vorgefertigten Brückenteils unter die bestehende Bahntrasse.

Der Lohn aller Mühen wurde sichtbar bei der offiziellen Verkehrsfreigabe der neuen Bahnunterführung am 23.5.2012. Unter großer Anteilnahme der örtlichen

Bevölkerung und zahlreicher Ehrengäste wurde dieses Ereignis mit einem wahren Volksfest gebührend gefeiert.

Einsetzen der Brücke, 2012

Die Fertigstellung der Bahnunterführung bedeutet eine entscheidende Aufwertung des Gewerbegebietes und stellt mithin einen gewichtigen Faktor für die weitere wirtschaftliche Entwicklung des Gewerbegebietes von Salem-Neufrach dar. Gleichzeitig ist sie ein Baustein im Gesamtkonzept zur Entlastung der Ortsdurchfahrt von Neufrach. Dieses sieht - zusammen mit den bereits 2005 und 2007 hergestellten Kreisverkehrsplätzen - vor, den Durchgangsverkehr von der Hardtwaldkreuzung, entlang der Deggenhauser Aach, durch die Bahnunterführung über eine Querspange hinter dem Ortsende von Neufrach wieder auf die L 205 zu führen.

2012

Im Vordergrund Gewerbegebiet Bahnhofstraße

Welche Aufgaben und Herausforderungen liegen aus heutiger Sicht vor uns? Manches ist bereits klar absehbar und die Weichen sind gestellt. Andererseits lässt die weltweite Finanz- und Wirtschaftskrise, die rasant fortschreitende Globalisierung der Märkte, aber auch die soeben eingeläutete Energiewende nur sehr unscharfe Prognosen und Beurteilungen über die künftige wirtschaftliche Entwicklung vor Ort zu.

Nachdem im Jahr 2012 die letzten kommunalen Gewerbegrundstücke im zentralen Gewerbegebiet veräußert worden sind, wurden parallel die Weichen für ein neues Gewerbegebiet Neufrach-Ost und Neufrach-Süd gestellt.

Im Frühjahr 2013 wurde mit den Erschließungsarbeiten begonnen. Das Gewerbegebiet Neufrach-Ost umfasst eine Fläche von rund 8 ha. Ein erster Investor konnte mit der Firma Seeger Präzisionsdrehteile GmbH gewonnen werden. Auf einer Fläche von 2,2 ha wird die seit 15 Jahren in Salem ansässige Firma ihre neuen Produktions- und Verwaltungsgebäude in das neue Gewerbegebiet verlagern.

Eine weitere Fläche von 6 ha, die sich südlich an das bestehende Gewerbegebiet anschließt, wurde baurechtlich überplant und an die Firma Salem-Frucht-Großmarkt OHG veräußert. Dieses traditionsreiche Unternehmen zählt mit zu den größten Logistikzentren für Obst in der Region Bodensee und ist ein wichtiger Vermarktungspartner für eine Vielzahl heimischer Obstbaubetriebe.

Am alten Standort beim Kreisverkehr Neufrach waren die Entwicklungsmöglichkeiten für ein modernes und leistungsfähiges Lager-, Sortier- und Verpackungszentrum nicht mehr gegeben. Aus diesem Grund hat die Gemeinde die Betriebsverlagerung auch maßgeblich unterstützt. Damit leisten wir nicht nur einen Beitrag zum Erhalt der Arbeitsplätze und des Betriebes, sondern wir sichern damit auch die Existenzgrundlage zahlreicher landwirtschaftlicher Betriebe in unserer Region.

Wie wir alle wissen, hängt die Entwicklung einer Gemeinde maßgeblich von der Leistungsfähigkeit und Stärke ihrer Betriebe und Unternehmen ab. Im Ortsteil Neufrach hat sich seit der Gemeindereform, also seit nunmehr 40 Jahren, das wirtschaftliche Zentrum der Gemeinde Salem etabliert. Ohne dieses wirtschaftliche Wachstum gäbe es heute nicht die Vielzahl und Qualität an kommunalen Infrastruktureinrichtungen, die unsere ländlich strukturierte Gemeinde auszeichnet.

Umgekehrt kann eine starke gewerbliche Ausprägung aber auch für die vor Ort lebenden Menschen enorme Belastungen mit sich bringen. Vor diesem Hintergrund ist es besonders wichtig, dafür Sorge zu tragen, dass die Wohn- und Lebensqualität aller Salemer Bürger nicht nur erhalten, sondern nach Möglichkeit auch verbessert wird.

Auch künftig werden wir immer wieder aufgefordert sein, zukunftsweisende Entscheidungen für einen prosperierenden Gewerbestandort Salem-Neufrach zu treffen. Ich bin zuversichtlich und optimistisch, dass wir an der sehr erfolgreichen Entwicklung anknüpfen und diese weiter fortführen können.

Zur Person

Diplom-Finanzwirt (FH) Manfred Härle, Jahrgang 1963, ist verheiratet mit Claudia. Aus der Ehe gingen die Kinder Alina und Jannik hervor. Manfred Härle war von 2001 bis 2004 Bürgermeister von Talheim. Von 1981 bis 2001 arbeitete er als Beamter bei der Bundesfinanzverwaltung. Seit 2004 ist er Bürgermeister in Salem. Weitere Tätigkeiten: Verwaltungsratsvorsitzender bei der Sparkasse Salem-Heiligenberg, Stiftungsratsvorsitzender vom Alten- und Pflegeheim Wespach, Vorsitzender beim Flussbauverband Salemer Aach, Vorsitzender der Verwaltungsgemeinschaft Salem, Heiligenberg und Frickingen, Aufsichtsrat bei der Wirtschaftsföderung Bodensee, Mitglied im Regionalverband Bodensee-Oberschwaben und Mitglied im Kreistag Bodenseekreis. Von 1990 bis 1997 nahm er eine Lehrtätigkeit für die Ausbildung von Nachwuchskräften beim Bildungs- und Wissenschaftszentrum der Bundesfinanzverwaltung in Sigmaringen wahr.

Bebauungspläne und Satzungen

- 27. Januar 1978 — In Oberwiesen, Am Riedweg, Wasserstall I
- 24. Mai 1981 — In Oberwiesen, Am Riedweg, Wasserstall II
- 24. August 1986 — In Oberwiesen, Am Riedweg, Wasserstall III
- 28. März 1992 — In Oberwiesen, Am Riedweg, Wasserstall IV
- 9. April 1994 — In Oberwiesen, Am Riedweg, Wasserstall V
- 7. August 1998 — In Oberwiesen, Am Riedweg, Wasserstall VI
  In Oberwiesen, Am Riedweg, Wasserstall VII
- 26. November 1999 — Weiden (Grundstück Salem-Frucht GmbH zwischen Bahnhofstraße und Alter Neufracher Straße sowie Kreisverkehr)
- 27. Oktober 2000 — In Oberwiesen, Am Riedweg, Wasserstall VIII
- 6. August 2010 — Neufrach-Ost I, Im Wasserstall

Betriebe im zentralen Gewerbegebiet

(in Klammern: Hausnummer)

Anfang des Jahres 1974 begann die Erschließung des Gewerbegebietes südlich der Bahnlinie. Am 1. Juli 1991 kaufte die Gemeinde eine Fläche von ca. 25.000 m². Davon wurden Grundstücke an 11 Interessenten verkauft.

Gewerbegebiet, 1980

Der erste Betrieb, der sich ansiedelte, war die Raiffeisen ZG.

Die ersten drei Betriebe, die sich im Gewerbegebiet ansiedelten, waren die Raiffeisen ZG, die Schreinerei Stehle und das Bauunternehmen Straßer. Mitte der 1990-er Jahre zogen einige Betriebe aus dem Ortskern Neufrach ins Gewerbegebiet um.

Bis 2001 hatten sich etwa 50 Betriebe im Gewerbegebiet niedergelassen.

Der Gewerbepark wurde 2001 gebaut und bot jungen innovativen Unternehmern Büroflächen zur Miete an.

Die Firmen „MTU (Motoren- und Turbinen-Union)“ und „Kögl“ wollten sich im Jahr 2007 im Gewerbegebiet ansiedeln. Ein Bürgerentscheid verhinderte jedoch, dass die beiden Firmen bauen und nach Salem kommen durften.

Ein Investitionsschwerpunkt des Jahres 2013 ist die Erschließung der Gewerbegebiete „Neufrach-Süd“ und „Neufrach-Ost“. Die Firma „Salem-Frucht“ verlagert ihren Betrieb sukzessive bis 2022 von der Bahnhofstr./Alte Neufracher Str. in das Gewerbegebiet Neufrach-Süd.

Salem verfügt über ein sehr breites und interessantes Spektrum von mittelständischen Unternehmen. Auch in Zukunft sollen sich Existenzgründer und Gewerbetreibende in den Salemer Gewerbegebieten, die allesamt über eine gute Infrastruktur verfügen, niederlassen können.

Am Riedweg (in Klammern: Hausnummer)

Raiffeisen ZG e. G. Karlsruhe (2), Steinhauser Heizungsbau GmbH (20), Stehle GmbH-Möbel, Fenster, Türen (3), FS-Wohnbau GmbH-Bauunternehmen (1), Josef Häußler GmbH-Dreh- und Frästeile (26), JUMA Reinigungstechnik GmbH (15), SMV H. Keller GmbH-Metallveredelung (8), Elektrotechnik Wirth GmbH (1/1), Richter Studiogeräte GmbH (17), Monika Cunitz-Bestattungsbedarf (30), Holz-Lehmhaus GmbH (9), Christian Bernauer-Recycling (16), Busbetrieb Hartmut Eberhard GmbH (7), Betonwerk Pfullendorf GmbH & Co. KG (5), InFa GmbH-Pulverbeschichtung, Sandstrahlen (6), Aquamarin Fitnesspark (16), Birkholz-Schweißerei (24), Laserpoint Salem GmbH (17), Metallverarbeitung ACE GmbH (17), EcoChem-Messtechnik GmbH (15), Dance & More (22), KFZ Mathias Wörner (10), Messebau Berthold Karg (11), Gartenbau Hartmut Dunst (4), Zimmerei Hubert Wiedmann (11), Bistro-Restaurant Casablanca (16), Werner Ströhle, Der Hahn vom Bodensee und Partyservice (17)

Schreinerei Stehle GmbH

Hugo Stehle gründete im Jahr 1947 seinen Betrieb in Neufrach, Am Sportplatz 19. Zunächst stellte er Holzfenster und Türen und später auch Möbel her. Im Jahr 1956 trat Sohn Heinrich Stehle als Lehrling in die Firma ein, die er dann ab 1976 führte.

In die neu erbaute Gewerbehalle am Riedweg siedelte er 1978 um. Im selben Jahr begann sein Sohn Michael Stehle seine Lehre in der Schreinerei, in der damals insgesamt vier Mitarbeiter beschäftigt waren.

Im Jahr 1990 wurde die Firma in eine GmbH umgewandelt, deren Geschäftsführer Heinrich und Michael Stehle waren. Anfang 2000 beschäftigte das Unternehmen zehn Mitarbeiter.

Heinrich Stehle verstarb plötzlich und unerwartet im Jahr 2005, was für die Familie einige Veränderungen mit sich brachte.

Das „Am Sportplatz 19“ gelegene alte Wohnhaus mit Werkstatt wurde im Jahr 2007 zu einem modernen Wohnhaus umgebaut.

Auf dem Freigelände hinter der Schreinerei am Riedweg wurde 2009 eine 1.000 m^2 große Halle gebaut und vermietet.

Aktuell arbeiten in der Bau- und Möbelschreinerei Stehle fünf Mitarbeiter.

Bauunternehmen Straßer

Am 1. April 1961 gründete Franz Straßer (FS) ein Bauunternehmen. Es hatte zunächst drei Mitarbeiter. Durch Umbauten, den Neubau von Wohn- und Ökonomiegebäuden, aber auch durch Reparaturarbeiten zu fairen Bedingungen hat sich das Unternehmen schnell einen guten Ruf erworben. Dank der Qualitätsarbeit sowie der Terminzuverlässigkeit erhielt die Firma bald anspruchsvolle Aufträge wie den Bau des Rathauses der Gemeinde Salem.

Die dringend notwendige Erweiterung des Betriebs war in Leutkirch (Lage im Außenbereich) nicht möglich. So baute die Firma Straßer im Jahr 1984 als eines der ersten Unternehmen im neuen Gewerbegebiet, Am Riedweg 1, sein Firmengebäude.

Eigentümer und Verantwortlicher des Betriebs war von 1961 bis 1988 Franz Straßer. Seit dem 1. Januar 1989 ist sein Sohn Bernhard Straßer Eigentümer und Leiter des Unternehmens.

Im Jahr 1990 wurde mit der Gründung und Beteiligung an der FS-Wohnbau GmbH das Konzept umgesetzt, nicht nur Rohbauten, sondern auch schlüsselfertige Immobilien aus einer Hand anzubieten.

Neben dem Firmengebäude erbaute die Firma Straßer im Jahr 1992 ein neues Bürogebäude mit Lagerhalle.

Das Unternehmen Straßer ist im Bereich Hochbau tätig und übernimmt Aufträge zum Bau von Ein- und Mehrfamilienhäusern, Garagen, Gartenmauern, Gewerbeobjekten und von großen Wohnanlagen mit bis zu 100 Wohneinheiten für Senioren.

Im Jahr 2011 konnte das regional tätige Familienunternehmen auf seine 50-jährige Geschichte zurückblicken.

Der Betrieb beschäftigt heute 36 gewerbliche und kaufmännische Mitarbeiter sowie vier Auszubildende. Fachkräfte werden von der Firma Straßer selbst ausgebildet. In den letzten 10 Jahren waren es ca. 20 Fachkräfte, die zum größten Teil im Betrieb geblieben sind oder die sich in der Firma weitergebildet haben.

Dunst Garten- und Landschaftsbau

Das Familienunternehmen Hartmut und Waltraud Dunst konnte im letzten Jahr auf seine 25-jährige Geschichte zurückblicken.

Der Betrieb steht für qualitätsbewusste und kundenorientierte Leistungen. Die Firma bietet die Ausführung folgender Arbeiten im Garten- und Landschaftsbau an:

- Rasenanlagen
- Garten- und Baumpflege, Pflanzarbeiten
- Pflasterarbeiten von Terrassen und Höfen
- Treppen-, Mauer- und Teichbau
- Anlegen von Biotopen, Swimmingteichen und Bachläufen

Steinhauser Heizungsbau GmbH

Im Jahr 1961 wurde der Heizungsbau-Betrieb durch Josef Steinhauser und Ernst Kamuf gegründet. Der Hauptsitz befand sich in Singen und seine Filiale in Neufrach, Bahnhofstraße 113.

1970 verstarb Josef Steinhauser. Das Geschäft führten zunächst seine Ehefrau Elisabeth Steinhauser (G: Kamuf) und ihr Bruder Ernst Kamuf weiter.

Nach der Auflösung des Hauptsitzes in Singen wurde 1981 nur noch das Geschäft in Neufrach mit durchschnittlich acht Mitarbeitern weitergeführt.

Im September 1990 übernahm Bernhard Rothmund den Betrieb, in dem er bereits seine Ausbildung als Zentralheizungs- und Lüftungsbauer absolviert hatte.

Da keine räumlichen Erweiterungsmöglichkeiten in der Bahnhofstraße 113 vorhanden waren, wurde 2004 ein Neubau „Am Riedweg 20" erstellt, in den der Betrieb am 1. September einzog.

Die Firma hat aktuell 10 Mitarbeiter und führt sämtliche Arbeiten im Bereich Heizung und Lüftung durch.

SMV H. Keller GmbH (Salemer Metallveredelung)

Herbert Keller, der vor dem Krieg seine Lehre zum Installateur und Spengler bei „Dornier" abgeschlossen hatte, gründete im Jahr 1947 einen kleinen Betrieb in Mimmenhausen, in dem er zunächst Schmuck, insbesondere Eheringe, anfertigte. Später stellte er seinen Betrieb auf die Produktion von Milchkannen um.

1954 kaufte er den Bauernhof der Familie Geng in Neufrach, Riedlestraße 2. Um die Anfertigung von Milchkannen fortsetzen zu können, baute er das Gebäude um und erweiterte es. Bald darauf stellte er Bierfässer her. In Kellers Auftrag fertigte Karl Leberer Faltbehälterringe, die von der SMV feuerverzinnt und an die Fa. Maggi geliefert wurden. Kellers Produkte wurden in ganz Deutschland und auch nach Südtirol ausgeliefert. Der Betrieb hatte damals etwa 30 Mitarbeiter.

In der Zeit von 1994 bis 1996 bauten Herbert und sein Sohn Günter Keller ein neues Firmengebäude im Gewerbegebiet, in das sie 1996 umzogen. Im Jahr 1997 verließ Herbert Keller (s. auch „Vereinsleben)" die GmbH und überschrieb seinem Sohn Günter seine Anteile. Die Verzinnarbeiten wurden aufgegeben. Der Betrieb hat sich auf die Verzinkung von galvanischen Kleinteilen spezialisiert.

Das Gebäude in der Riedlestraße wurde verkauft.

IMV Rimmele GmbH

Dieter, Gabriele und Günter Rimmele gründeten 1991 ihre Firma, die sich mit dem Bau und Verkauf von Industriebauten und industriellen Anlagen (vornehmlich aus Stahl) beschäftigt.

BK Messebau Karg

Berthold Karg gründete seine Messebau-Firma am 6. Juli 1996 in Eriskirch. Nach Neufrach zog er im Juli 1998 um. Derzeit sind acht Mitarbeiter im Betrieb angestellt. Das Angebot erstreckt sich auf Messe- und Modellbau, Ausbau von Ausstellungsräumen und Einrichtungen für den Eventbereich.

In Oberwiesen (in Klammern: Hausnummer)

Festzelte Andreas Fetscher (8), HEMA Kabeltechnik GmbH (6), Hundpflege Marion Kleibel (9), Baugeräte Dieter Schaible (9), Hubert Sattler, Solarkollektoren (21), Jumanji, Bistro (4), Seeger Präzisionsdrehteile GmbH (5), Schienle Magnettechnik (3), AutoCheck Walter Löhle (13), ISMB Forster GmbH (16), INNOSYSTEC GmbH, Soft- und Hardware (16), Werner Böhringer, Südländische Feinkost (11), ADG, Eisenreich (16), QED, Quantenelektronik (16), Advanced Space Power, Elektr. Geräte für Luft- und Raumfahrt (16), Advanced Space Power Equipment GmbH–Hochspannungsnetzteile (16), Metallverarbeitung Hermann Lorenzer (16), MSTE Solar GmbH, Meyer (16), TelLink GmbH (16), ABIC-Brennertechnik GmbH (16), Morten Gram, Pferde (25), Nicole Speck, Pferde und Boote (23), Reinhard Scheidegg, Konstruktion und Blechbearbeitung (19), Bio Medical Research, Medizinisch-therapeutische Geräte (18), Matrolan Vertriebs-GmbH (16), MDB, Unternehmens- und Wirtschaftsberatung (16), ATIQS, Industrieautomatisierung (1), Schaible Tief- und Straßenbau (7), Cargo Plast GmbH, Kunststoff-Produkte (23), Jürgen Schramek, Elektronische Systeme (7), Alpina Sonnenschutz GmbH (2), Martin Viellieber, Dreh- und Frästeile (14), NavPos Systems GmbH, Satellitennavigation (16).

Sattler Elektronik

Der Elektroniktechniker Hubert Sattler gründete 1998 Sattler-Elektronik. Er war zuvor bei der MTU Friedrichshafen beschäftigt. Als selbständiger Zulieferer seines früheren Arbeitgebers startete er mit fünf Mitarbeitern in Weildorf sein Unternehmen.

Im Jahr 2002 ließ sich die Firma Sattler im Gewerbegebiet, In Oberwiesen 21, nieder. Das Kerngeschäft besteht in der Kabelkonfektionierung. Im Jahr 2012 kam die Herstellung der neu entwickelten Solar-Luft-Kollektoren hinzu. Das Unternehmen beschäftigt 17 Mitarbeiter.

AutoCheck Löhle

Von 2001 bis 2004 befand sich die Auto-Werkstatt von Walter Löhle in der Weildorfer Straße am Ortsausgang von Neufrach. Diese führte er bis 2004 zunächst als Nebenerwerbsbetrieb, dann von 2004 bis 2010 als Vollerwerbsbetrieb. Unter dem Namen „AutoCheck Löhle“ siedelte Walter Löhle im Jahr 2010 ins Gewerbegebiet um. Sein Sohn Markus arbeitet im Betrieb mit.

Betriebe im Ortskern (in Klammern: Hausnummer)

Leutkircher Straße

Wohnbau GmbH Steuer (19/1), Metallverarbeitung e. K. Paul Stehle (22a), Taxi Rudolf Kugler (13), Fußpflege Josef Rothmund (30)

Markdorfer Straße

Tankstelle mit Handel und Reparaturwerkstatt (Schmiede), A. Rothmund (früher Schlosserwerkstatt Friedrich Leberer, dann Karl Leberer; (16), Malergeschäft Gerhard Fitz (12), Geschäftsstelle der Sparkasse Salem-Heiligenberg (22), Friseur 29 (29), Sanitär Stumpp GbR (26), Vertrieb von Lebensmitteln-Furca (17), Fahrschule Mader (29), Landgasthof „Apfelblüte" (45), Obst und Gemüse F. Giardiello (18), Gasthaus „Grüner Baum" (27)

Tankstelle Leberer/Rothmund

Am 19. Mai 1936 kaufte der Schmiedemeister Friedrich Leberer mit seiner Frau Elisabetha das Anwesen und richtete eine Schmiedewerkstatt ein. 1938 wurde die erste handbetriebene Shell-Zapfsäule in Betrieb genommen. Ab 1949 begann der Familienbetrieb Leberer den Handel mit Fahrrädern, Landmaschinen und landwirtschaftlichen Geräten. In den 1950-er Jahren wurde die elektrisch betriebene Tankstelle installiert.

1966 übernahmen Karl Leberer und seine Frau Irmgard den Betrieb. 1970 baute man den Verkaufsraum um.

Die Umstellung von Shell auf Avia erfolgte im Jahr 1982 im Zusammenhang mit dem Umbau der Tankstelle. 1984 erhielt das bestehende Wohnhaus einen Anbau.

Am 27. Mai 1997 übernahmen Albert und Elsbeth Rothmund (G: Leberer) den Betrieb. Das Tankstellendach wurde 1999 umgebaut.

Seit 2004 können im Verkaufsraum der Tankstelle auch Postgeschäfte abgewickelt werden. Des Weiteren bietet der Tankstellenshop Autozubehör, Zeitungen und Zeitschriften, Getränke (auch Kaffee) und Tabakwaren sowie Süßwaren an.

Neben der Tankstelle betreibt Albert Rothmund eine Metallbau GbR. Zum Betrieb gehören Verkauf, Vermietung und Service von Rasenmähern, Motorgeräten und Baumaschinen.

Interessant ist die Entwicklung des Fassungsvermögens der Tanks: 3.000 Liter (1938), 7.000 l (1954), 20.000 l (1966), 70.000 l (2013).

Sanitär Stumpp GbR

Eberhard Stumpp (Jahrgang 1940; s. auch „Vereinsleben") absolvierte seine Meisterprüfung als Wasser- und Gasinstallateur 1964 in Konstanz.

Am 18. Januar 1965 richtete er eine Flaschnerei-Werkstatt in der Scheuer und im Stall der Familie Verheyen, Riedlestraße 8, ein. Zunächst arbeitete er allein in seinem Betrieb.

Sein Wohnhaus befand sich damals schon in der Markdorfer Straße 26. Bei diesem baute er 1973 seine Werkstatt.

Seit 1986 ist Sohn Markus (Jahrgang 1966) im Betrieb seines Vaters beschäftigt, nachdem er bei der Firma Widmann in Markdorf seine Lehre absolviert hatte. Die Meisterprüfung legte Markus Stumpp 1996 ab. Im Jahr 2000 baute sich die Familie eine Wohnung.

Seit 2011 wird der Betrieb gemeinsam von Eberhard und Markus Stumpp als GbR geführt. Der Betrieb hat vier Beschäftigte.

Weildorfer Straße

Metzgerei Buchmann (8), Landbäckerei Baader (8), Wassertechnik Martin Gutsch (44), Bodenbeläge Krämer (40), Maschinenvermietung Hack (44), RdA Elektronik GmbH (2/1), Consilbau Planungsgesellschaft (10)

Nüffernstraße

Malerbetrieb Franz Köppen und Josef Maack (21a), Matthäus Löhle Kunststoffklebetechnik (14), Viehhandel Dieter Rimmele (6), Fliesen-, Platten-, Mosaikleger Friedrich Jung (25), Wohnbau Lachmann (17)

Mühlenstraße, Mühlenweg

Heimgartner Zimmerei-Holzbau GmbH (Mühlenstr. 1; früher: Mühlenweg 6), Mühle Wolf (Mühlenweg 1)

Zimmerei Heimgartner

1984

Zimmerei Heimgartner, davor Clubhaus des SV Neufrach

Im Jahr 1954 erwarben Karl und Hulda Heimgartner das landwirtschaftlich genutzte, 5.100 m² große Grundstück und den Hof von Wilhelm Walk, Mühlenstraße. Karl Heimgartner gründete am 1. April 1954 einen Zimmermannsbetrieb. Er legte 1955 seine Meisterprüfung ab.

Das Ehepaar zog die drei Kinder Elmar, Gerda und Bertram groß.

Nach und nach wurde das ehemalige Bauernhaus zu Werkstatträumen umgebaut. Zum Zimmermannsbetrieb kam im Jahr 1958 eine Bauschreinerei und 1961 ein Baugeschäft hinzu, das Ende der 1960-er Jahre aufgegeben wurde.

1961 baute die Familie Heimgartner ein Dreifamilienhaus am Mühlenweg.

Im Jahr 1971 begann Elmar Heimgartner seine Lehre im elterlichen Betrieb. Er schloss die Gesellenprüfung 1974 und die Meisterprüfung 1980 mit Erfolg ab.

Die Werkstatt wurde 1977 in Massivbauweise erweitert und Anfang der 1980-er Jahre neu überdacht. Außerdem wurde eine Zimmereihalle errichtet.

1987 baute Elmar Heimgartner ein Wohnhaus an der Mühlenstraße. Er führte ab dem Jahr 1993 den Zimmereibetrieb und gründete eine GmbH.

Im Jahr 2007 beschloss die Familie Heimgartner, die Zimmereihalle abzureißen und das Areal als Baugelände auszuweisen. Die Zustimmung dafür gab die Gemeinde nach dreijährigen Verhandlungen. Im September 2010 wurde die Halle abgerissen. Mittlerweile stehen auf dem Areal mehrere Wohnhäuser.

Auch ohne eigene Werkstatt gibt es den Zimmerei- und Holzbaubetrieb weiterhin.

2010

Abriss der Zimmereihalle

Betriebe am Ortsrand (in Klammern: Hausnummer)

Bahnhofstraße

RST Radar Systemtechnik GmbH (132), Krause GmbH, Gabelstapler-Hebebühnen (123), HSM Pressen GmbH + Co. KG (115), ATS Analysentechnik Salem GmbH (108), Rose+Krieger GmbH System-& Lineartechnik (136), SeeFrucht GmbH (125)

HSM

Hermann Schwelling gründete 1971 die Personengesellschaft Hermann Schwelling Maschinenbau. Die Produktion startete in einer einfachen Werkstatt in Rickenbach. Das Unternehmen expandierte schnell und bereits im Herbst 1975 wurde das erste Werk in Neufrach bezogen. 1976 erfolgte die Gründung der HSM Pressen Vertriebsgesellschaft. 1993 wurde die Gesellschaft in die HSM GmbH + Co. KG umgewandelt und ist seitdem als „HSM" bekannt.

Hermann Schwelling ist Gesellschafter und Hauptgeschäftsführer. An seiner Seite standen lange als Mitgeschäftsführer Irene und Dietmar Dengler, die 2013 ausschieden. Nachfolger wurde Matthias Wochner.

HSM setzt auf den Produktionsstandort Deutschland und die Qualitätsaussage „Made in Germany", die Anwender mit Präzision, Langlebigkeit und einem gerechten Preis-Leistungs-Verhältnis verbinden. HSM vertreibt seine Produkte weltweit.

An vier Standorten in Deutschland produziert HSM für die Büro- und Umwelttechnik:

• In Salem steht eine Fläche von rund 50.000 m² zur Verfügung, davon sind 15.000 m² bebaut. In diesem Werk befinden sich eine Vielzahl von Abteilungen: Die Entwicklung von Ballenpressen, Projektierung, Logistik, Elektrotechnik, Disposition, Arbeitsvorbereitung, Crusher-Fertigung, die Montage von Großpressen und die Kunststofffertigung.

• Im Werk Frickingen ist die Endmontage der Aktenvernichter. Des Weiteren befinden sich dort die Entwicklung Bürotechnik, die zentrale Verwaltung, Vertrieb, Marketing, HSM Akademie und Kundendienst.

• Reichenbach liegt in der Nähe von Dresden und ist das Know-how Center für die Produktion von Vertikalballenpressen, die zum Verpressen von Kartonage oder Folie eingesetzt werden. Hier werden die Serienprodukte „V-Press" und kleine Horizontalpressen für Kunden in aller Welt produziert.

• 2011 wurde die Tochtergesellschaft Pühler HSM GmbH + Co. KG gegründet. Zum Produktprogramm gehören Anlagen für die Volumenreduzierung von Wertstoffen in der Lebensmittel-, Verpackungs- und Getränkeindustrie, zum Beispiel Pressen zur Entleerung von vollen Tetra-Packs, Dosen, Flaschen oder Joghurtbechern.

HSM beschäftigt in Deutschland etwa 580 Mitarbeiter, weltweit rund 700 Mitarbeiter, davon 74 Auszubildende.
(Quelle: Homepage der Firma HSM, Hermann Schwelling)

Alte Neufracher Straße

Fruchtmarkt GmbH, Salem-Frucht (100; s. Landwirtschaft"), ALDI GmbH (52), Penny-Markt (56)

Stefansfelder Straße

Fa. Walter Geiger, Fischhandel (15), Sanitär Ismail Toprak (9), Hubsys Airtec GmbH, Sinzig (9)

Betriebe in den Weilern

Haberstenweiler, Leutkirch, Tobelhof

Josef Kamuf Tiefbau, Einzelunternehmen, Haberstenweiler 1a
(s. auch „Landwirtschaft")

Adolf Kamuf gründete den Betrieb im Jahr 1978 als Landwirtschaftliches Lohnunternehmen. Dieser führte ab 1993 teilweise auch Tiefbauarbeiten durch.

Sein Sohn Josef Kamuf übernahm 1999 die Firma und strukturierte sie zu einem Tiefbauunternehmen um, das heute drei Mitarbeiter beschäftigt.

Ulrich Oexle, Haberstenweiler 2
(s. „Landwirtschaft“)

C. Toprak, Stuckateur-Fachbetrieb, Leutkirch 2

Manfred Löhle, Gasthaus „zur Linde“, Leutkirch 5 (s. auch „Gaststätten“ und „Landwirtschaft“)

Georg Freundorfner, Verkauf von medizinischen Geräten, von Kunstgegenständen und Auftragsvermittlung für Fassaden- und Dachbeschichtung, Tobelhof 2

Birgit Steiner, Promotion, Verkostung, Verkaufsförderungsmaßnahmen, Tobelhof 1

Julian Wagner, Organisation und Durchführung von Veranstaltungen mit dazugehörigen Dienstleistungen, Tobelhof 6

Zweigstelle der Sparkasse Salem - Heiligenberg

Die „Älteste Sparkasse Deutschlands“, die Sparkasse Salem–Heiligenberg, wurde 1749 von Abt Anselm II. als „Ordentliche Waisenkassa“ gegründet. Auf vorbildliche Weise verbindet sie bis heute Tradition und Fortschritt. Das umfangreiche Filialnetz sowie die in der Region verwurzelten engagierten Mitarbeiter garantieren Kundennähe und Kundenzufriedenheit.

Die erste Kassenstelle im Ort befand sich ab 1962 im „Grünen Baum". In einem privaten Zimmer standen Tisch, Stuhl und Sofa. Ab 1964 war eine Zweigstelle im Haus „Busch“, Markdorfer Straße 29, eingerichtet.

Auf den ehemaligen Grundstücken „Schwesternhaus" und „Fitz" wurde in den Jahren 1976/77 eine neue Zweigstelle (Markdorfer Str. 20) errichtet, die im April 1977 bezogen wurde. Im Haus befinden sich vier Wohnungen im Ober- und Dachgeschoss.

In der Haushälfte Markdorfer Straße 22 betreibt die Familie Normann („physionormann“) seit Juli 1992 eine Physiotherapie-Praxis (s. „Sozial-, Gesundheits- und Sicherheitswesen“).

Im Jahr 1996 wurde die Zweigstelle umgestaltet und am 9. Juni im Rahmen einer kleinen Feier durch Direktor Manfred Nolle eingeweiht.

Die bisherigen Filialleiter ab 1964

Rosemarie Fuchs und dann Gerhard König waren bis 1977 die Leiter der Filiale im Haus Busch. Die neue Zweigstelle leiteten:

- Adolf Bosch 1977-1988
- Carlos Estevez 1988-1993
- Thomas Oppe 1993-1999
- Martin Huber 1999-2003
- Elke Nolle 2003-2005
- Andreas Bielewicz 2005-heute

Ehemalige Betriebe und Geschäfte
(WEL, 184 - 186; in Klammern: Hausnummer)

Markdorfer Straße

Friseursalon Raither (Genehmigung 1948; später Friseurgeschäft Karin, 24), Gemischtwaren Koch-Allgeier, später Berta und Heinrich Raither (24), Leichenschau und Bestattungsunternehmen Schmid (Zuteilung des Leichenschaudienstes 1951; 8), Orthopädisches Schuhgeschäft Erhard Hafen (10), Baugeschäft und Baumaterialien Karl Asprion (10), Tiefbau-Unternehmen Karl Häring (31; heute „Prinz Max"), Möbelschreinerei Josef Heudorf, Sepp Schmid (8), Mechan. Schmiedewerkstatt, Fahrradreparatur, Landw. Geräte, Fahrradhandel Friedrich Leberer (16), Fleischwaren August Roth (24; davor Weildorfer Str. 20), Wagnerei Matthäus Rübsamen (18), Damen- und Herrenfriseurgeschäft Fritz Gassner (12, später 6), Orthopädisches Schuhgeschäft Martin Frei (17), Kaufhaus, Lebensmittel Herbert Hoher (29), Quelle-Agentur Lohr (29), Volksbank (29), Elektro Kohllöffel (10), Fuhrunternehmen Thaddäus Graf (20), Kaufhaus Mathilde Nell (29, später 7)), Lebensmittelgeschäft Kollmann (29), Metzgerei Sipple (3), Damen- und Herren-Maßschneiderei Futterer/Zweifel (5)

Baugeschäft Karl Asprion (s. auch „Dorfgeschichte")

Wohnhaus, Landwirtschaft und Betrieb der Familie Asprion, um 1955

Koch GmbH u. Co. KG

Egon Koch gründete im Jahr 1972 einen Betrieb für „Gartengestaltung, Gartenpflege und Baumschule". Er hatte bis 1982 seine Niederlassung in der Markdorfer Straße 5, danach in „Rubäcker 1". Ein VW-Käfer mit ausgebautem Sitz diente zunächst als Werkzeugtransporter.

Ein altes Gehöft, das sich auf dem Gelände des jetzigen Betriebes befand, wurde gekauft, zum Betriebshof umgebaut und im Lauf der Jahre stetig erweitert.
1984 wurde der Betrieb aufgeteilt in die Bereiche „Baumschule" und „Gartengestaltung". Für die Baumschule war Egon Koch und für die Gartengestaltung sein Sohn Hubert verantwortlich.

Der Betrieb umfasst 2,5 ha und beschäftigt acht Mitarbeiter und einen Lehrling. Im Jahr 2011 entstand eine GmbH u. Co KG mit den Geschäftsführern Hubert Koch und Daniel Eck.

Weildorfer Straße

Werkstätte für gute Polstermöbel Ernst Hofer (19), Kolonialwaren Johann Halder (24, später 3), Schmiede Bernhard Karrer (10), Autohaus und Werkstatt Siegfried Karrer (8), Taxi Gogol (22), Elektro Gebhard Sick (22)

Schmiede und Autohaus Karrer, Weildorfer Str. 8 und 10

Schmiede und Wohnhaus Karrer, um 1948

Auf dem Schild über dem Eingang ist zu lesen: Bernhard Karrer, Hufbeschlag-Wagenbau. Vor dem Scheunentor: Die Töchter Siglinde und Regina

Bernhard Karrer baute im Jahr 1934 eine Schmiede auf das Grundstück, das er von seinen Eltern geerbt hatte. Er machte sich als Schmiedemeister selbständig. Mit seiner Ehefrau Hulda baute er an die Schmiede ein Wohnhaus an (s. Foto), in dem Sohn Siegfried (geb. 1940) und die Zwillinge Siglinde und Regina (geb. 1943) aufwuchsen.

Eine kleine Tankstelle der Marke „BV-Aral", wie damals üblich mit Handpumpe und Schaugläsern, betrieb Bernhard Karrer ab ca. 1952. Da der Kraftstoffbedarf durch die Zunahme an Fahrzeugen größer wurde, erweiterte er die Tankstelle und stellte auf die Fa. „BP" um. Als sich Mitte der 1980-er Jahre eine Modernisierung der Tankstelle nicht mehr lohnte, wurde diese aufgegeben.

Bernhards Sohn Siegfried Karrer erlernte von 1954 bis 1957 das „Kfz-Mechaniker-Handwerk". Zudem erwarb er sich Kenntnisse in einem Betrieb für landwirtschaftliche Maschinen, um mit seinem Vater eine Schlosserei und eine Verkaufs- und Reparaturwerkstatt für landwirtschaftliche Maschinen zu betreiben.

Siegfried Karrer machte seinen Meisterbrief im KFZ-Handwerk im Jahr 1964 an der Meisterschule in Bad Cannstatt.

Im Jahr 1965 schloss Siegfried den Bund der Ehe mit Christa. 1966 kam Sohn Thomas zur Welt.

Da der Arbeitsraum für Schmiede und Autohaus in dem schon vor Jahren erfolgten Schmiedeanbau zu klein wurde, kaufte Bernhard Karrer von seinem Bruder August das angrenzende Anwesen.

Nach Abriss des landwirtschaftlichen Gebäudes erbaute dort Siegfried Karrer das „Autohaus Karrer GmbH". Im Jahr 1968 konnten Geschäfts- und Wohnhaus bezogen werden.

Siegfried Karrer trennte sich von „Opel" und übernahm mit Erfolg die Automarke „Nissan".

Bernhard Karrer betrieb sein Schmiedehandwerk fast bis zum Ende seines Lebens im Jahr 1988.

Im Betrieb seines Vaters Siegfried erlernte Thomas den Beruf des KFZ-Mechanikers.

Nach der von „Nissan" durchgeführten Gebietsreform stieg das Autohaus Karrer auf die koreanische Marke „Hyundai" um. Nach dem Verkauf des Anwesens an der Weildorfer Straße zog der Betrieb im Jahr 1994 in das im Gewerbegebiet erbaute Autohaus mit großem Ausstellungsraum. In die separate Betriebsleiterwohnung zog die Familie von Thomas Karrer ein.

Im Frühjahr 1995 fand eine große Eröffnungsfeier statt.

Zweigstelle der Volksbank Markdorf

Die Volksbank Markdorf-Überlingen hatte von 1979 bis 1997 eine Filiale in Neufrach, Markdorfer Straße 29. Heute befindet sich dort der Friseur 29.

Ehemalige Poststelle (WEL, 197)

Von 1935 bis 1951 befand sich die Poststelle im Haus (1928 erbaut) gegenüber der Kapelle, heute Weildorfer Str. 24. Johann Halder war Leiter der Poststelle. Im Oktober 1951 zog er in sein neues Haus in der Weildorfer Straße 3 und richtete dort die Poststelle ein.

Poststelle, 1995

Am 1. April 1958 übernahm sein Sohn Josef mit Ehefrau Berta die Poststelle. Ab dem Jahr 1970 war Josef Halder allein Leiter der Poststelle, nachdem seine Frau Berta aus dem Postdienst ausgeschieden war.

Zum Bedauern der Neufracher Einwohner wurde am 31. Dezember 1994 trotz zahlreicher und heftiger Proteste die Poststelle endgültig geschlossen. Eine fast 100-jährige Tradition (1895 erste Poststelle) war zu Ende gegangen.

Seit 2004 besteht die Möglichkeit, Dienste der Post an der Avia-Tankstelle Rothmund in Anspruch zu nehmen.

Johann Halder und Bürgermeister Werner Kesenheimer, 1986

Bürgermeister Peter Allgaier (rechts) verabschiedet Josef Halder, 1994

Nüffernstraße

Wagnerei, Küferei Josef Gern (Betriebsgenehmigung 1946; 11), Moderne Mietwaschküche Hermann Auer (1949 eingerichtet; 16, später Mühlenweg 2)

Andere Straßen

Zimmerei Richard Stehle (Alte Neufracher Str. 149), Malergeschäft Thomas Fleschrim, später Josef Gassner (Walter-Eberhard-Loch-Str. 1), Kunden- und Handelsmühle Wilhelm Busch (Mühlenweg 1), Schneiderei Ferdinand Lohr (Buggensegler Str. 4), Kolonialwaren Strobel, später Jauch und Biele (Leutkirch 9), Flaschnerei, Installation Josef Häringer (Leutkircher Str. 19), Bau- und Möbelschreinerei Hugo Stehle (Am Sportplatz 2), Baugeschäft Heimgartner (Mühlenweg 3), Mechanische Werkstatt Dobler (Riedlestr. 8), Obstgeschäft Lanza, später Lebensmittelgeschäft Bernd, dann Sulger/Kitt (Bahnhofstr. 126), Maurerbetrieb Adolf Eblen (Lockgasse 2), Dünge- und Futtermittel, Landwirtschaftliche Ein- und Verkaufsgenossenschaft (Bahnhofstr. 128), Hühnerfarm (Stefansfelder Str. 9, das ehemalige Anwesen Beyer, später Albrecht, wurde landwirtschaftlich genutzt); Zimmerei Wiedmann, Tobelhof (heute im Gewerbegebiet), Bootswerft (Alte Neufracher Straße)

Tiefbau-Unternehmen Häring

Leo Häring hatte bereits um 1900 einen Tiefbaubetrieb. 1910 arbeitete sein Sohn Karl im Unternehmen, das später dann von ihm und seinem Bruder Josef Häring geleitet wurde. Die Firma siedelte sich in Neufrach (heutige Markdorfer Str. neben dem früheren Gasthaus „Prinz Max“) an.

Ab dem Jahr 1957 arbeitete Horst Häring, der das Maurerhandwerk erlernt hatte, im Betrieb seines Vaters Karl. Er übernahm die Firma im Jahr 1973 und führte sie bis zur Betriebsaufgabe im Jahr 2008.

Die Familie Häring baute 1963 ihr neues Wohnhaus in der Mühlenstraße 11 und verlegte Bauhof und Firmensitz dorthin. Ihr Wohnhaus bezogen Gisela und Horst Häring dann im Jahr 1969.

Kiesabbau - Ziegelei

Die Neufracher Kiesgrube befand sich in den 1950-er Jahren am Hardtwald. Kies und Schotter aus dieser Grube wurden u. a. für die Flurbereinigung und den Schulhausbau verwendet (1955: 972 m^3; 1956: 2.736 m^3; 1957: 1.150 m^3). Kiesgruben-Meister war damals Karl Moser. 1959 wurde Josef Jauch aus Ahausen Leiter der Kiesgrube.

Die Gemeinde beendete 1962 den Kiesabbau.

Auch die Tiefbau-Firma Häring besitzt am Hardtwald ein kleines Areal, in dem bis zum Jahr 2007 Kies abgebaut wurde.

Das Kieswerk nordwestlich des Stadions (jetzt Schlosssee) gehörte bis zur Rekultivierung des „Baggersees“ der Markgräflich Badischen Verwaltung.

Eine Lehmgrube auf Neufracher Gemarkung (Gewann Leimgrube) befand sich im Bereich des heutigen Schlossseestadions. Eine Ziegelei zur Fertigung von Dachziegeln und -platten wurde auf dem Gelände betrieben, auf dem heute das Clubhaus am Stadion steht.

1957 erhielten die Gebrüder Schaible aus Mimmenhausen die Genehmigung zum Kiesabbau im Gewann Leimgrube.

Zeitzeugen erinnern sich, dass in der Lehmgrube auch Motocross-Rennen stattgefunden haben.

Seit 1982 gibt es das Kies- und Betonwerk Salem im Gewerbegebiet.

Bau des Beton- und Kieswerkes, 1982

Der Umzug vom „Baggersee“ ins neue Werk erfolgte am 30. September 1982

Wirtschaftsforum

Im Jahr 1990 gründeten Salemer Unternehmer den „Bund der Selbständigen", dessen Vorsitzende zuerst Wilhelm Viellieber bis 1996 und dann Rudolf Koch waren. 1997 zählte er 40 Mitglieder. Aus dem „Bund der Selbständigen" etablierte sich dann der Gewerbeverein, dessen Vorsitzender Rudi Koch wurde. Hauptziel des Vereins war die Organisation einer zweijährigen Leistungsschau. 2001 übernahm Bruno Elben die Aufgabe des ersten Vorsitzenden kommissarisch. 2003 ließ er sich dann zum Vorsitzenden wählen. Nachdem die einjährige Suche erfolglos blieb, wurde der Verein 2007 aufgelöst. Zuletzt hatte der Verein 63 Mitglieder.

Gewerbe-Leistungs-schau 1994

Wirtschaftsforum

Das Wirtschaftsforum wurde im Jahr 2010 gegründet und dient der Vernetzung der in Salem angesiedelten Industrie-, Gewerbe-, Handwerks- und Handelsbetriebe sowie der Gemeindeverwaltung und der Sparkasse Salem-Heiligenberg.

Ralf Bäuerle (Jahrgang 1965) ist Mitinitiator und Sprecher des Forums. Die Förderung der Wirtschaft liegt ihm ganz besonders am Herzen.

Seit 2008 ist Ralf Bäuerle stellvertretender Vorstandsvorsitzender und seit 2012 Vorstandsvorsitzender der Sparkasse Salem-Heiligenberg.

Nach langjähriger Pause organisierte das Wirtschaftsforum im September 2012 eine Gewerbeschau, bei der sich 70 Salemer Firmen im Gewerbegebiet präsentierten. Salem zeigte sich als ein zukunftsweisender und innovativer Gewerbestandort.

Ehemalige Läden

WEL (257) erwähnt im Jahr 1953 sechs Kaufläden: Nell, Halder (auch Post), Raither, Weißenrieder, Kollmann, Biele (davor Strobel). Die genannten Läden gibt es heute nicht mehr.

Lebensmittelgeschäft Mathilde Nell, Markdorfer Str. 29 (später 7)

Gleich nach der Heirat zog das Ehepaar Hermann und Mathilde Nell im Jahr 1938 nach Neufrach und eröffnete eine Bäckerei im Haus von Alfred Busch. 1940 wurde aus dem Laden ein Kolonialwarengeschäft.

Da Hermann Nell nicht mehr aus dem zweiten Weltkrieg zurückkehrte, musste Mathilde Nell das Geschäft alleine führen.

Sie zog im Februar 1951 in das Wohnhaus, Hauptstraße Nr. 126, heute Markdorfer Str. 7. In dieses baute sie im Jahr 1957 einen Lebensmittelladen. 1959 erhielt sie auch die Erlaubnis zum Verkauf von Milchprodukten. Sie führte ihren „Tante-Emma-Laden" bis zu ihrem Tod im Jahr 1988.

Lebensmittelgeschäft Halder, Weildorfer Str. 24

Das Geschäft existierte von 1931 bis 1951 und bot neben Lebensmitteln auch Dienste der Post an.

Kaufhaus Raither, Markdorfer Str. 24

Im April 1892 kaufte Handelsmann Alois Koch laut damaligem Kaufvertrag Hofreite, Hausgarten, Gartenland, zweistöckiges Wohnhaus mit zwei Balkenkellern, freistehende zweistöckige Scheuer mit Stall, Schopf- und Schweinshütte, zweistöckige Scheuer mit Balkenkeller, freistehendes Wasch- u. Backhaus, Ladeneinrichtung und eisernen Waschkessel.

1907 übertrug Alois Koch sein Anwesen mit Lebensmittelgeschäft auf Sohn Wendelin. Wendelin kam gleich zu Beginn des ersten Weltkriegs ums Leben. Wendelins Frau und später ihre Tochter Paula führten das Geschäft weiter. Paula Koch heiratete den Mimmenhauser Bürgersohn Albert Allgeier. Dieser verkaufte nach dem Tod seiner Frau Paula das Anwesen im Jahr 1952 an Heinrich und Berta Raither.

Nach über 40 Jahren schloss das Kaufhaus Raither am 5. Dezember 1995 seine Pforten.

Im Lebensmittelladen, um 1952

(von links) Heinrich, Karola und Berta Raither

Ehemaliges Kaufhaus Raither, 2011

Haus Stumpp (l.), Kaufhaus Raither (r.), um 1970
Vorne: Der alte Dorfgraben mit Geländer

Bäckerei Kollmann, Markdorfer Str. 29

Bäckermeister Karl Kollmann folgte auf Mathilde Nell im Haus von Alfred Busch und betrieb seine Bäckerei von 1952 bis 1963.

Lebensmittelgeschäft Strobel/Biele/Majewski, Leutkirch

Hildegard Majewski (G: Jauch) übernahm 1959 das Lebensmittelgeschäft von Biele. Es wurde Anfang der 1970-er Jahre aufgegeben.

Metzgerei Sipple, Markdorfer Str. 3

Das Ehepaar Juliane und Alfred Sipple zog im Jahr 1958 nach Neufrach. Alfred Sipple hatte mit der Baufirma Stehle aus Markdorf an die Metzgerei eine Wurstküche und ein Schlachthaus angebaut.

Ende Oktober 1958 wurde dann die Metzgerei eröffnet. Alfred Sipple war mit Leib und Seele Metzger. Er starb am 4. April 1981.

Vom 25. Mai 1981 bis 1999 wurde das Geschäft an die Metzgerei Buchmann GmbH verpachtet. Die Geschäftsleitung hatte Konrad Eblen inne.

Konrad Eblen hatte im Januar 1971 in der Metzgerei Sipple seine Lehre begonnen, die er im Jahr darauf abschloss.

Metzgerei Roth, Weildorfer Str. 18

Karl Roth erhielt im Jahr 1949 die Genehmigung, in Neufrach Fleisch- und Wurstwaren zu verkaufen. Zu Beginn der 1950-er Jahre hatte er zunächst seinen Metzgerladen in der Weildorfer Straße 18.

Später verkaufte er seine Wurst- und Fleischwaren in einem Gebäude des Anwesens Raither, Markdorfer Str. 24.

Kaufhaus, Bahnhofstraße 126

Zunächst befand sich im Gebäude ein Obstgeschäft der Familie Lanza. Danach wurde es als Lebensmittelmarkt und zuletzt als Netto-Discounter genutzt.

Abriss des Kaufhauses, Bahnhofstraße 126, 2005

Drogerie-Markt Schlecker, Weildorfer Str. 8

In den Neubau, Weildorfer Straße 8, zog im Jahr 1998 der Drogerie-Markt Schlecker ein. Nach elf Jahren wurde der Laden aufgegeben. Die Räumlichkeiten pachtete die Bäckerei Baader.

Einkaufsmöglichkeiten

Bäckerei Weber, Nüffernstr. 23

Am 17. März 1994 übergaben Johanna und Hermann Beil ihr Bäckerei-, Konditorei- und Einzelhandelsgeschäft an Andreas Weber.

Die Vorgeschichte: Bäckermeister Karl Weißenrieder führte seine Bäckerei 60 Jahre lang und übergab sie dann an seinen Sohn Josef.

1975 übernahmen Johanna und Hermann Beil die Bäckerei und betrieben sie fast 20 Jahre lang.

Landbäckerei Baader, Weildorfer Str. 8

In einem gemeinsamen Verkaufsraum boten ab dem 1. April 1998 unter der Regie von Werner Rimmele eine Bäckerei und Metzgerei ihre Produkte an. Michaela Columberg verkaufte Backwaren der Bäckerei Baader aus Frickingen.

Nachdem der Drogeriemarkt Schlecker aus dem Nachbargebäude ausgezogen war, wurde für die Landbäckerei umgebaut. Seit 2010 hat die Filiale im Angebot: Ein großes Sortiment an Backwaren, Frühstücks-, Kaffee- und Kuchenspezialitäten im Café sowie kleine warme Gerichte und Eis.

Jeden Freitag und Samstag ist Rick's Biomarkt im „Marktplatz" geöffnet.

Einweihung, 2010

(von links) Bauherr Bernhard Straßer, von der Bäckerei: Josef und Elisabeth Baader, Bürgermeister Manfred Härle, von der Metzgerei: Ralf Buchmann und Konrad Eblen

Metzgerei Buchmann, Weildorfer Str. 8

Die Firma FS Wohnbau erstellte Ende der 1990-er Jahre an der Weildorfer Str. 8 ein Wohn- und Geschäftshaus. Werner Rimmele bezog am 1. April 1998 einen Geschäftsraum mit kombinierter Metzgerei-Bäckerei. Sabine Columberg verkaufte Fleisch- und Wurstwaren vom Metzger Werner Rimmele.

Ein Wechsel erfolgte am 1. Dezember 1999. Die Metzgerei Buchmann, die bislang in der Markdorfer Straße 3 ihre Produkte verkaufte, bezog den renovierten Geschäftsraum.

Damals beschäftigte die Metzgerei fünf Angestellte. Heute sind es 13.

Vielfältige Fleisch-, Wurstwaren und Milchprodukte sowie Speisen aus der Warmtheke bieten dem Kunden eine große Auswahl. An Stehtischen gibt es Platz zum Essen vor Ort.

Markt der ZG Raiffeisen

Der Markt bietet ein großes und vielfältiges Warensortiment in den Bereichen Landwirtschaft, Garten, Haustier, Lebensmittel aus der Region und Bekleidung.

Obst und Gemüse Giardiello, Markdorfer Str. 18

2013

Ausgewählte Lebensmittel, großes Obst- und Gemüsesortiment

Die Familie Giardiello wohnte von 1967 bis 2007 im Haus Asprion, Markdorfer Str. 9, wo sie von 2001 bis 2003 einen Stand mit Obst hatte.

Danach wurde ein kleiner Laden im Obstgut Unger, Weildorfer Str. 27, eingerichtet. Dort werden heute noch im Winter Obst, Gemüse und Christbäume angeboten.

Seit 2008 verkauft die Familie Giardiello im Sommer Obst und Gemüse auf dem Hof der Familie Nunne, Markdorfer Straße 18.

Fischhandel Geiger, Stefansfelder Straße 15

Walter Geiger betreibt seit dem Jahr 1991 seinen Fischhandel in Salem. Er war zuvor in Unteruhldingen tätig und ist gelernter Fischwirtschaftsmeister und Bodenseefischer in der dritten Generation.

Der Fischhandel Geiger beliefert Groß- und Einzelhandel, Hotels, Gastronomie und auch jede Woche 20 Wochenmarktplätze im Umkreis von 100 Kilometern.

Im Angebot sind Regional- und Bodenseefische, Krustentiere, Weichtiere, geraucht und mariniert.

Mehlladen Wolf, Mühlenweg 1
(s. auch „Denkmale")

Die historische Getreidemühle von Ulrich Wolf hat folgendes Angebot: Selbstgemahlenes Weizenmehl 405 und 550, Spätzlemehl, Zopfmehl, Brotmehl 812 und 1050, Weizenvollkornmehl und -schrot, Habermus/Musmehl, Grieß, Roggenmehl, Roggenvollkornmehl und -schrot, Dinkelmehl 630 und 1050, Dinkelvollkornmehl und -schrot, Sultaninen, Sonnenblumenkerne, Leinsaat, Sesam, Kürbiskern, Körner, Flocken, Müsli, Teigwaren und Sauerteig.

Elektro Wirth, Am Riedweg 1/1

Im Geschäft können elektrische und elektronische Geräte einschließlich Zubehör gekauft werden.

Karl Schaible, Haberstenweiler 5

Karl Schaible verkauft Damhirsch- und Rothirschfleisch.

Geflügelhof Haug, In den Auen 1
(s. auch „Landwirtschaft")

Heidi, Christian und Stefan Haug halten auf ihrem Aussiedlerhof Puten, Gänse und Enten. Den qualitätsbewussten Konsumenten werden Freilandeier, frische Hähnchen, Puten, Gänse und Enten angeboten.

Discounter ALDI, Alte Neufracher Str. 52

Seit 2005 in Neufrach der ALDI-Markt eröffnet hat, nutzen Kunden aus der ganzen Region gerne diese Einkaufsmöglichkeit. 2013 stimmte der Gemeinderatsausschuss für Umwelt und Technik einer Erweiterung der Lagerfläche zu, die nun zur Verkaufsflächenerweiterung genutzt wird. ALDI hat künftig 900 Quadratmeter Verkaufsraum (bisher 833 m^2).

Discounter Penny-Markt, Alte Neufracher Str. 56

Seit 2008 gibt es einen weiteren Discounter, den Penny-Markt. Er findet regen Zuspruch bei der Bevölkerung.

Landwirtschaft

(WEL, 115; 179f.; 188 ff.)

Nach dem Zweiten Weltkrieg gab es in Neufrach 83 landwirtschaftliche Betriebe, von denen 39 bis zu 5 ha, 36 zwischen 5 ha und 10 ha, 5 zwischen 10 ha und 15 ha und ein Betrieb über 20 ha Land hatten.

In den 1950-er Jahren war Neufrach fast durchgängig landwirtschaftlich geprägt.

Mit dem wirtschaftlichen Fortschritt in den 1960-er Jahren nahm die Technisierung der Landwirtschaft in allen Bereichen deutlich zu. Maschinen erleichterten die schwere körperliche Arbeit. Traktoren lösten zunehmend Rösser und Kühe ab.

Landwirtschaft im Wandel der Zeit

Beitrag von Gebhard Gern

Gebhard Gern neben dem Hofkreuz, 2012

Im Hintergrund Haus und Hof

Der Beruf des Landwirts, nach dem des Jägers und Fallenstellers wohl der älteste Beruf überhaupt, erlebte in den letzten 50 bis 60 Jahren eine für unmöglich gehaltene Entwicklung. Technischer und züchterischer Fortschritt, zusammen mit der Möglichkeit, Pflanzenschutz und -düngung zu optimieren, lösten in der Landwirtschaft mit der politisch vorgegebenen Liberalisierung und Globalisierung der Märkte einen noch nie da gewesenen Strukturwandel aus. Was dies für das Dorf und die einzelnen landwirtschaftlichen Betriebe für Folgen hatte, möchte ich im Folgenden darlegen.

Im Ackerbau wurden Kuh- und Pferdegespanne von Zugmaschinen verdrängt. Immer größere und leistungsfähigere Schlepper ermöglichten eine bessere Bodenbearbeitung. Die Humusschicht des Ackerbodens wurde von 10 cm auf 25 bis 30 cm vertieft. In Verbindung mit ausgeglichener Düngung und neuen besseren Sorten, optimalem Pflanzenschutz (der Landwirt kann nur ernten, was die Schädlinge übrig lassen) wurden die Erträge verdoppelt und verdreifacht. Galt 1950 bei Weizen ein Ertrag von 25 Doppelzentnern je Hektar als gut, so erwartet man heute 60 bis 90 Doppelzentner je Hektar. Die Landtechnik brachte im Ackerbau nicht nur den Schlepper, sondern ca. 1960 auch den Mähdrescher. In Neufrach war es Lohndrescher Josef Stehle, der auf unserer Gemarkung mit dem ersten Mähdrescher Furore machte. Der Mähdrescher erleichterte die Ernte und steigerte die Flächenleistung. Die nicht Mähdrusch fähige Futterrübe und die Kartoffel musste dem Mähdrusch fähigen Mais in der Fruchtfolge Platz machen. Mais ist allen Unkenrufen zum Trotz eine hervorragende Pflanze. Ein Maisfeld ist wie eine Sauerstofffabrik. Pro Hektar liefert Mais 25 Mal so viel Sauerstoff wie der so viel gepriesene Wald. Der Futterertrag kann sich mit Futterrüben messen und ist mit 120 bis 130 Doppelzentnern je Hektar deutlich höher als bei anderen Getreidearten.

Mitte der 1960-er Jahre gab es in Neufrach mehr als 50 Milch produzierende Landwirte mit Kuhbeständen von einer bis zehn Milchkühen je Betrieb. Ende der 1950-er Jahre hielt die Melkmaschine Einzug auf allen Höfen.

An den Stammtischen ging der Witz um: Der Bauer „Maier" hat seine letzte Kuh verkauft, um seine Melkmaschine bezahlen zu können. Zeitgleich steigerte der Ladewagen in der Außenwirtschaft die Produktivität und erleichterte in revolutionärer Weise die Arbeit in der Futterwirtschaft. Diese modernen neuen Techniken erlaubten in viel größeren Einheiten zu produzieren. Es wurden die Milchviehbestände auf 20, 40 bis zu 150 Kühen hochgefahren. Durch bessere Zucht und Haltungsbedingungen stieg die Milchleistung der einzelnen Kuh von 2.000 Litern bis auf 8.000 Liter Jahresleistung. Das führte zur Überproduktion und im liberalen Handel zum Preisverfall. Da heute die Investitionskosten für einen neuen modernen Viehstall über einer Million Euro liegen, wundert es nicht, dass viele, in Neufrach alle, die Milchviehhaltung aufgegeben haben. Mit der Aufgabe der Milchviehhaltung ging zeitversetzt oft die Aufgabe des ganzen Betriebs einher. Die Haupteinnahmequelle war ja weggebrochen. Arbeitskraft wurde frei. Jungbauern fanden in der Industrie und in der gewerblichen Wirtschaft Arbeit und Einkommen.

Im Bereich der Schweinezucht und -mast fand eine vergleichbare Konzentration auf spezialisierte, größere Betriebe statt. An Stelle der vier Muttersauen und zehn Mastschweine, die es in den 1950-er Jahren je Betrieb gab, stehen heute Spezialbetriebe mit 100 bis 200 Muttersauen zur Ferkelproduktion zur Verfügung. Große Mastbetriebe mit 1.000 bis 2.000 Mastplätzen werden von diesen mit Ferkeln beliefert. Moderne Haltungsbedingungen (Spaltenböden) und Fütterungsanlagen, die bis zur Vollautomation gehen, ermöglichen diese größeren Vieheinheiten je Betrieb. 1960 standen in Neufrachs Schweineställen verteilt auf 50 Betriebe etwa 500 Schweine. Heute stehen in Neufrach etwa 1.500 Schweine größtenteils in einem Betrieb.

Diese größeren Viehbestände werden von bestimmten Bevölkerungskreisen oft kritisiert. Keine artgerechte Haltung und tierquälerische Massentierhaltung lauten oft gelesene und gehörte Vorwürfe. Tatsache ist: Noch nie wurde so tierfreundlich gebaut. Zu keiner Zeit gab es für Nutztiere solch komfortable und tiergerechte Stallungen und Haltungsbedingungen wie heute. Sie glauben das nicht so recht? Dann besuchen Sie einfach unsere Bauern vor Ort.

Im Obstbau, ein wichtiger Betriebszweig im Salemertal, fand Ende der 1950-er

Jahre eine gravierende Betriebsumstellung statt. An die Stelle von Obstgärten in Hofnähe mit hochstämmigen Bäumen sind großflächige Obstniederstammplantagen getreten. Diese Anlagen sind leichter zu bewirtschaften und bringen schon im ersten oder zweiten Jahr Ertrag. Große Netze schützen vor Hagel. Bei der Ernte sind osteuropäische Helfer im Einsatz. So ist auch im Obstbau die große Produktionssteigerung möglich geworden. An Stelle des durchschnittlich 0,5 Hektar großen Obstgartens bewirtschaftet heute ein Vollerwerbsbetrieb im Obstbau 20 bis 50 Hektar. In Neufrach gibt es einen solchen Betrieb und eine Hand voll Nebenerwerbslandwirte, die noch bis zu fünf Hektar Obstbau betreiben, zum Teil intensiven Erdbeeranbau. Auch im Obstbau kämpft man mit der Globalisierung der Märkte. Bei schwachen Ernten am Bodensee kommt Obstsaftkonzentrat aus China auf unseren Markt. Das bedeutet auch bei schwachen Ernten, dass der Obstpreis nur begrenzt steigt. Die alten hochstämmigen Obstgärten erbrachten einen Ertrag von 500 Doppelzentnern pro Hektar. Die modernen Obstplantagen bringen 2.500 Doppelzentner je Hektar. Welche Ertragssteigerung bei gleichzeitiger Arbeitserleichterung!

Zur Pferdehaltung Folgendes: 1950 standen etwa zehn Pferde in den Ställen von Neufrach. Zugarbeit in Feld und Wald wurde von ihnen geleistet. Auch die „letzte Fahrt" unserer Bürgerinnen und Bürger im Totenwagen wurde mit stolzen Pferdegespannen durchgeführt. Etwa 25 Pferde stehen zurzeit in Neufrachs Ställen. Zumeist sind diese eingestellt von jungen Frauen, die dem Reitsport huldigen. Zugarbeit wird nur noch sehr vereinzelt zur Rückarbeit im Wald getätigt.

Auf Betreiben vom Präsidenten des Badisch Landwirtschaftlichen Hauptverbandes, Herrn Arthur Raither, Neufracher Landwirt im Hauptberuf, und des damaligen Bürgermeisters, Herrn Hermann Auer, fand auf der Gemarkung Neufrach von 1956 bis 1962 eine Flurbereinigung statt. Neue Feldwege wurden gebaut, viele Kilometer Drainagen neu verlegt. Die landwirtschaftlichen Grundstücke wurden alle in einen „Topf" gegeben und neu gestaltet. Größere Grundstücke mit guten Zufahrten wurden geschaffen und den jeweiligen Betrieben neu zugeteilt. Im Zuge dieser Flurbereinigung sind drei Hofstellen aus der Enge des Dorfes hinaus in die Gemarkung gelegt worden. Konrad Laur fand mit seiner Familie am Jägerweg seine neue Heimat. Josef Gern siedelte sich an der Weildorfer Straße nahe der Aachbrücke an. Karl Haug baute seinen neuen Hof „In den Auen". Eine Hofstelle für einen heimatvertriebenen Landwirt wurde neu geschaffen. So entstand an der Stefansfelder Straße der Betrieb Beyer, später Albrecht. Für die Landwirte war die Flurbereinigung im Zusammenhang mit der aufkommenden Agrartechnik ein großer Segen. Selbst für die vielen Betriebe, welche in den vergangenen 50 Jahren aufgaben, war es von großem Vorteil, größere, gut entwässerte und gut erschlossene Grundstücke verpachten oder verkaufen zu können. Trotz dieser enormen Produktivitätssteigerungen in allen Betriebszweigen ging die Zahl der landwirtschaftlichen Betriebe drastisch zurück. Die Beseitigung der aus Bismarcks Zeiten stammenden Schutzzölle durch die EU ließen den Getreidepreis vom einen Tag auf den anderen von 42 DM auf 20 DM sinken. Um die Landwirtschaft irgendwie am Leben zu erhalten, gibt es vom Staat Ausgleichszahlungen, die nach einem aufwändigen Antragsverfahren gewährt werden. Diese konnten aber von Anfang an die wahren Verluste am Markt nie ausgleichen. Viele Betriebe, vornehmlich Nebenerwerbslandwirte, gaben auf. Die Flächen wurden von den verbleibenden Landwirten gepachtet. So entstanden spezialisierte Betriebe, deren Leiter bestens ausgebildet waren und sich ständiger fortbildeten. Selbstverständlich wurde und wird die neue Informationstechnik umfassend genutzt. Die Arbeit mit Computer und Internet gehören zum Tagesgeschäft. Der heutige Landwirt sieht sich zu Recht als mittelständischer Unternehmer. Die Ausbildung zum Landwirtschaftsmeister wurde Grundlage des Berufsstandes.

Diese neue Landwirtschaft stellt auch die landwirtschaftlichen Genossenschaften vor wichtige Entscheidungen. Die Mitglieder der Molkereigenossenschaft mussten zum Beispiel die Direkterfassung der Milch ab Hof beschließen. Das bedeutete das Aus für unsere Milchsammelstelle im Dorf. Die „Molke" als Treffpunkt für Jung und Alt wurde geschlossen. Sie dient heute der Narrenzunft als Vereinslokal. In der Vorstandssitzung, die der Generalversammlung voraus ging, war auch der Verbandsprüfer, Herr Potkowa, anwesend. Er sagte zum Vorsitzenden: „Laden Sie unbedingt die Frauen zu dieser Generalversammlung ein. Denn wenn die Frauen dabei sind, haben wir eine ruhige Versammlung. Die Männer werden dann nicht auf die Barrikaden gehen." Mit solch einem Schachzug wurde mancher Beschluss für eine zukunftsfähige Landwirtschaft erreicht.

Eine mit Brettern verschalte Obsthalle der Radolfzeller Obstbaugenossenschaft wurde Anfang der 1960-er Jahre durch Neugründung des Obstmarktes Neufrach ersetzt. Es wurden große CA-Lagerungsmöglichkeiten mit modernsten Sortieranlagen für Obst geschaffen. Von hier aus wird das ganze Jahr über der Markt mit frischem Obst versorgt.

Die landwirtschaftliche Ein- und Verkaufsgenossenschaft gab ihre Geschäftstätigkeit zu Gunsten eines großen Neubaus der Raiffeisenzentralgenossenschaft Karlsruhe auf. Karlsruhe investierte in Neufrach unter anderem in eine Getreideerfassungs- und -trocknungsanlage. Die heute noch bestehende Ortsgenossenschaft hätte das nie verkraftet. Den landwirtschaftlichen Genossenschaften wurden wie den landwirtschaftlichen Betrieben große Entscheidungen abverlangt, um künftig bestehen zu können. Heute gibt es eine starke Obsterfassung in privater Hand, eine starke Milchverwertungsgenossenschaft und die ZG Karlsruhe, welche die Getreide- und Maisernte aufkauft und vermarktet. Sie versorgt zudem die Landwirtschaft bestens mit Betriebsmitteln wie Dünger und Pflanzenschutzmitteln.

Nach wie vor ist der Landwirt Garant für die Erhaltung unserer Kulturlandschaft. Ohne Landbewirtschaftung entstünde bei unserem Klima und bei unseren Bodenverhältnissen in kürzester Zeit Urwald. Zur Erfüllung dieser wichtigen Aufgabe stehen der Landwirtschaft in Salem zwei Schäfereibetriebe zur Seite. Einer hat seinen Betriebssitz in Buggensegel, der andere in Mittelstenweiler. Erhaltung und Weiterentwicklung einer vielseitigen Pflanzen- und Tierwelt kann langfristig und auf Dauer nur sichergestellt werden, wenn die dafür Verantwortlichen, nämlich die Landwirte und Schäfer, eine gesunde finanzielle Basis haben.

Da der landwirtschaftliche Bevölkerungsanteil stetig kleiner wird, ist es immer schwieriger, die Rahmenbedingungen für die Landwirtschaft positiv zu gestalten. In den ersten Nachkriegsjahren waren es Landwirte und Geschäftsleute, die in den Gemeinden das Sagen hatten. Der Bürgermeister kam in der Regel aus ihren eigenen Reihen. Heute wird es immer schwerer, überhaupt noch einen Landwirt im Gemeinderat zu platzieren.

Unverzichtbar ist es in diesem Zusammenhang, ein paar Sätze zur Sozialabsicherung des bäuerlichen Berufsstandes. Erst in der Nachkriegszeit wurde eine eigenständige landwirtschaftliche Sozialversicherung aufgebaut: Landwirtschaftliche Krankenkasse, Berufsgenossenschaft, Alterskasse und später Pflegeversicherung unter einem Dach mit Sitz in Karlsruhe. Bis in die 1960-er Jahre war der Hof die soziale Absicherung. In Zeiten, in denen Operationen am offenen Herzen, Hüft- und Kniegelenken möglich wurden, kann der Hof die damit verbundenen Kosten nicht mehr erwirtschaften. So sind die Landwirte heute in das soziale Sicherungssystem eingebunden. Eine wahrhaft segensreiche Entwicklung, die nicht hoch genug eingeschätzt werden kann.

Trotz oder gerade wegen dieser großen Veränderungen im landwirtschaftlichen Bereich ist der Beruf des Landwirts ein wunderbarer Beruf geblieben.

Entwicklung

83 landwirtschaftliche Betriebe gab es noch in Neufrach im Jahr 1950. Die Felder waren meist in kleine Parzellen aufgeteilt.

Die meisten Neufracher hatten ein Kuhgespann. Feld- und Stallarbeiten waren harte körperliche Arbeit, bei der die ganze Familie mit anpackte. Der Arbeitstag der Landwirtsfamilie dauerte von früh morgens bis spät abends.

Leopold und Max Futterer mit Pferdegespann, um 1955

Haus Stehle (links), Haus Viellieber (Mitte), Haus Basler (rechts)

Mit dem Wirtschaftswunder in den 1950-er Jahren setzte die Vollmotorisierung und die Mechanisierung in der Landwirtschaft ein (in Deutschland rund 8.000 Traktoren im Jahr 1948, 52.000 Traktoren im Jahr 1950, 140.000 Traktoren im Jahr 1955).

Trotz einiger Erleichterungen mussten viele landwirtschaftliche Familienbetriebe im Verlauf der letzten vier Jahrzehnte ihren Betrieb aufgeben, weil er nicht mehr den Lebensunterhalt abdeckte.

Hinzu kamen belastende Verordnungen, die das Wirtschaften erschwerten. U. a. ging es im Herbst 1986 um die Ausweisung eines geplanten Landschaftsschutzgebietes von 350 ha und eines Wasserschutzgebietes von 174 ha. Das Landschaftsschutzgebiet sollte sich nördlich des Fischerhauses in Richtung Osten bis nach Bermatingen erstrecken. Dieses Vorhaben wurde abgelehnt.

Jedoch trat die Rechtsverordnung des Landratsamtes Bodenseekreis zur Ausweisung des Wasserschutzgebietes Neufrach zwischen Mimmenhausen, Stefansfeld und Neufrach am 9. September 1987 in Kraft.

Wald

Zur Zeit des Gemeindezusammenschlusses fielen die Worte: Neufrach ist die reichste Gemeinde, weil sie die größte Waldfläche hat. Sie erstreckt sich insgesamt über 320,4125 ha.

- Gemeindewald 13, 8292 ha
- Groß-Privatwald 291, 2156 ha (bis auf ca. 20 ha, die der Stiftung Liebenau gehören, befindet sich der Groß-Privatwald im markgräflichen Eigentum)
- Kirchenwald 5, 6641 ha
- Klein-Privatwald 9, 7036 ha

Alle Wälder werden nachhaltig bewirtschaftet, wie es das Landeswaldgesetz in Baden-Württemberg vorsieht. Sie sind lebenswichtig:

- Lebensraum für Tiere und Pflanzen
- Produzent von lebensnotwendigem Sauerstoff
- Wasserspeicher, Luft- und Wasserfilter
- Erholungs- und Freizeitgebiet
- Nutzungsbereich (Holz, Papier, Nahrung, Schutz)

Obstbau

(WEL, 179; Weinbau: 180 - 182)

„Im Obstbau liegt Neufrachs Wohlstand begründet." Dies formuliert WEL bereits zu Beginn der 1950-er Jahre. Weiterhin stellt er fest: „Was uns heute der Obstbau bedeutet, war den Generationen vor uns der Weinbau."

Bodensee-Obstmarkt

Die Unzufriedenheit der Obsterzeuger in den Landkreisen Überlingen und Stockach mit der Obstbaugenossenschaft Radolfzell Ende der 1950-er Jahre führte dazu, dass man bei der Obsterfassung neue Wege suchte.

Am 17. Februar 1960 wurde auf Initiative von Arthur Raither die Bodensee–

Obstmarkt GmbH gegründet. Eine große Halle wurde in Neufrach und eine kleinere in Espasingen gebaut.

Am 9. November 1994 erfolgte die Verschmelzung der Bodenseeobst-Genossenschaft Neufrach-Radolfzell mit der Marktgemeinschaft Bodenseeobst Friedrichshafen. Karl Wielatt aus Beuren übernahm die Vermarktung.

Wie wichtig heute der Obstbau in Neufrach ist, wird dadurch belegt, dass zwei der drei landwirtschaftlichen Vollerwerbsbetriebe darauf spezialisiert sind.

Des Weiteren existiert seit über einem Jahrzehnt Salem-Frucht GmbH auf dem Gelände des ehemaligen Bodenseeobstmarktes.

Salem-Frucht GmbH

Salem-Frucht GmbH, Sortieranlage, Mai 2013

Unter einem Dach befinden sich modernste Sortier- und Packlinien, CA-Läger, die Verwaltung und zehn Verladerampen.

Das Logistikzentrum Salem-Frucht GmbH für Obst aus der Region Bodensee wurde im Mai 2001 eröffnet. Sie entstand aus folgenden Obstgroßmärkten:

- Obstgroßmarkt Beuren, Wielatt & Co. KG, Salem
- Früchtegroßmarkt Eugen Hund, Ehrlinspiel GmbH, Hagnau
- Georg Veeser GmbH & Co. KG, Meckenbeuren

Die o. g. Großmärkte gehören zur Erzeugergemeinschaft Marktgemeinschaft Bodenseeobst eG, deren Geschäftsführer Rainer Wielatt, Andreas und Dietmar Ehrlinspiel und Elmar Hirscher sind.

Da auf dem jetzigen Gelände in der Alten Neufracher Straße keine baulichen Erweiterungen mehr möglich sind, wurde ein Grundstück im Gewerbegebiet Riedwiesen gekauft, um die Zukunft von Salem-Frucht GmbH zu sichern

Im ersten Bauabschnitt hat die Firma Wielatt ein CA-Lager (CA=Controlled Atmosphere) für 6.000 t heimische Äpfel erstellt. Ab Herbst 2013 wird das angelieferte Obst in kontrollierter Atmosphäre bei Sauerstoffentzug auf ca. 1-3 Grad Celsius gekühlt und bis zum Verkauf monatelang eingelagert. „Unser neues CA-Lager hat eine hohe ökologische Qualität", betont Rainer Wielatt. Hochwertige Isolation und modernste Standards sorgen für einen niedrigen Energieverbrauch.

Für die kommenden Jahre sind weitere Bauabschnitte bis hin zur kompletten Verlegung des jetzigen Standortes geplant. Somit werden die Lagerkapazitäten des Obstgroßmarktes ausgeweitet, um auf steigende Erntemengen reagieren zu können.

Das Logistikzentrum vermarktet heute die Ernte von rund 250 Erzeugern aus der Bodenseeregion zwischen Stein am Rhein und Lindau.

Seit der Gründung der Salem-Frucht wurden allein bis 2011 mehr als 400.000 t Äpfel vom Bodensee in den Handel gebracht. Das sind unglaubliche 2,8 Milliarden Äpfel.

Heutzutage werden in der Bodenseeregion etwa 20 verschiedene Apfelsorten angebaut. Zu diesen zählen Delbare Estivale, Cox Orange, Gala, Elstar, Boskoop, Jonagold, Red Delicious, Idared, Topaz, Golden Delicious, Braeburn und "last but not least" die Premium Sorte Kiku ®.

Den Betreibern des Obstgroßmarktes ist es eine Herzensangelegenheit, den Verbraucher das ganze Jahr hindurch mit knackfrischen Äpfeln zu verwöhnen.

Salem-Frucht GmbH, CA-Lager Wielatt, August 2013

Landwirtschaftliche Vollerwerbsbetriebe

In Neufrach gibt es heute noch drei landwirtschaftliche Vollerwerbsbetriebe, in denen mehr als 50 % des Einkommens durch landwirtschaftliche Arbeit erzielt werden:

- Hubert Einholz
- Ingo Unger
- Manfred Löhle

Vollerwerbslandwirtschaft Hubert Einholz

Illustration: 1953
Höfe in der Lockgasse, ganz hinten der Hof Einholz

Im Jahr 1896 wurde das landwirtschaftliche Anwesen, Lockgasse 7, von Julius Einholz erworben. 1921 übernahm Friedrich Einholz den Betrieb.

Er besaß bereits im Jahr 1940 einen Traktor mit 11 PS. Vor ihm hatte nur Bernhard Hoher einen Traktor. Bis Kriegsbeginn verrichteten noch Pferde die Arbeit auf dem Hof.

Hofnachfolger wurde 1961 Friedrichs Sohn Fritz. Damals hatte der Betrieb etwa 14 ha, davon zwei Drittel Acker- und ein Drittel Wiesenfläche.

Bevor Hubert Einholz von seinem Vater Fritz das landwirtschaftliche Anwesen im Dezember 1991 übernahm, hatte er es zuvor etwas mehr als ein Jahr lang gepachtet.

Anfangs hatte der Betrieb acht Kühe und zehn Mastbullen, in den 1950-er Jahren acht Mutter- und etwa 50 Mastschweine. Diese Zahl der Schweine steigerte sich nach und nach auf 100 in den 1960-er Jahren.

Des Weiteren wurden Kartoffeln, dann Zuckerrüben und Futterrüben für Schweine und Kühe, später dann auch Mais und verschiedene Getreidesorten für Tierfutter angebaut.

Fünf Hektar dienten anfangs dem Obstanbau: Obst wurde verkauft und für die eigene Brennerei verwendet. Im Rahmen der Flurbereinigung erfolgte die Umstellung von Hochstämmen auf Niederstammanlagen.

Der Betrieb vergrößerte sich in den 1970-er und 1980-er Jahren sukzessive.

Eine Gemeinschaftsobstanlage unterhalb der Bahnlinie entstand Anfang der 1960-er Jahre (Gemarkung „In den Breiten"). 20 Landwirte bewirteten aus Kostengründen ihre Fläche gemeinschaftlich. Ende der 1970-er Jahre löste sich dieser Verbund auf.

Hof Einholz, Anfang der 1950-er Jahre

Hof Einholz, 2013

In den 1970-er Jahren gab es auf dem Hof keine Kühe mehr. Der Schwerpunkt wurde nun auf Schweinemast, Acker- und Obstbau gelegt. Die Größe des Betriebs betrug damals 25 ha.

Im Jahr 1984 erstellte die Landwirtsfamilie Einholz einen neuen Schweinestall als eigenes Gebäude auf dem Hofgelände. 1995 entstand ein zweiter Stall, der Aussiedler-Stall an der Schlosswiesenstraße. Die Zahl der Mastschweine wurde auf 1.000 verdoppelt.

1997 riss Hubert Einholz die alten Scheunen und die Maschinenhalle ab und baute eine große Maschinen- und Getreidehalle neu.

Im Jahr 2005 erweiterte er die Stallanlagen an der Schlosswiesenstraße mit einem dritten Stall. Im Wohn- und Ökonomiegebäude legte er darauf die 150 Mastplätze still. Der Obstbau wurde weitgehend eingestellt bedingt durch die notwendige Spezialisierung.

Hubert Einholz pachtete neue Flächen und vergrößerte den Betrieb auf derzeit 125 ha Ackerland und 1.800 Mastschweineplätze.

Hubert Einholz

Hubert Einholz (*3. Januar 1964) wuchs in Neufrach auf. 1979 bis 1982 machte er seine Lehre im Betrieb seines Vaters. Zusätzlich arbeitete er bei der Firma Oexle und bildete sich dort weiter. Von 1982 bis 1984 besuchte er jeweils im Winter die Fachschule in Überlingen. 1986 absolvierte er die Prüfung zum Landwirtschaftsmeister.

Mit seiner Frau Manuela hat er zwei Kinder, Jens und Tim.

Nach der Fusion der BLHV-Ortsverbände innerhalb Salems wurde er Vorsitzender des neuen BLHV-Ortsverbandes Salem. Er fungiert auch als Beirat der Raiffeisen-Lagerhaus-Genossenschaft.

Seit 2007 ist Hubert Einholz Vorsitzender des Erzeugerrings für Schlachtschweine im Bezirk Überlingen-Pfullendorf.

Vollerwerbslandwirtschaft Ingo Unger

Der landwirtschaftliche Betrieb Unger, Weildorfer Straße 27, ist im Bereich Obstanbau mit dem Spezialgebiet Äpfel tätig. Bereits Friedrich Unger, Karl Unger (*1912, † 1989) und seine Frau Stefanie (*1912, † 1995) sowie Albert Unger (*1946, † 2005) und seine Frau Berta (*1947) hatten den Betrieb geführt und kontinuierlich weiterentwickelt. Im Jahr 2008 übernahm Ingo Unger (*1970) den gesamten Betrieb mit 40 ha Obstbau und 20 ha Ackerbau.

Die Betriebsgröße nach dem 2. Weltkrieg betrug ca. 12 ha Acker- und Grünland. Zur Landwirtschaft gehörten zehn Kühe, Hühner und Schweine. Ab den 1950-er Jahren betrieb Karl Unger Hochstamm-Obstbau. Das Obst wurde auf der Schwäbischen Alb privat vermarktet.

Im Jahr 1965 wurde ein Stall für 36 Bullen gebaut, der 1967 auf 72 Plätze erweitert wurde. 1967 baute Karl Unger sein neues Wohnhaus im „Unteren Weingarten".

Im Jahr 1969 übernahm Albert Unger den Betrieb. 1975 wurde ein neuer Bullenstall gebaut und der Viehbestand auf 200 Mastbullen inklusive Jungvieh erweitert. 1977 brach Familie Unger das alte Wohnhaus „Am Stummberg" ab und baute auf dem frei gewordenen Grundstück das erste Kühllager mit 70 t Lagerkapazität. Damals betrugen die Obstanbaufläche ca. 2 ha, das Acker- und Grünland ca. 30 ha. 1979 wurden in der Weildorfer Straße das Fahrsilo und 1983 die Maschinenhalle hinter dem Fahrsilo gebaut.

Bis 2001 wuchs die Ackerbaufläche von Albert Unger von 14 auf 50 ha und schließlich auf 80 ha.

1993 gründete Ingo Unger einen Obstbaubetrieb auf einer Fläche von 4 ha und erweiterte diesen bis zum Jahr 2001 auf 40 ha. So war 1996/1997 der Bau einer neuen Obstlager-Halle mit CA-Lager für 1.000 t notwendig geworden. 1996 erstellte Ingo Unger sein neues Wohnhaus.

Die weitere Entwicklung:

- 2001 Ende der Bullenmast; Verringerung der landwirtschaftlichen Fläche auf 20 ha
- 2002 Umbau des Fahrsilos zur Lagerhalle und des Bullenstalls zur Lagerfläche
- 2003 Umbau des alten Heustocks zu Erntehelferwohnungen
- 2004 Einbau eines Obstladens in der neuen Lagerhalle
- 2005 Übernahme des Ackerbau-Betriebes durch Berta Unger von Albert Unger
- 2007 Bau einer Photovoltaik Anlage mit 210 KW auf dem Dach der neuen Obstlagerhalle (Dachvermietung an die Firma Solar Süd)
- 2008 Übernahme des gesamten Betriebes einschließlich Ackerbau durch Ingo Unger
  Umbau der Lagerhalle (ehemaliges Fahrsilo) in zwei getrennte Gebäudeteile
- 2012 Zukauf des Betriebes von Alfons Habisreuther; Verkauf des Wohnhauses Habisreuther
  Umbau des alten Schopfes zu einem Bürogebäude

Vermietungen auf dem Anwesen Unger (Stand August 2013)

Ingo Unger hat auf seinen Grundstücken Hallenflächen an folgende Firmen vermietet: Firma Gutsch, Wassertechnik; Firma Rothmund, Reperaturservice „Baumaschinen“; Näherei und Konstruktion, Bickers; Gabelstapler, Krause; FMV, Hermann Hack; Groz AG; Händler von Bestattungsbedarf; Obstladen, Franco Giardiello

Albert Unger

*16. Dezember 1946 † 3. September 2005

Der Landwirtschaftsmeister Albert Unger zählt zu den Persönlichkeiten Neufrachs.

Nach der Schulzeit absolvierte Albert Unger die Ausbildung zum Landwirtschaftsmeister. In der Folgezeit arbeitete er an der Weiterentwicklung des familiären Obst- und Ackerbau-Betriebes.

Im Jahr 1966 schloss Albert Unger mit Berta Brugger den Bund der Ehe. Das Paar schenkte Sohn Ingo das Leben. Albert Unger war aktiv bei der Feuerwehr, der Sparkasse Salem-Heiligenberg (zwei Jahrzehnte im Verwaltungsrat) und dem Musikverein. In der Feuerwehrabteilung Neufrach war er von 1970 bis 1997 Feuerwehrmann und wechselte dann in die Altersabteilung.

Vollerwerbslandwirtschaft Manfred Löhle

Hof und Gastwirtschaft der Familie Manfred Löhle, 2013

Auf eine lange Geschichte kann der landwirtschaftliche Betrieb Löhle in Leutkirch zurückblicken. Vor dem jetzigen Betreiber Manfred Löhle führten Helmut und nach ihm Fritz Löhle den Betrieb. Damals beschäftigte man sich mit Ferkelaufzucht und hatte 10 Milchkühe. Des Weiteren betrieb man Hochstammobstbau. Die Bewirtschaftungsfläche von 30 ha wurde jeweils zur Hälfte für den Obst- und für den Ackerbau genutzt.

Die Kuh- und Milchwirtschaft auf dem Hof Löhle ging im Jahr 2000 zu Ende. Im Jahr 2010 wurden auch die 50 Mastplätze für Schweine aufgegeben, weil die kleine Viehwirtschaft zunehmend an Rentabilität verlor.

Der Strukturwandel in der Landwirtschaft forderte von den Landwirten, dass sie sich spezialisierten. Der landwirtschaftliche Betrieb Löhle setzte seinen Schwerpunkt auf den Obstbau und pflanzte die erforderlichen niederstämmigen Obstbäume.

Da Häufigkeit und Intensität der Hagelschäden in den zurückliegenden Jahren zugenommen haben, müssen die Anbauflächen mit hohem Kostenaufwand vor Unwetter und Hagelschlag geschützt werden. Die Versicherungen gegen Hagel werden ständig teurer und der Markt erwartet stets hochwertiges Obst. Aus diesen Gründen hat Manfred Löhle derzeit 90% der Obstanlagen mit Hagelschutznetzen „überdacht".

Zum Eigentum der Familie Claudia, Manfred, Lisa und Jasmin Löhle gehören die Gast- und Landwirtschaft sowie die Wohnhäuser, Leutkirch 1 und Leutkirch 5.

Die früheren Schulräume (s. „Bildung und Erziehung") wurden zu Wohnungen ausgebaut. In östlicher Richtung entstand nach dem Abriss des ehemaligen Mesner-Hauses 1977 ein neues Wohnhaus im Jahr 1986, Leutkirch 5.

Nachdem Gertrud Löhle die Gaststätte nicht mehr betreiben kann, wird die beliebte Gaststube wohl leider aufgegeben werden müssen (s. auch „Gaststätten").

Aussiedlerhöfe

Aussiedlerhof Gern, Weildorfer Straße 46

(s. auch Beitrag von Gebhard Gern)

Aussiedlerhof Gern, um 1965

Im Jahr 2001 schlossen Landwirtschaftsmeister Ludger Gern und Elke Göppel den Bund der Ehe. Im Jahr 2002 erfolgte die offizielle Hofübergabe von Gebhard Gern an seinen Sohn Ludger.

Der ehemalige Rindviehstall wurde umgebaut. Pferdeboxen für die Pensionspferdehaltung entstanden. Um den Betrieb wettbewerbsfähig zu halten, hätten die vorhandenen 1.000 Mastplätze der Schweinemast auf 2.000 verdoppelt werden müssen. Dieser Schritt konnte nicht vollzogen werden, weil die nötige Ackerfläche zur Pacht nicht zur Verfügung stand.

Im Januar 2003 gab Gebhard Gern den Anstoß zur Anlegung eines Campingplatzes. Elke und Ludger Gern fällten im Sommer 2003 die Entscheidung, die Schweinemast aufzugeben und einen Campingplatz im Saisonbetrieb zu eröffnen.

Zudem existiert der landwirtschaftliche Betrieb weiter. Auf ca. 70 ha werden Ackerbau und Grünlandwirtschaft betrieben. Die Pensionspferdehaltung wurde stetig erweitert und wird von der ausgebildeten Reitlehrerin Elke Gern betreut.

Aussiedlerhof Haug, In den Auen 1

Geflügelhof Heidi und Christian Haug, 2008

Die Familie Haug gab ihren Bauernhof im Rahmen der Flurbereinigung in Neufrach, Haldenbühlstraße 3, auf, um an die Gemeindegrenze von Neufrach und Buggensegel, In den Auen 1, auszusiedeln. Den alten Hof in der Haldenbühlstraße kaufte Karl Kopp aus Winterspüren.

Karl und Hilde Haug hatten in den Jahren 1961/62 den neuen Aussiedlerhof errichtet, der eine Größe von ca. 18 ha hatte. Der Betrieb startete mit zehn Milchkühen, acht Rindern, fünf Mutterschweinen und 30 Mastschweinen.

Ein schrecklicher Großbrand zerstörte im Jahr 1971 das gesamte landwirtschaftliche Gebäude. Etwa 30 Mastschweine fielen dem durch Brandstiftung entfachten Feuer zum Opfer.

In den Jahren 1971 und 1972 erfolgte der Wiederaufbau des Anwesens und der Bau eines Schweinestalles für 300 Mastschweine. Die Nutzfläche wurde auf etwa 21 ha erweitert.

Nach dem Tod des erst 62 Jahre alten Vaters Karl übernahmen im Jahr 1975 Heidi und Christian Haug den Hof. Christian Haug hatte den Beruf des Landwirts erlernt.

Im Jahr 1985/86 gaben Heidi und Christian Haug die Schweinemast auf. Christian Haug arbeitet seit 1973 bis heute beim Staatlichen Vermessungsamt.

Haugs betreiben die Landwirtschaft nur noch im Nebenerwerb und setzen ihre Schwerpunkte auf Pensionspferde und Saisongeflügel (z.B. Gänse, Puten und Enten in Selbstvermarktung für Weihnachten).

Aussiedlerhof Laur, Jägerweg 1

Im Jahr 1959/1960 begann Konrad Laur, unterstützt von seinem Sohn Johann, mit dem Bau des Aussiedlerhofes am Jägerweg 1. Mit seiner Ehefrau Johanna (verheiratet seit 1961) betrieb Johann dann ab 1964 die Landwirtschaft. Der Betrieb umfasste zunächst 12 ha und wurde durch Pachtfelder vergrößert. Auf dem Hof gab es Kühe, Mutterschweine, Ferkel und Hühner. Auf den Feldern und Wiesen wurden Kartoffeln, Rüben, Obst und Getreide angebaut.

Eine schwere Erkrankung von Johann Laur im Jahr 1984 führte zur Betriebsaufgabe.

Am 4. Juli 2003 wurde der Hof auf Matthias Laur überschrieben. Im Jahr 2008 starb Johann Laur.

Der ehemalige Hof Laur, Stummberg 2/2, heute Sonnenhof, um 1960

Seit Einheirat von Bernhard Laur im Jahr 1898 gibt es den landwirtschaftlichen Betrieb der Familie Laur. Dann folgten 1926 Sohn Konrad Laur mit Ehefrau Maria (G: Blaser)

Bei der Heuernte, 1961

Alle Helfer wurden gebraucht, hier auf dem Feld „Dirn". Beim Fischerhaus, (v. links) Erika Laur (E: Stengele), Bernhard Walk, Hermann Auer und auf dem Wagen Hermann Hafen.

Der neu erbaute Aussiedlerhof Laur, 1965

Weitere Höfe

In Neufrach ist die landwirtschaftliche Struktur noch sehr gut erkennbar. Einige Höfe, die zum Teil in einem schlechten Zustand waren, wurden abgerissen und durch Wohnhäuser ersetzt. Andere Höfe ließen die Eigentümer sanieren oder umbauen.

Hof Raither, Haldenbühlstr. 14

Mitte der 1960-er Jahre
Hof Raither, im Hintergrund Leutkirch

Luise Kling wuchs als Kind auf dem heutigen Hof Raither auf. Nach dem Tod ihrer Stiefeltern erbte sie das Anwesen und heiratete 1911 Heinrich Raither. Das Paar betrieb die Landwirtschaft. Ihr Sohn Arthur übernahm im Jahr 1950 den Betrieb. Nach 34 Jahren, im Jahr 1984, ging der Hof, auf dem Schweinemast, Acker- und Obstbau betrieben wurde, an Arthurs Sohn Siegfried und seine Frau Elisabeth Raither über. Bis 2005 wurde noch Vollerwerbslandwirtschaft betrieben.

Hinter dem Hof Raither existierte noch bis 1966 ein Felsenkeller, der der ehemaligen Brauerei Stegmaier diente. 1966/67 wurde er aufgrund der Einsturzgefahr zugeschüttet.

Am 16. September 1986 richteten Siegfried und Elisabeth Raither im ehemaligen Pferdestall eine Besenwirtschaft ein, die den Namen „Zum Pferdestall" erhielt.

Hof Hoher, Weildorfer Straße 7

Johann und seine Frau Barbara (G: Steidle) kauften 1884 den Hof, der später an die nachfolgenden Generationen Bernhard und dessen Ehefrau Maria (G: Geiger) sowie Ernst und dessen Ehefrau Erika (G: Kleiner) weitergegeben wurde. Der Vollerwerbsbetrieb, der noch bis Anfang der 1990-er Jahre existierte, hatte etwa 20 ha, 11 Kühe und etwa 15 Stück Jungvieh, einen Eber, vier Mutterschweine und ca. 40 bis 50 Mastschweine.

Die Grundstücke gingen im Jahr 1998 auf Hans Hoher über.

An- und Umbauten am Haus und Hof erfolgten im Jahr 1968 und 2012. Neubauten auf den Grundstücken entstanden in den Jahren 1979, 1990 und 2008.

Ernst Hoher

*3. Oktober 1928 † 19. Februar 2007

Ernst Hoher hat sich im Gemeindeleben eingebracht und war u. a. Gründungsmitglied des SV Neufrach und des Narrenvereins Neufrach. 30 Jahre lang hatte er im Musikverein, dessen Ehrenmitglied er wurde, die Aufgabe des Fähnrichs.

Fleischbeschauer Ernst Hoher wurde am 15. Januar 1996 von Peter Allgaier aus seinem Dienst verabschiedet, den er für die Gemeinden Weildorf, Beuren, Mittelsten-, Oberstenweiler, Bermatingen, Daisendorf, Hagnau und Frickingen ausübte.

Bild links: Ehrung von Ernst Hoher durch Bürgermeister Werner Kesenheimer, 1986
Ernst Hoher war von 1961 bis 1995 als Fleischbeschauer im Auftrag der Gemeinde tätig.
Bild rechts: Goldene Hochzeit von Erika und Ernst Hoher, 2006

Hof Oexle, Haberstenweiler

Das renovierte Wohnhaus, 2013

Im Jahr 1927 kaufte Hermann Oexle das Anwesen, auf dem die Söhne Franz (*1923; gefallen im Krieg), Theo (*1932) und Johann (*1935) aufwuchsen. Während Theo auf dem elterlichen Hof blieb und diesen später übernahm, kaufte Johann im Jahr 1965 das Anwesen von Maria Metzger in der Nähe des elterlichen Anwesens.

Landwirtschaftliches Lohnunternehmen Ulrich Oexle, Haberstenweiler

Johann Oexle gründete im Jahr 1960 ein Lohnunternehmen mit dem Kauf eines Mähdreschers. Später wurde der Betrieb dann Schritt für Schritt um die Dienstleistungsangebote Bodenbearbeitung, z. B. Getreide und Mais säen, pflügen, eggen sowie Gras und Mais häckseln, erweitert.

Sein Sohn Ulrich Oexle gründete 1992 ein eigenes Lohnunternehmen. Er spezialisierte sich zuerst auf das Dienstleistungsangebot im Bereich Pressen. 1995 wurde dann auch mit dem Kauf einer selbstfahrenden Großballenpresse (PowerPress) der Bereich der Ernte von nachwachsenden Rohstoffen (China-Schilf und Hanf) abgedeckt und mit der Zeit der Handel mit Strohballen aufgebaut.

Die beiden eigenständigen Lohnunternehmen wurden dann im Jahre 2000 zu einem Unternehmen zusammengeführt.

Um das Dienstleistungsprogramm abzurunden, wurden schließlich noch zusätzlich folgende Leistungen angeboten:

- 2001 Mulchen von Böschungen und Wegrändern für Kommunen und Privatpersonen
- 2004 Gülleausbringung
- 2011 Einsatz von Silierwagen
- 2012 Ernteguttransport mit Container

Seit 2011 ist das Unternehmen Oexle anerkannter Ausbildungsbetrieb für den Beruf: „Fachkraft Agrarservice". Aufgrund des großen Dienstleistungsangebots werden derzeit fünf Angestellte, ein Auszubildender und zahlreiche Aushilfskräfte beschäftigt.

Die Nebenerwerbslandwirtschaft im Bereich Erdbeeranbau umfasst eine Fläche von 6 ha.

Hof Kamuf, Haberstenweiler

Landwirtschaftlicher Hof und Wohnhaus (links) mit Speicher (rechts) der Familie Kamuf, 1957
Der Hof brannte 1931 ab und wurde neu aufgebaut. Die unversehrt gebliebene kleine Glocke erhielt wieder ihren Platz auf dem Dachfirst des Hauses.

Hof Karrer, Weildorfer Str. 8

Landwirtschaft Karrer, 1930-er Jahre

Das Haus wurde Mitte der 1960-er Jahre abgerissen.

(s. auch „Wirtschaft")

Hof Heudorf, Leutkircher Str. 12

Hof von Rosel, Franz und Gerhard Heudorf, 2013

Ehemaliges Wohnhaus und Speicher der Familie Heudorf, 2013

Bereits vor dem Jahr 1900 wurde auf der jetzt noch bestehenden Hofstelle Landwirtschaft betrieben. Nach der Familie Franz und Maria Heudorf bewirtschafteten Richard und seine Frau Theresia Heudorf den Hof. Danach ging der Hof im Jahr 1965 an Franz und Rosel Heudorf. Damals betrug die zu bewirtschaftende Fläche 17,5 ha. Zum Betrieb gehörten Kühe, Schweine, drei Pferde und zwei Ochsen. Die Landwirtsfamilie bestritt ihren Lebensunterhalt durch Streuobstanbau, Milchwirtschaft und Getreideanbau. Nach und nach kam Pachtland hinzu.

Sohn Gerhard Heudorf pachtete im Jahr 1992 die landwirtschaftlichen Flächen des elterlichen Hofes. Seine Eltern bauten ihren Altersruhesitz neben dem Anwesen und zogen in das neue Haus um. Gleichzeitig wurde auch der landwirtschaftliche Vollerwerbsbetrieb aufgegeben. Die Übergabe der gesamten Gebäude und Flächen an Gerhard Heudorf erfolgte am 12. Januar 2004.

Heute betreibt die Familie Heudorf noch Obstbau auf einer Fläche von 21 ha.

Hof Stegmaier/Mattes, Haldenbühlstr. 2

(s. auch „Dorfgeschichte")

Hof Mattes, Anfang der 1950-er Jahre Hilda Mattes und ein Schulkamerad von Konrad Mattes

Vor mehr als 200 Jahren entstand der Hof Stegmaier. 1952 ging der Hof von den drei Brüdern der Familie Stegmaier an Konrad und Hilda Mattes über, die frisch verheiratet waren.

Die Landwirtschaft wurde bis 1964 als Vollerwerbslandwirtschaft geführt. Ein schwerer Unfall von Konrad Mattes führte dazu, dass nach und nach die Bewirtschaftung reduziert und Land verpachtet werden musste.

Hilda Mattes kümmerte sich zusammen mit ihren Kindern um den Hochstamm-Obstbau. Etwa Mitte der 1970-er Jahre war dann das Ende des landwirtschaftlichen Betriebes gekommen.

Das unter Denkmalschutz stehende Ofenhäusle war Back-, Wasch-, Bade- und Schlachthaus. Später wurde es als Brennerei und Speicher mit Weinpresse genutzt. Reben umrankten dieses kleine Gebäude.

Aktuell ist das zum Hof gehörende Acker- und Grünland 5,55 ha groß.

Hildegard Scheffler (G: Mattes) erinnert sich an eine ihr erzählte Begebenheit aus der französischen Besatzungszeit: Karl Haug und Arthur Raither hätten ein volles Mostfass in den Felsenkeller gerollt.

Im Gemeinderats-Ausschuss „Umwelt und Technik" (AUT) sind seit 2012 bereits mehrere Bauvoranfragen zur Bebauung des Mattes-Areals eingegangen, die jedoch abgelehnt wurden. Nach Vorstellung des Ausschusses sollte der neue Baukörper in seiner Größe etwa dem des heutigen Gebäudes entsprechen.

Farrenstall, heute Wohnhaus, Nüffernstr. 2

Farrenstall, 2010

Bis vor einigen Jahren war die Gemeinde zuständig für die Vatertierhaltung sowohl für die Kühe als auch für die Muttersauen.

Im Jahr 1905 kaufte die Gemeinde Neufrach das Haus neben der Molke, in dem die Farren (männliche Zuchtrinder) bis zum Ende der Farrenhaltung Mitte der 1970-er Jahre untergebracht waren. Farrenhalter waren Max Futterer und später sein Sohn Leopold.

Nach der Zeit der Farrenhaltung kam die künstliche Besamung der Tiere. Somit verlor das Gebäude seine Funktion. Eine Zeit lang nutzte die Gemeinde Salem den Farrenstall für Zwecke des Bauhofs. Danach stand er dann leer.

Im Jahr 2008 verkaufte die Gemeinde Salem Grundstück und Gebäude an Nadine und Christian Kugler, dessen Urgroßvater bereits Eigentümer des Hauses gewesen war. Familie Kugler renovierte in den Jahren 2012/2013 das alte Gebäude zu einem schönen Wohnhaus.

Der ehemalige Farrenstall, 2013

Drescher-Schuppen

Drescher-Schuppen Stehle im Rohbau, Anfang der 1950-er Jahre

Vor dieser Zeit stand der Drescherschuppen auf dem heutigen Anwesen Adolf Eblen.

Ein zweiter Drescherschuppen, der Karl Geng gehörte, hatte seinen Standort in der Riedlestr. 2.

Molkereigenossenschaft

Im Jahr 1903 wurde die Molke gebaut und 1904 die örtliche Molkereigenossenschaft gegründet. Die Molke diente als Milchsammelstelle und Rahmstation. Der Rahm wurde ans Milchwerk Radolfzell geliefert.

Eine Liste der Milchlieferanten aus dem Jahr 1936 weist noch 91 Betriebe mit Milchlieferung aus. Im Jahr 1966 waren es noch 56 und im Jahr 1967 noch 50 Landwirte, die Milch zur Molke brachten. Nur wenige Jahre später lieferten nur noch 15 Landwirte Milch an.

Die Genossenschaft beschloss im April 1971, die Rahmstation zu schließen. Die Auflösung der Milchsammelstelle erfolgte endgültig am 15. November 1977. Danach wurde die Milch direkt beim Erzeuger abgeholt.

Im Jahr 1988 fusionierte die Molkereigenossenschaft mit der örtlichen Raiffeisen-Warengenossenschaft, was für sie das Ende bedeutete.

Am 1. Januar 1994 wurde die ehemalige Molke von der Hardtwieble-Zunft (s. „Vereinsleben") als Zunftstube gemietet.

Gemeinschaftsgefrieranlage

Im Jahr 1956 ließ die Molkereigenossenschaft eine Gemeinschaftsgefrieranlage mit 102 Truhen von je 150 l bei der Molke bauen und einrichten. Die Gefrieranlage war bis 1992 in Betrieb und wurde danach abgerissen. Trotzdem existiert noch heute eine Interessengemeinschaft, für die Hans Schappeler zuständig ist.

Der Schlacht-, Verarbeitungs- und Kühlraum der Molke kann heute noch genutzt werden.

Viehwaage

Die örtliche Viehwaage war bis Anfang der 1980-er Jahre in Privatbesitz von Karl Hafen beim Gasthaus „Prinz Max". Nach der Stilllegung dieser privaten Waage ließ die Molkereigenossenschaft eine Viehwaage am Molkereigebäude bauen, die heute nicht mehr in Betrieb ist.

Vorsitzende

bis 1965	Johann Jauch
1965-1980	Gebhard Gern

Geschäftsführer

bis 1967	Friedrich Einholz
1967-1980	Hans Schappeler

Molke, 2013

Raiffeisen - Lagerhaus Neufrach

Im Jahr 1833 war ein „Landwirtschaftlicher Hilfsverein“ und im Jahr 1914 eine „Landwirtschaftliche Ein- und Verkaufsgenossenschaft“ gegründet worden.

Die Genossenschaft vergrößerte sich im Lauf der Jahrzehnte durch Zunahme der Produkte und der damit verbundenen Umsatzsteigerung.

Die gehandelte Ware, vornehmlich Futter- und Düngemittel in Sackware, wurden in der Lagerhalle an der Bahnhofstraße (heute Skateboard-Anlage) angeboten und verkauft. Bedingt durch den Einsatz von Mähdreschern wurde das lose Getreide Anfang der 1960-er Jahre zunächst in der Güterhalle beim Bahnhof Mimmenhausen-Neufrach angenommen.

Nach dem Bau der ZG-Lagerhalle im Gewerbegebiet im Jahr 1978 erfolgten Getreideerfassung, Lagerung und Verkauf durch die Raiffeisen-Zentralgenossenschaft Karlsruhe. Die alte Lagerhalle an der Bahnhofstraße wurde verpachtet. Sie brannte in der Nacht zum 20. April 1991 ab.

Bis zur Übernahme des Warenverkehrs durch die Raiffeisen-ZG war Karl Laur in der Nachfolge von Friedrich Einholz Geschäftsführer des Raiffeisen Lagerhauses Neufrach. Im Bereich der Lagerhaltung wurde er bis zuletzt von Benedikt Gern unterstützt.

Bis heute hat das örtliche Raiffeisen-Lagerhaus die Aufgabe, sich um die Verrechnung der Waren und die Gutschrift an die Mitglieder zu kümmern.

Vorsitzende

1933–1975	Matthäus Felder
1975-1988	Arthur Raither
1988-2002	Gebhard Gern
2002-heute	Manfred Kleiner

Raiffeisen - Zentralgenossenschaft Karlsruhe (ZG)

Im Jahr 1975 erstellte die Raiffeisen-Zentralgenossenschaft Karlsruhe ein großes Zentrallager im neu geschaffenen Gewerbegebiet, Am Riedweg 2. Die Fläche umfasste 1,8 ha. Die Anlage kostete zwei Millionen Mark. Das moderne Warenlager bot Getreideerfassung mit Trocknung und Silos, ein loses Düngelager sowie einen Haus- und Gartenmarkt. Die ZG erhielt einen Gleisanschluss, der ein Jahrzehnt genutzt wurde.

Die 1978 gebauten vier Getreide-Silos haben eine Höhe von 31 Metern und eine Lagerkapazität von 4.000 t.

Eine Reparaturwerkstatt für Landmaschinen wurde erstellt. Sie ist heute noch Technik Servicestation.

Im September 1978 wurde der Betrieb mit einem großen Fest unter reger Anteilnahme der Bevölkerung eröffnet.

Karl Laur übernahm nun die Betriebsleitung des ZG-Lagerhauses.

Eine wichtige bauliche Veränderung erfolgte im Jahr 1993 mit der Erweiterung des Haus- und Gartenmarktes. Ein deutlich vergrößertes Angebot war dadurch gewährleistet (s. „Wirtschaft-Handel-Gewerbe"). Der Baustoffmarkt wurde zum Hobby- und Heimwerkermarkt. Nach Abschluss der Modernisierungsmaßnahmen präsentierte sich der Markt am 23. und 24. April 1994 in den erweiterten Räumlichkeiten.

Eine weithin sichtbare Vergrößerung erfuhr die ZG durch die Errichtung neuer Getreide-Silos in den Jahren 1998 und 1999. Von fünf Getreide-Silos waren drei 28 m hoch und zwei etwa 20 Meter hoch. Aufgrund der Silo-Höhe wurde in der Bevölkerung ironisch vom „Wahrzeichen von Neufrach" gesprochen. Die Silos bieten 15.000 t Lagerkapazität.

Ende des Jahres 2002 wurde der Baumarkt in Salem-Neufrach geschlossen.

BLHV

Am 20. April 1993 schlossen sich die Badisch Landwirtschaftlichen Ortsvereine Neufrach und Mittelstenweiler zu einem gemeinsamen Ortsverband zusammen. Im Jahr 2001 fusionierten alle BLHV-Ortsverbände im Salemer Gemeindegebiet zum BLHV-Ortsverband Salem.

Der BLHV-Vorstand des Ortsverbandes, 1993

(von links) Fridolin Kaiser, Albert Unger, Siegfried Raither, Hubert Einholz, Franz Kanz

Die Vorsitzenden

1989-2001	Albert Unger
2001-heute	Hubert Einholz

Am 9. Mai 1989 wurde Gebhard Gern Vorsitzender des BLHV-Kreisverbandes Überlingen-Pfullendorf. Im Jahr 2004 kandidierte er nicht mehr. Die Verdienste seiner 15-jährigen Amtszeit würdigten u. a. Umweltminister Ulrich Müller und Landrat Siegfried Tann. BLHV-Vizepräsident Franz Käppeler ernannte Gebhard Gern zum Ehrenvorsitzenden.

Bezirksbauerntage

Der BLHV-Präsident Arthur Raither erreichte, dass die Bezirksbauerntage von 1958 bis 1987 im Zweijahresrhythmus stattfanden.

Im Jahr 1958 fand der erste „Bauerntag" in einem großen Zelt auf einer Wiese vor dem Schloss Salem statt.

Dem engagierten Bauernfunktionär aus Neufrach war es zu verdanken, dass vom 7. bis 9. Juli 1962 der erste Bezirksbauerntag Linzgau-Hegau-Bodensee auf dem Obstmarktgelände durchgeführt wurde.

Die Großveranstaltung war eine landwirtschaftliche Gewerbeschau, deren Träger der BLHV war. Im Monat Juli wurden die Bezirksbauerntage mit einem großen Fest vom Samstag bis Montag gefeiert.

Es kamen viele Prominente aus Politik, Wirtschaft und Landwirtschaft zu Besuch. Zu diesen gehörten u. a. Kurt Georg Kiesinger, Heinrich Lübke, Josef Ertl und Lothar Späth.

Bereits 1958 fand der erste Bauerntag beim Schloss Salem statt. (von links) BLHV-Hauptgeschäftsführer Dr. Clemens Seiterich, Landwirtschaftsminister Heinrich Lübke (später Bundespräsident), Arthur Raither und Berthold Markgraf von Baden

Verkehr

(WEL, 17f., 191 - 197)

Art und Umfang des Verkehrs haben sich in den letzten 60 Jahren erheblich verändert. Die Verkehrsentwicklung ist abhängig von Tradition, Lebensweise, Wirtschaftsleistung, Industrialisierung, neuen Technologien und unternehmerischen Strategien. Mobilität und Flexibilität bedeuten Freiheit, Beweglichkeit, Wandlungs- und Zukunftsfähigkeit.

Insbesondere der Straßenverkehr hat in den letzten Jahrzehnten dramatisch zugenommen. Fast 55 Millionen Kraftfahrzeuge sind heute auf Deutschlands Straßen unterwegs. Mitte der 1960-er Jahre waren es gerade mal 11 Millionen. Ein Ende des Wachstums ist bislang nicht in Sicht. Dass diese automobile Entwicklung auch mit negativen Folgen verbunden ist, müssen die Neufracher Bürger Tag für Tag ertragen.

Ortsreferent Paul Müller hat sich in den letzten Jahrzehnten vehement dafür eingesetzt, dass durch den Bau von Umgehungsstraßen die beiden Hauptverkehrs- und Durchgangsstraßen im Ort, nämlich die „Markdorfer- und Weildorfer Straße", entlastet werden. Sein großes Anliegen war und ist es, die Menschen vor Umweltbelastungen wie Luftschadstoffen und Lärm zu schützen, um so die Lebensqualität der Einwohner zu verbessern.

Ein Verkehrsgutachten aus dem Jahr 2002 enthielt folgende Zahlen: 12.700 Fahrzeuge fahren täglich durch die Markdorfer Straße. Sie ist die am stärksten belastete Ortsdurchfahrt in der Gemeinde Salem.

Straßenplanung: „Die fast unendliche Geschichte"

Beitrag von Paul Müller, Ortsreferent von Neufrach

Paul Müller zeigt am Kreisverkehr beim Gewerbegebiet den geplanten Verlauf der Ortsumfahrung. 2012

Verkehrsproblem im Ort

„Bei Wünschen, Planungen und eventuell späterem Bau von Straßen darf man nicht in Jahren, sondern muss man in Jahrzehnten rechnen und hoffen". So hat

Bürgermeister Peter Allgaier während seiner Amtszeiten (1988-2004) immer wieder formuliert. Wie Recht er hatte, musste ich in den vergangenen Jahren erfahren.

Als Gemeinderat (1989-2009) und Ortsreferent (ab 1997) habe ich mich stets mit aller Kraft für die Entlastung der Ortsdurchfahrten eingesetzt. Wenn in den 1970-er Jahren in Neufrach von Straßen die Rede war, dann sprach man von der geplanten Autobahn oder einer Südumfahrung von Neufrach nach Bermatingen durchgängig unterhalb der Bahnlinie.

Schon frühzeitig verfolgte ich in Abstimmung mit der Gemeindeverwaltung ein überörtliches Verkehrskonzept. Ein Thema waren die überlasteten Ortsdurchfahrten von Neufrach. Der zunehmende Verkehr führte zu immer größer werdenden Belastungen der Einwohner.

Kreisverkehr und Bahnunterführung

Luftbild, 2010

Kreisverkehr Gewerbegebiet (unten) und Kreisverkehr Ortseingang (oben) sowie die im Bau befindliche Bahnunterführung

Bedingt durch das neue Gewerbegebiet (seit 1978) und immer weitere Betriebsansiedlungen zeigte sich sehr bald, dass die Hauptzufahrtsstraßen von Neufrach überlastet sind. Rund 12.000 Fahrzeuge passieren heute noch täglich die L 205 - Markdorfer Straße und die Kreuzung am westlichen Ortseingang von Neufrach. In der Buggensegler Straße stauten sich die Fahrzeuge am Bahnübergang, da sich 50 Mal am Tag die Schranken schlossen. Bereits Ende der 1980-er Jahre suchte die Gemeinde nach einer Lösung dieses Problems. Die Kreuzung „L 205/ L 206“ sollte durch einen Kreisverkehr und gleichzeitig der Bahnübergang durch eine Unterführung ersetzt werden.

Am 1. April 2000 hieß es in einer Pressemitteilung: „Knotenpunkt soll umgebaut werden“. Eine fast unglaubliche Nachricht! Vom damaligen Verkehrsminister Ulrich Müller (MdL) erhielt ich die Information, dass der kommunale Straßenbau in Salem gefördert werde und das Gesamtprojekt in das „GVFG Förderprogramm des Landes“ aufgenommen wurde. Im Oktober 2001 informierte der Minister, dass die notwendige „Eisenbahnkreuzungsvereinbarung“ zwischen dem Straßenbauamt und der Deutschen Bahn AG abgestimmt werde, damit es nicht zu langjährigen Verzögerungen komme.

Im März 2002 sprach Straßenbauamtsleiter Hartmut Kohler über den Stand der Planungen. Bedingt durch Einwände der Anwohner, so Kohler, sei nunmehr ein „ordentliches Planfeststellungsverfahren" notwendig. Einen möglichen Baubeginn sah Kohler im Jahr 2004. Seine Ausführungen wurden von den Anwesenden nicht mit Begeisterung, sondern eher mit Skepsis aufgenommen. Immer wieder stellte man mir ironisch die Frage: „Glaubst du eigentlich selber noch daran?"

Ende des Jahres 2004 kam das erste positive Signal. Der Bodenseekreis gab „Grünes Licht" zur Ausschreibung der Bauarbeiten für den Kreisverkehr. Es hieß in der Presse: „Kreisel in Neufrach wird ab Mai gebaut".

Verkehrssituation vor dem Bau des Kreisverkehrs, März 2005

Am Freitag, 5. August 2005, erfolgte der Spatenstich. Das war für mich ein Glückstag. Denn der erste Schritt in Richtung Verkehrskonzept war getan. Der Kreisverkehrsplatz wurde im Herbst 2005 fertig gestellt und am 25. November 2005 für den Verkehr frei gegeben.

Vorgesehen war damals, Kreisverkehr und Bahnunterführung in zwei Bauabschnitten kurz nacheinander zu verwirklichen. Tatsache war leider, dass sich der Bau der Unterführung verzögerte.

Gebaut wurde schließlich vom Bodenseekreis ein vierarmiger Kreisverkehr beim Gewerbegebiet. Im Verkehrskonzept geplant ist eine Entlastungs- und Verbindungsstraße Richtung Westen. Der „vierte Arm" ist für die ersehnte „Südspange" vorgesehen.

Da sich in der Sache Unterführung leider nichts bewegte, mussten Landrat Lothar Wölfle (der Bodenseekreis war Kostenträger) und Bürgermeister Manfred Härle zähe Verhandlungen mit der Bahn führen. Die Unterführung ist Herzstück des Verkehrskonzeptes der Gemeinde Salem. Ohne die Verbindung wäre eine Süd- und Nordspange nicht möglich. Zudem ist sie für das Gewerbegebiet lebenswichtig.

Im Juli 2010 erfolgte schließlich nach einer harten Geduldsprobe der Spatenstich. Dies wurde gebührend gefeiert. Umfangreiche Erdbewegungen und Betonarbeiten waren in einer zweijährigen Bauzeit erforderlich. Probleme gab es insbesondere mit dem Grundwasser. Am 1. November 2011 erfolgte der meisterhafte – präzise Einbau der Eisenbahnbrücke in das Bauwerk. Das spannende Geschehen wurde von vielen Bürgern interessiert verfolgt. Am 23. Mai 2012 war es soweit. Mit Pauken und Trompeten wurde die neue Unterführung eingeweiht und für den

Verkehr freigegeben. An der feierlichen Eröffnung waren die Musikkapelle und der Männerchor Neufrach beteiligt.

Einweihung der Bahnunterführung, 25. Mai 2012

(von links) Bürgermeister a. D. Peter Allgaier, Ortsreferent Paul Müller, Gemeindekämmerer Michael Lissner und Bürgermeister Manfred Härle

Südumfahrung Neufrach - „Südspange"

Doch was passiert mit der Markdorfer Straße? Anfang des Jahres 2001 hatte der Bodenseekreis vorgeschlagen, eine südlich der Bahnlinie geführte Straße zur Umgehung von Neufrach zu schaffen. Diese Entlastungsstraße sollte am Gewerbegebiets-Kreisverkehr beginnen und in die bestehende L 205 in Richtung Bermatingen einmünden. Auf meine Anfrage im Namen des CDU-Ortsverbandes schrieb Verkehrsminister Ulrich Müller: „Wie Sie richtig feststellen, wäre die Verbindung der L 205 und der K 7759 keine aufwändige Baumaßnahme für das Land, aber von großem Nutzen."

In seiner Antwort bezog sich der Minister auf den Generalverkehrsplan für Baden-Württemberg, der eine Südumfahrung von Neufrach vorsieht.

200 Zuhörer waren am 10. März 2003 der Einladung zum Thema „Verkehr in und um Salem" gefolgt. Im „Prinz Max" sprach man mit Ulrich Müller und Hartmut Kohler über das Thema.

Das Ende des Jahres 2003 erstellte Verkehrskonzept der Gemeinde Salem sah folgende Maßnahmen vor: Süd- und Nordspange, Kreisverkehr mit Bahnunterführung und eine Entlastungsstraße in westlicher Richtung. Das Konzept wurde dem Verkehrsminister und dem Landratsamt vorgestellt.

Im Herbst 2004 trat Rudolf Köberle (MdL) die Nachfolge von Ulrich Müller an. Ein Glücksfall war, dass Rudolf Köberle aufgrund des bisherigen Kontakts mit mir die Probleme in Neufrach bereits kannte. Wie in den vergangenen Jahren stand ich auch in der Folgezeit in ständiger Verbindung. Ich schrieb Briefe oder führte bei jeder Gelegenheit Gespräche mit dem neuen Staatssekretär und auch weiterhin mit dem Abgeordneten Ulrich Müller, um die Südumfahrung voran zu bringen.

Nach Diskussionen im Gemeinderat über mögliche Varianten im Flächennutzungsplan wurde im Gremium entschieden, dem Land Baden-Württemberg die Realisierung einer kürzeren, ortsnahen und finanziell günstigeren Trasse vorzuschlagen.

Ich ging durch ein Wechselbad der Gefühle: Hoffnung und Zuversicht, Enttäuschung und Ärger. Unmissverständlich stellte ich stets meine Position dar und kämpfte weiterhin für eine zeitnahe Entlastung des Teilortes Neufrach. Eine Art „Erlösung“ war für mich, als am 22. Januar 2008 von der Landesregierung erklärt wurde: „Mit dem Impulsprogramm setzen wir einen deutlichen Schwerpunkt beim Landesstraßenbau.“ Verteilt auf die vier Regierungsbezirke waren es im Bezirk Südwürttemberg dank der Fürsprache von Rudolf Köberle die Ortsumfahrungen Bermatingen und Neufach. Köberle wies deutlich darauf hin, dass die Finanzierung beider Projekte gesichert sei. Mit den Planungsarbeiten wurde alsbald begonnen. Die Planer stellten am 21. Juli 2009 die favorisierte, insgesamt günstigere ortsnahe Trasse im Gemeinderat vor. Als Anfahrt nach und als Abfahrt von Neufrach war eine T- Lösung vorgesehen. Aus meiner Sicht wäre dies eine gute Lösung gewesen. Doch der Gemeinderat beantragte eine neue Planung. Die Kreisverkehrslösung fand im April 2010 dessen Zustimmung.

Einen bitteren Rückschlag für die Straßenplanung gab es nach der Landtagswahl im März 2011. Die neue Grün-Rote Landesregierung sorgte für den Stopp im Straßenneubau. Auch der Grüne Abgeordnete Martin Hahn (MdL) aus Überlingen stellte sich in seinen Aussagen hinter die Erklärung des Ministers und somit gegen die Interessen der betroffenen Kommunen. Mein Einfluss auf die bisherigen Abgeordneten Ulrich Müller und Rudolf Köberle war nicht mehr vorhanden. Nach Fertigstellung der Vorentwurfsplanung wurde diese an das Ministerium für Verkehr zur fach- und haushaltstechnischen Genehmigung weitergeleitet. Nach positivem Bescheid könnte die Aufstellung des Planfeststellungsverfahrens erfolgen. Nach wie vor ist unklar, wie es weitergehen wird.

Die Nord-Spange

Als weiterer Baustein im Verkehrskonzept der Gemeinde ist der Anschluss der Stefansfelder Straße an die Weildorfer Straße vorgesehen. Die Straße führt weiter Richtung des im Jahre 2013 neu gebauten Hardtwald-Kreisverkehrs (gebaut aufgrund der vielen Unfälle). Neu gebaut werden soll eine Straße vom ehemaligen, landwirtschaftlichen Anwesen Habisreuther entlang der Deggenhauser Aach bis zum Campinghof Gern. Diese Maßnahme wurde von der Gemeinde Salem beim Bodenseekreis zur Aufnahme in das Kreisstraßenausbauprogramm angemeldet und steht seit vielen Jahren auf der Prioritätenliste. Eine Verwirklichung dieses Vorhabens würde eine deutliche Entlastung der Weildorfer Straße und somit des Ortes erbringen.

Als Alternative wäre auch eine Verlängerung der Schlossseeallee über einen Kreisverkehr in Richtung Campinghof Gern denkbar.

Schlussgedanke

Über viele Jahre hinweg habe ich mich bereits für eine menschenfreundliche Lösung der Verkehrsprobleme zum Wohl der Salemer und Neufracher eingesetzt. Dies werde ich auch weiterhin nach Kräften tun.

Straßenverkehr im Ort

(s. obigen Beitrag von Paul Müller)

An dieser Stelle werden die Ausführungen des Neufracher Verkehrsexperten Paul Müller insbesondere durch einige Bilder ergänzt.

Markdorfer Straße

Die L 205, Markdorfer Straße, hat vom Landgasthof „Apfelblüte" bis zum Kreisverkehr eine Länge von 687 m.

Die Straße wurde anfangs der 1970-er Jahre ausgebaut, nachdem Wasserleitungen verlegt worden waren.

Im Jahr 1981 wurde der Kreuzungsbereich Neufrach-Mimmenhausen-Stefansfeld am Ortsende von Neufrach umgebaut.

Illustration: 1953 Westlicher Ortseingang

Kreuzungsbereich auf der Westseite Neufrachs, April 1981

1987 wurde die Markdorfer Straße neu geteert.

Im Jahr 1992 wurde ein Verkehrs-Gesamtkonzept aufgestellt mit dem Ziel, eine verbesserte Verkehrsanbindung an das Gewerbegebiet zu schaffen.

Im Jahr 2005 wurde ein Kreisverkehr gebaut.

Baumaßnahmen, 2005

Von Buggensegel her kommend fließt der Verkehr seit 2012 über den Kreisel im Gewerbegebiet und den am Ortseingang von Neufrach. Seit der Fertigstellung der Unterführung endet die Buggensegler Straße in einer Sackgasse.

Rund 1.000 Menschen feierten am 23. Mai 2012 die Eröffnung der neuen Bahnunterführung. Die Kosten teilten sich Land (1,9 Millionen Euro), Bund (1,5 Millionen Euro), Bahn (1,5 Millionen Euro) und Kreis (1,1 Millionen Euro).

Die Musikkapelle Neufrach spielte zur Eröffnung der Bahnunterführung, 2012

Der Männerchor Neufrach bewirtete.

Verkehrsfreigabe, 2012

Zur Prominenz gehörten Landrat Lothar Wölfle (5. v. l.), Hartmut Bäumer, Ministerialdirektor im Landesverkehrsministerium (6. v. l.), Rüdiger Scherer von der DB Netz AG (3. v. l.) und Salems Bürgermeister Manfred Härle (4. v. l.)

Weildorfer Straße

Die K 7759, Weildorfer Straße, hat eine straßenrechtliche Länge von 706 m. Sie erhielt 1991 einen neuen Belag, nachdem zuvor die aus dem Jahr 1913 stammende Wasserleitung neu verlegt worden war. Die Verlängerung bis zum Hof Gern wurde 1966 gebaut.

Weildorfer Straße, 1976

Neue Gehwege entstanden.

Bau der Weildorfer Straße, 1978

Neuer Belag für die Weildorfer Straße, 1991

(links) Gasthaus „Grüner Baum" (links) mit Scheuer (dahinter)

Straßenunterführung L 205

Zur Schaffung eines sicheren Schulweges entstand im Jahr 2002 eine Fahrrad- und Fußgänger-Unterführung, die den Landwirtschaftsweg vom Hof Gern mit der Schlossseeallee verbindet. So ist gesichert, dass Schüler des Bildungszentrums und Besucher der Sport- und Freizeitanlagen die stark befahrene Landesstraße L 205 zwischen Stefansfeld und Neufrach nicht mehr überqueren müssen.

Auch der Busbahnhof am Bildungszentrum wurde aus Gründen der Sicherheit im Jahr 2003 neu gestaltet.

Fußgängerüberwege und Tempo 30-Zonen

Ein Fußgängerweg über die Weildorfer Straße auf Höhe der Fridolin-Amann-Straße, der vor allem der Sicherheit der Kindergarten- und Grundschulkinder dient, wurde im Jahr 1994 eingerichtet.

Ein weiterer Fußgängerüberweg befindet sich in der Markdorfer Straße bei der Avia-Tankstelle, dem Gasthaus „Grüner Baum“ und der dortigen Bushaltestelle.

Zur Sicherheit der schwächeren Verkehrsteilnehmer wurden im Jahr 1994 in den Wohngebieten verkehrsberuhigte Zonen eingeführt. Diese Einführung erfolgte in allen Neubaugebieten.

Im September 1995 hat das Landratsamt auf Gesuch der Gemeinde im bebauten Bereich der Leutkircher Straße, in der Schlosswiesen-Straße und bis zur Abzweigung Buchbühlstraße eine 30-er Zone angeordnet.

Ab 1997 beantragten Bewohner des Kapellenwegs, Am Sportplatz und der Aaachstraße die Einrichtung von Spielstraßen, was jedoch vom Technischen Ausschuss der Gemeinde abgelehnt wurde.

Der Antrag auf einen gesicherten Fußgängerüberweg in der Weildorfer Straße an der Einmündung Sonnhalde/Stummberg wurde 2012 abgelehnt. Auch die beantragte Geschwindigkeitsbegrenzung auf eine Tempo 30-Zone in der Weildorfer Straße fand keine Genehmigung.

Erschließungsstraßen und Wege

(s. „Dorfentwicklung“)

Von 1959 bis 1963 entstanden die Grünplanwege von Leutkirch-Wespach und „Schlosswiesen“.

In den Wohngebieten wurden neue Straßen und Gehwege gebaut. Beispielhaft folgen einige Fotoaufnahmen.

Fridolin-Amann-Straße

1978 Fridolin-Amann-Str. wird an der Abzweigung Mühlenstraße geteert.

Haldenbühlstraße

1980

Erschließung der Haldenbühlstraße

Bäckerei Beil, heute Weber (rechts), Haus Stumpp (links)

Flurstraße

1981

Teerbelag für die Flurstraße Im Hintergrund: Haus Nr. 1

Straßenbeleuchtung

(s. „Dorfentwicklung")

Bahnverkehr

(WEL, 191 - 195; s. „Denkmale")

Amüsante Randnotiz

Zwischen Mimmenhausen und Neufrach herrschte beim Bahnhofsbau Uneinigkeit wegen der Namensgebung des Bahnhofes. Weil die meisten Bahnhofsgebäude auf Neufracher Gemarkung stehen, war erwartet worden, dass im Bahnhofsnamen der Ort Neufrach an erster Stelle stehen würde. Überraschenderweise wurde der Bahnhof jedoch „Mimmenhausen-Neufrach" getauft. Zeitzeugen erzählen, dass Mimmenhausen mit einem Bauzuschuss von 10.000 Reichsmark die Bahndirektion davon „überzeugt" habe, seinen Namen zuerst zu nennen.

Bahnhofseinweihung, 1. Oktober 1901. Prominenz und Bevölkerung erwarten den ersten Zug.

Bahnhof Mittelstenweiler

Der Anfang der 1960-er Jahre stillgelegte Bahnhof Mittelstenweiler liegt auf Neufracher Gemarkung.

Neufrach - Frickingen

Vier Jahre nach der Bahnhofseinweihung gab es erneut Grund zur Freude. Am 1. Dezember 1905 wurde die Salemertalbahn („Frickingerle") von Neufrach über Salem, Weildorf, Leustetten nach Frickingen eröffnet.

50 Jahre später wurden auf der Strecke keine Personen mehr befördert. Ab 1970 gab es auch keinen Güterverkehr mehr.

Ereignisse nach 1950

In den 1950-er Jahren bot eine kleine Gaststätte neben dem Warteraum, betrieben von der „Restauration und dem Gasthof zum Bahnhof", den Fahrgästen Speisen und Getränke an.

Die Bahnstrecke zwischen Neufrach und dem Bahnhof Salem rückte noch einmal am 22. Mai 1965 aufgrund eines besonderen Ereignisses ins Blickfeld der Öffentlichkeit. Damals besuchten Königin Elizabeth II. und ihr Gemahl Prinz Philipp die Markgräfliche Familie im Schloss. Der hohe Besuch reiste in einem Salonzug. Die beiden Bahnhöfe Mimmenhausen-Neufrach und Salem waren geputzt und geschmückt worden.

Am Bahnübergang der Kreisstraße 7759 (Neufrach-Gewerbegebiet-Buggensegel) wurde im Jahr 1995 zur Sicherheit aller Verkehrsteilnehmer eine Sicherungsanlage installiert.

Anfang des Jahres 1996 kündigte die Deutsche Bahn der Gemeinde den Gleisanschluss zum Gewerbegebiet, der in den Jahren 1978/79 von der Gemeinde für ca. 250.000 DM gebaut worden war. Am 11. März 1996 entschied sich der Gemeinderat dafür, den Gleisanschluss zu erhalten.

Die Züge in Richtung Überlingen und Friedrichshafen fahren tagsüber jede Stunde.

Gleisbau im Gewerbegebiet, 1978

Im Hintergrund rechts ist noch die alte Raiffeisen-Lagerhalle zu sehen. Der Bahnanschluss verbindet die Raiffeisen ZG mit dem Bahnhof.

Abbau der Bahnschienen zwischen Neufrach und Salem, März 1992

Im Oktober 1993 waren die Schienen komplett entfernt. Der Bahnübergang am Ortseingang „West" in Neufrach wurde vom Bauhof in die Straße integriert. Geprüft wurde, ob die Trasse für einen Radweg genutzt werden könnte.

Bau einer neuen Bahnbrücke über die Deggenhauser Aach nahe des Bahnübergangs „Neufrach/Buggensegel", 1975

Bahnhof Salem

Am 1. Juni 1986 erhielt der Bahnhof „Mimmenhausen-Neufrach" den Namen „Salem". Mit einem großen Bahnsteigfest feierten die Deutsche Bundesbahn und die Gemeinde Salem dieses große Ereignis. Die Freiwillige Feuerwehrabteilung Neufrach und der Musikverein Neufrach übernahmen die Bewirtung.

Das gelungene Fest war der Auftakt zu weiteren Bahnhofsfesten. Besonders groß wurde das 100-jährige Bestehen der Bodenseegürtelbahn im Jahr 2001 gefeiert. Bei den Bahnhofsfesten gab es stets ein faszinierendes Programm, an dem die Bahnhofsbelegschaft, die Gemeinde Salem und viele Vereine beteiligt waren.

Bahnhofsfest, 1986

Bahnhof, 2013

Unterführung Bahnhof - Gewerbegebiet

Im April 2001 wurde in einer spektakulären Aktion die Unterführungsröhre für den Fuß- und Radweg vom Bahnhof ins Gewerbegebiet eingebaut. Dies geschah in einer nächtlichen Aktion, um den Zugverkehr nicht allzu sehr zu beeinträchtigen. Daraufhin wurden noch die Zugangsrampen zu den Gleisen eingebaut.

Busverkehr

Die wichtigsten Bushaltestellen befinden sich am Bahnhof Salem und am Bildungszentrum Salem.

Mitte der 1970-er Jahre wurde die Bushaltestelle beim „Grünen Baum" angelegt. Davor gab es die Haltestelle beim ehemaligen Anwesen Häring (heute „Prinz Max").

Bedarfsbushaltestellen befinden sich seit 1996 an der Weildorfer Straße 40 und 17 sowie beim Campinghof Salem/Gern.

Fuß- und Radwege

In den 1990-er Jahren wurde ein kombinierter Fuß- und Radweg zwischen dem Ort Neufrach und dem Bahnhof Salem gebaut.

Die Fuß- und Radwege entlang der Stefansfelder- und der Weildorfer Straße von Neufrach zum Bildungszentrum und zu den Sport- und Freizeitanlagen entstanden vor dem Bau der Schule (Ende der 1970-er Jahre).

Brücken

(WEL, 38 - 41)

Brücke Neufrach-Weildorf (Kreisstraße)

Im Jahr 1987 wurde die Brücke über die Deggenhauser Aach (Kreisstraße Neufrach-Weildorf) beim Aussiedlerhof Gern saniert. Die Kosten betrugen 140.000 DM.

Die letzte Sanierung dieser Brücke erfolgte durch die Firma Dobler vom 5. Mai bis zum 1. Oktober 2008.

Brücke Altenbeuren-Haberstenweiler (Gemeindestraße)

1985 ließ die Gemeinde Salem die Brücke über die Deggenhauser Aach zwischen Altenbeuren und Haberstenweiler neu bauen.

Hermannsbrücke

1948 wurde die Fußgängerbrücke über die Deggenhauser Aach gebaut.

Fußgänger- / Wanderwegbrücke

Die Brücke befindet sich im Gewann Rubäcker (Rübäcker)–Hildenbohl beim Aussiedlerhof Haug und führt über die Deggenhauser Aach. Es handelt sich um den alten Buggensegler Kirchweg.

Rad- / Fußgängerbrücke

Die Brücke führt im Gewann Lehrholz-Oberwiesen über den Stefansfelder Kanal.

Jägerwegbrücke

Die Brücke am Jägerweg und Fischerhaus wurde vom Bauunternehmen Franz Straßer im Jahr 1963 gebaut. Eine Sanierung erfolgte 2007/2008.

Brücke beim Fischerhaus, Anfang der 1960-er Jahre (von links auf der Brücke) Adelheid Lohr, Heidi Majewski, Maria und Hermann Auer, die Zwillinge Fritz und Ferdinand Lohr

1963

Nach der Erschließung der Aussiedlerhöfe Laur und Gern wurde von der Baufirma Franz Straßer eine Brücke gebaut. Zum Bautrupp gehörten damals (von links) Herbert Laur, Pasquale Bordino, Erwin Majewski, Rudi Majewski und Artur Nunne

Brücke Markdorfer Straße (Landesstraße)

Um 1970

Ehemalige alte Brücke über die Deggenhauser Aach, Markdorfer Straße

Bau der neuen Brücke über die Deggenhauser Aach, um 1971

Gastronomie, Beherbergungsbetriebe, Camping

Der Bodensee und das nahe gelegene Salemertal sind Ausflugs- und Urlaubsregionen. Markenzeichen der Gemeinde Salem sind faszinierende Kultur, unberührte Natur und attraktive Freizeitangebote. Familienfreundlichkeit wird hier großgeschrieben.
Es bieten sich vielerlei Möglichkeiten für sportliche Aktivitäten, Naturerlebnisse und Besuche von Stätten der Kultur und Tradition.

Gasthaus „Prinz Max“

(WEL, 166f., 184)

Die Existenz des landwirtschaftlichen Gutes mit dem Namen „Pantoffel“ ist seit 1720 belegt. Es erhielt 1835 die Restaurationsgerechtigkeit. Im Jahr 1901 gab der neue Besitzer Alfred Rest dem Gasthaus den Namen „Zum Prinz Max“. Dieses wurde dann ab 1925 von den Familien Hafen betrieben. An den Gastraum wurde in Richtung Osten ein Nebenzimmer mit Flachdach angebaut.

Vor dem Gasthaus „zum Prinz Max“, um 1930 (von links) Adolf Rinkenburger, NN, Willi Stehle, Josef Stehle, Gustl Maier, Fränzi Birkhofer (G: Löhle). Im Schaukasten: Werbe-Photographien von Adam Klein

Ansichtskarte (Foto Schäfer, Salem) des renovierten Gasthauses „zum Prinz Max“, 1953

Im Jahr 1953 wurde das Gebäude umgebaut und renoviert. Dabei entstand ein großer Saal mit Bühne. Die Gaststätte erhielt nun den Namen „Prinz Max". Dort fanden in der Folgezeit große kulturelle Veranstaltungen und Tanzabende statt. Entstanden waren jetzt ein lebendiger Treffpunkt und eine frequentierte Begegnungsstätte der Generationen. Anfang der 1990-er Jahre schloss schließlich der Bewirtungsbetrieb aus finanziellen Gründen seine Tore.

1990 nahm das Haus etwa 40 DDR-Übersiedler auf. 1991 diente der Saal des „Prinz Max" als großes Warenlager für die Rumänien-Hilfe. 1992 waren 42 Asylanten im „Prinz Max" untergebracht.

Am 8. November 1990 stimmte der Gemeinderat dem Kauf des Gasthofes samt Grundstück Nr. 77 zu. Auf dem 1.223 m² großen Areal war ein Haus für das kulturelle Leben der örtlichen Vereine und der Gemeinde vorgesehen. Mit der Planung wurde am 8. April 1994 das Architekturbüro Muffler, Meßkirch, beauftragt. Ein Gutachten stellte die Unwirtschaftlichkeit einer Sanierung fest.

Am 22. August 1995 beschloss der Gemeinderat den Abbruch des Gasthauses, des Ökonomiegebäudes und der erworbenen Nachbargebäude Häring.

Jahrgangstreffen, 1970 (vor der Treppe von links) Monika Hafen, Engelbert Stickel, August Biller, Willi Busch, Frieda Viellieber, Richard Heudorf, Rosa Hoher, Franziska Birkhofer, Hans Walk, Franz Thum, Theresia Müller, 2NN, Resi Laur (auf der Treppe von links) Adolf Riede, Hermann Auer, Ernst Hofer, Maria Auer, Berta Hoffmann, NN, Karl Löhle, Josef Stumpp, Rosa Walk, Stefanie Rinkenburger, Anna Halder, Rosalie Biele, NN

Gasthaus „Prinz Max", 1972

Gasthof mit Saal und Scheune, ein Teil des noch alten und des schon neuen Rathauses (rechts), ein Teil des Anwesens „Häring" (links)

Gasthaus „Prinz Max", 1994

Abriss Gasthaus „Prinz Max", 1996

Der erste Spatenstich zum Neubau erfolgte dann am 16. September 1997

Abriss Gasthaus „Prinz Max", 1996

Abschied vom „Prinz Max", 23. Februar 1997 Die Musikkapelle Neufrach spielte zum Frühschoppen.

Wirtschaft bzw. Gasthaus „zum Sternen“

(WEL, 184)

„Wirtschaft zum Sternen", 1963
So hieß der Gasthof noch bis Mitte der 1960-er Jahre. Die Narrenzunft beim Aufstellen des Narrenbaumes auf dem Sternenplatz (von rechts) Eugen Auer, Ernst Kohllöffel, Artur Nunne, Herbert Hoher, Herbert Keller, Fritz Hegner, Emilie Heim, Mathäus Löhle, Josef Stumpp

Gasthaus „Sternen", 1970-er Jahre

Das Haus war im Jahr 1871 gebaut worden. Eine äußerliche Veränderung erhielten Gastwirtschaft und Hof Mitte der 1960-er Jahre durch eine rote Plattenverschalung. Dabei wurde die „Wirtschaft zum Sternen“ zum „Gasthaus zum Sternen“ umbenannt. Eine Innensanierung erfolgte im Jahr 1968. Ein Nebenzimmer (Zunftstube) mit Faltwand wurde eingerichtet, an dessen Ostwand der Kunstmaler Robert Rauch aus Mimmenhausen ein Gemälde mit den Persönlichkeiten der damaligen Narrenzunft schuf.

„Jedes Rumsen tat in der Seele weh“. Mit dieser Überschrift kommentierte die Tageszeitung Südkurier im Jahr 2001 den Abriss des Gasthofes, der seine Pforten bereits im Jahr 1995 geschlossen hatte. Bis zu diesem Zeitpunkt wurde das Gasthaus von Franziska Stegmaier bewirtschaftet.

Über Jahrzehnte hinweg war das Gasthaus Treffpunkt und Heimat verschiedener Vereine. Es war geliebte Dorfkneipe und „zweite Heimat“ für Gesangverein, Feuerwehr, Narren, Musikanten und Skiclub.

Abbruch des Gasthauses „Sternen", 2001

Gasthaus „Grüner Baum"

(WEL, 168; 183)

Illustration: 1953

Gasthaus „Grüner Baum", heute auch Pizzeria, 2013

Der „Grüne Baum" ist die älteste Gastwirtschaft in Neufrach. Ursprünglich befanden sich die drei landwirtschaftlichen Güter „Roß-, Wagen- und Schwammgut" auf dem heutigen Grundstück Markdorfer Str. 27 und Weildorfer Str. 1-3. Zum Roß- und Wagengut gehörte der Gasthof zum „Grünen Baum".

Die Taferngerechtigkeit erhielt Joseph Speth im Jahr 1814. Ab dem Jahr 1881 bewirtschaftete Conrad Rieger das Anwesen. Das Gut samt Wirtschaft blieb 100 Jahre lang in den Händen der Familie Rieger (bis 1982: Maria Rieger und Irmgard Radtke; dann: Hermann Radtke und Gabi Radtke; 1984-1986: Hermann Radtke).

Reck's Hotel-Restaurant

Bahnhofstraße 111

(WEL, 184)

Das heutige Reck´s Hotel-Restaurant kann auf eine lange Geschichte zurückblicken. Im Jahr 1899 kaufte Ignaz Mayer das zugehörige Areal.

Zeitgleich mit dem Bau des Bahnhofs entstand 1901 die „Restauration zum

Bahnhof". 1903 wurde das Nebengebäude (heute „Galerie") erstellt. 1933 übernahm Karl Mayer das Wohn- und Wirtschaftsgebäude samt Saal mit Kegelbahn und Sommerwirtschaft. Im März 1967 erwarben die Eheleute Elfriede und Bernhard Reck das Anwesen. Die landwirtschaftlichen Gebäude wurden abgerissen.

Restauration und Gasthof „zum Bahnhof", um 1910

Restauration und Gasthof „zum Bahnhof", um 1950

In den Jahren 1969/70 wurde die Gaststätte renoviert und ausgebaut. Es entstanden eine neue Küche, ein schmuckes Nebenzimmer, eine neue Kegelbahn und eine größere Gaststube. Der Anbau eines Gästehauses wurde 1990 fertig gestellt. Bei der von Anfang an angestrebten künstlerischen Ausstattung waren K.G. Stickel, Robert Rauch, Walter Seeger, Berti Brandes, Hans und Ernst Thoma beteiligt. So entwickelte sich die Gaststätte zu einem attraktiven „Haus vielseitiger Kunst und Kultur". U. a. schmücken auch zahlreiche Bilder des Neufracher Künstlers WEL und der Flügel von Dora Loch-Roth das Wohlfühl-Restaurant. Der renommierte „Gasthof Reck" erhielt in den 1990-er Jahren den Namen „Reck's Hotel-Restaurant".

Reck´s Hotel und Restaurant, um 2000

In den letzten Jahren wurde kontinuierlich an der Verschönerung des Hauses und des Parks gearbeitet. Das Wappenbild der Familie, eine romantische Beleuchtung und ein schmiedeeisernes Tor im Westen zieren die Anlage. Am Ende des „Lavendelweges" vom Gasthaus zum Bahnhof ist ein Tor, in das der Mittelteil des Treppengeländers aus der Bahnhofs-Anfangszeit mit der Jahreszahl 1901 integriert ist.

Die Galerie wurde vor 110 Jahren als Saal für Veranstaltungen gebaut. Im Lauf der Jahre diente sie aber verschiedenen Zwecken. Nach der Währungsreform 1948 wurde das Gebäude an die Firmen Stromeyer (Näherei) und Schiesser (Kantinen-Nutzung) und Wirbatz verpachtet. Im Jahr 1998 sanierte die Familie Reck das Gebäude. Es entstand eine eindrucksvolle Galerie, die für besondere Anlässe und kulturell-künstlerische Veranstaltungen genutzt wird.
Bis heute legt die Familie Reck mit ihren drei Töchtern Annette, Christine und Alexandra großen Wert darauf, Restaurant und Hotel stilvoll zu bewahren. In gewohnter Gastlichkeit wird die Familientradition fortgeführt.

Reck`s Hotel-Restaurant, 2013

Landgasthof „Apfelblüte“ - Hotel

Markdorfer Straße 45

Landgasthof und Gästehaus „Apfelblüte", 1983

Landgasthof, 1995

Im Jahr 1983 bauten Ulrike und Peter Partikel den Landgasthof „Apfelblüte“. Das damalige Angebot enthielt 11 Zimmer mit 25 Betten und eine kleine Vesperkarte. Seit 1990 ist Peter Partikel Küchenmeisters. Bis dahin war er Küchenchef im Gasthaus „Schwanen“ in Markdorf. 1995 erfolgte die Erweiterung des Gästehauses auf 55 Betten. Das Restaurant erhielt 160 Sitzplätze und einen Terrassenbereich. Im Verlauf des Jahres 2010 und 2011 ergänzte Familie Partikel ihren Landgasthof durch einen „Hotelbereich“, der 2011 eröffnet wurde. Der Grund dafür war, dass heute meist nur Kurzurlauber und Geschäftsreisende buchen. Der Erweiterungsbau umfasst 11 neue Zimmer mit 22 Betten. Außerdem wurde eine Tiefgarage gebaut. Im Betrieb sind auch die Kinder Julia, Christian und André tätig.

Landgasthof mit neuem Hotel, 2011

Gasthaus „zur Linde“

Leutkirch 3
(WEL, 184)

Joseph Ehrenschneider ist im Jahr 1816 als Betreiber erwähnt. Das Gasthaus hieß damals „Schwanen“. 1835 übernahm Xaver Löhle den „Schwanen“, der im 20. Jh. den Namen Gasthof „zur Linde“ erhielt.

Im Jahr 1894 ist Sebastian Mooßbrugger als Besitzer eingetragen. Nach ihm übernahmen Maria und Helmut Löhle Gast- und Landwirtschaft. Von 1966 bis 2000 waren Gertrud und Fritz Löhle Betreiber des Anwesens. Das Gasthaus wurde Anfang der 1970-er Jahre umgebaut. Im Jahr 2000 haben Claudia und Manfred Löhle Gast- und Landwirtschaft übernommen.

Das Gasthaus war stets beliebt und besonders nach Gottesdiensten, traditionellen Festen oder Beerdigungen ein Ort zum Verweilen. Wehmut kommt auf beim Gedanken, dass die „Linde“ für immer ihre Pforten schließen könnte.

Gasthaus „zur Linde“, 1979

Gasthaus „zur Linde", 2013

Besenwirtschaft „zum Pferdestall"

Haldenbühlstraße 14

Besenwirtschaft, 2013

Am 16. September 1986 eröffneten Elisabeth und Siegfried Raither die „Besenwirtschaft zum Pferdestall". Um- und ausgebaut wurde der ehemalige Pferdestall.

Bis 2010 war täglich mit Ausnahme eines Ruhetags abends geöffnet. Seit 2010 können die Gäste von Donnerstag bis Sonntagabend in der rustikal-gemütlichen Stube einkehren und genießen.

Bistro Jumanji

In Oberwiesen 4

Jumanji, 2013

Am Freitag, 13. März 1998, eröffnete der Betrieb im Gewerbegebiet. Er hat eine Größe von ca. 200 m² und bietet Sitzplätze für 70 bis 80 Personen.
Eine Gartenwirtschaft mit 70 Sitzplätzen kam im Jahr 2007 hinzu. Schon immer sind Armin und Sonja Sulger sowie Peter Ertl Eigentümer. Eine Zeit lang, nämlich von 1998 bis 2007, waren auch Josef und Yvonne Ertl Miteigentümer des Betriebs. Das Bistro ist ganzjährig geöffnet.

Zusätzlich zum reichhaltigen Speiseangebot (aus überwiegend regionalen Betrieben bezogenen Lebensmitteln) stehen Freizeitangebote wie Billard und Dart bereit. Die gemütliche Gartenwirtschaft lädt zum Verweilen ein.

Bereiche der Gastronomie sind: Mittagstisch für Berufstätige, umfangreiche Speisekarte am Abend mit regionalen und saisonalen Gerichten, Brunch an jedem ersten Sonntag im Monat und Partyservice mit Essen. Mit dem Angebot werden alle Altersgruppen angesprochen. In der Zwischenzeit besucht ein gemischtes Publikum aus Jung und Alt, Singles und Familien das Bistro.

Geplant haben die Unternehmer eine Erweiterung des Küchenbereichs und des Partyservices. Zudem soll ein Nebenraum zur Erweiterung des Gastbereiches angebaut werden, der 30 bis 40 Personen Platz bietet.

Bistro-Restaurant „Casablanca“

Am Riedweg 16

Foto: 2013

„Tennis-Paradies“ Restaurant

Schlossseealle 44

Foto: 2013

Gästehaus „Trostelhof"

Lockgasse 12

Trostelhof, 2013

Das Gästehaus der Familie Dunst wurde 1994 auf dem Gelände des Trostelhofes gebaut. Das komfortable Ferienhaus verfügt über acht bestens ausgestattete Ferienwohnungen, die zwei bis vier Zimmer haben. Zu jeder Ferienwohnung gehört ein Balkon oder eine Terrasse. Der Trostelhof verfügt über einen eigenen Fahrradverleih, eine Tischtennisplatte, einen Tischfußball, eine großzügige Liegewiese zum Entspannen, einen großen Spielplatz und eine Grillhütte zur Pflege der Geselligkeit.

Der Trostelhof ist bereits 1720 urkundlich erwähnt. Nach dem Urbar gehörte er zum Mistel- oder Mistler-Hof. Als drittes Gut gehörte noch das Kübelgut zum Anwesen Nr. 52. (WEL, 165f.)

Grillhütte, 2013

Campinghof Salem - Gern

(s. „Landwirtschaft“)

Campinghof Salem/Gern, 2013

Im Januar 2003 gab Gebhard Gern den Anstoß zur Anlegung eines Campingplatzes. Nach reiflicher Überlegung trafen Elke und Ludger Gern im Sommer 2003 die Entscheidung, die Schweinemast aufzugeben und einen Campingplatz mit Saisonbetrieb zu eröffnen. Der alte Maststall wurde komplett für den Campingbetrieb umgebaut: Duschen, Toiletten, Aufenthaltsraum und kleiner Kiosk. Mit tatkräftiger Unterstützung gelang es dem jungen Paar, binnen vier Monaten das „Projekt Campingplatz“ zu verwirklichen. Im Frühjahr 2004 wurde der kleine, gemütliche und familien-geführte Campingplatz eröffnet. Seit dem Jahr 2006 darf der Campinghof auf „vier Sterne“ stolz sein. Der Campingplatz hat sich stets weiter entwickelt: Heuhotel, Radfahrerunterkünfte in Mehrbettzimmern, Blockhaussauna, Streichelzoo, größerer Spielplatz und erweiterte Gastronomie.

Sozial-, Gesundheits- und Sicherheitswesen

Vielschichtig ist das, was man unter Sozialem und Sozialwesen versteht. Zum Sozialbereich gehören Einrichtungen wie Schule und Kindergarten (s. „Bildung und Erziehung"), Vereine (s. „Vereinsleben") und kirchliche Gruppen (s. „Kirchliches Leben").

Sozialstation Salem

Am 24. Mai 1975 stellte die Gemeinde Salem den Antrag zur Einrichtung einer Sozialstation für den Verwaltungsraum Salem, zu dem auch die Gemeinden Frickingen und Heiligenberg gehören. Doch es kam anders.

Am 1. März 1979 wurde nämlich die Sozialstation Salem e.V. in kirchlicher Trägerschaft unter dem Vorsitz von Pfarrer Rudolf Schatz gegründet. Beteiligt waren elf katholische Pfarreien, die mittlerweile zu den Seelsorgeeinheiten Salem, Frickingen-Altheim und Meersburg gehören. Die evangelischen Kirchengemeinden wurden Kooperationspartner. Zum Kuratorium gehören die politischen Gemeinden Daisendorf, Frickingen, Heiligenberg, Meersburg, Salem, Stetten und Uhldingen-Mühlhofen. Die Räume der Sozialstation befanden sich bis 1994 im Pfarrheim, Fridolin-Amann-Straße 2, in Salem-Neufrach. Am 1. Oktober 1994 erfolgte der Umzug in das renovierte Pfarrhaus in Leutkirch.

Die Sozialstation ist eine Einrichtung der ambulanten Kranken- und Altenpflege. Derzeit betreuen 61 Mitarbeiter und Mitarbeiterinnen 240 Patienten.

Die Vorsitzenden: Pfarrer Rudolf Schatz (1979-1984), Pfarrer Helmut Miltner (1985-1997), Dekan Rudolf Schatz (1998-2005), Pfarrer (später auch Dekan) Peter Nicola (2006-heute)

Die bisherigen Pflegedienstleiterinnen: Sr. Honesta (1979-1980), Sr. Tarsilla (1980-1989), Sr. Michaela (1989-1990), Lioba Geiger (1991-2002), Sigrid Koch (2002-heute)

Geschäftsführung: Josef Sick (1979-1997), Wolf-Rüdiger Weber (1998-2011), Karl Ritzer (2011-2013), Wolfgang Jauch (ab 2013)

Alten- und Pflegeheim Wespach

(WEL, 118f.)

Illustration: 1953

Erstmals urkundlich erwähnt wird Wespach im Jahr 1445 als Leprosorium oder Siechenhaus. Georg I. Münch, Abt des Klosters Salem, gründete das Sondersiechenhaus. Die dem Heiligen Vitus geweihte Kapelle wurde 1447 vom Konstanzer Generalvikar Johannes Lidringer eingeweiht.

In den Jahren 1952 bis 1954 kam es zu einigen Veränderungen im Heim. 1955 und 1956 wurde das Vitus-Haus gebaut. Die Vitus-Büste gestaltete 1959 die bekannte Bildhauerin Ilse Michaelis-Glasser. Zur Zeit des Neubaus sanierte man auch das Stammhaus.

Erneute Sanierungen des denkmalgeschützten Altbaus erfolgten 1965 und 1966. 1968 ließ der Stiftungsrat die Vitus-Kapelle restaurieren. 1971 wurde die Landwirtschaft aufgegeben.

1975 begannen die Bauarbeiten zur Erweiterung des Altersheimes. In diesem Jahr wurde Wespach auch Stiftung in kommunaler Trägerschaft.

Den Neubau konnte man 1977 einweihen. In dieser Zeit war auch das Stammhaus saniert und ein Weiher angelegt worden.

Am 23. Februar 1986 kam die Genehmigung für den Abriss des Vitus- und Mittelbaus sowie für die Erstellung des „Erweiterungsbaus West". Eingeweiht und in Betrieb genommen werden konnte das neue Vitus-Pflegeheim im Jahr 1988. Wespach war zu einer attraktiven Altenwohnstätte geworden.

Im Jahr 1988 verließen die beiden letzten Ordensschwestern Wespach. Etwa 150 Schwestern des hl. Vinzenz von Paul standen seit 1895 im Dienst des Altersheimes Wespach.

1991 gab sich die Stiftung den Namen „Alten- und Pflegeheim Wespach" (bisher Altersheim). Ab dem Jahr 2000 strebte die Stiftung eine grundlegende Sanierung und Neukonzeption an.

Anfang des Jahres 2009 begannen die Bauarbeiten am Haus 3. Ein modernes Pflegeheim mit geschützter Demenz-Abteilung entstand. 2010 konnten die Wohnungen nach der offiziellen Einweihung bezogen werden. Im Anschluss an diese Bauzeit erfolgte die grundlegende Sanierung und Modernisierung des denkmalgeschützten Stammhauses.

Seit 2012 präsentiert sich das Alten- und Pflegeheim Wespach mit seinen drei Häusern und seinem schönen Umfeld auf dem neuesten Stand.

Interessant ist ein Blick auf die Entwicklung der Bewohnerzahlen: Im Jahr 1955 lebten 154 Menschen in Wespach. In den Folgejahren lag die Belegung bei 130 bis 170 Personen. Nun sind es etwa 80 Personen, die im Alten- und Pflegeheim Wespach wohnen.

Wespach, 2012

Stiftungsratsvorsitzende	
Franz Freiherr von Hornstein	1945-1969
Ulrich Pfeffer	1969-1972
Werner Kesenheimer	1972-1988
Peter Allgaier	1988-2004
Manfred Härle	2004-heute

Verwaltungs- und Heimleiter	
Ordensschwestern	1895 - 1988
Werner Kesenheimer	1988 - 1991
Klaus Obser	1992 - 2008
Torsten Schillinger	2008 - heute

Alten- und Pflegeheim Fischerhaus

Fischerhaus 1

Alten- und Pflegeheim Fischerhaus, 2012

Das private Alten- und Pflegeheim wird von Wulf-Gernot Fasold seit 1996 im denkmalgeschützten „Fischerhaus“ betrieben. Stellvertreterin ist Monika Hage.

Das familiär geführte Heim bietet sieben Pflegeplätze an. Davon sind zwei für die Kurzzeitpflege bestimmt. Zurzeit kümmern sich fünf examinierte Pflegekräfte und eine Präsenzkraft um die sieben Bewohner. Somit stehen stets drei Pflegerinnen im Dienst der Bewohner. Die Bewohner sind ihren Fähigkeiten und Wünschen entsprechend in das tägliche Leben integriert. „Miteinander“ und „Füreinander“ sind die Säulen des Heimlebens, damit sich Bewohner und Pflegekräfte gleichermaßen wohlfühlen.

Hospizgruppe Salem

Im Jahr 1996 wurde die Hospizgruppe Salem gegründet. Bis 2009 war sie im evangelischen Gemeindehaus Salem zuhause. Im Jahr 2009 erfolgte der Umzug in das neue Büro in Salem-Neufrach, wo ehemals die Schwestern des hl. Vinzenz von Paul wohnten. Im Jahr 2012 musste die Hospizgruppe wegen des Kindergarten-Neubaus ausziehen. Seit 2013 hat die Hospizgruppe ihre neue Bleibe im ehemaligen Weildorfer Pfarrhaus. Die aktuelle Adresse: Hospizgruppe Salem e.V., Franz-Ehret-Str. 23, 88682 Salem-Weildorf.

SKM Betreuungsverein, Bodenseekreis

Der „Sozialdienst katholischer Menschen“ (SKM Betreuungsverein) hatte vom 1. Mai 1996 bis 28. Februar 2007 sein Büro in der ehemaligen Schwesternwohnung, Am Sportplatz 1. Im Jahr 1992 war der Verein gegründet worden, um hilfsbedürftigen Menschen zu helfen.

VdK Salem

Der Sozialverband VdK nimmt zahlreiche soziale Aufgaben wahr. Einige Vorsitzende des Ortsverbandes kamen aus Neufrach: Karl Unger, Adelbert Lohr, Gebhard Laur.

Ärzte und Therapeuten

Gemeinschaftspraxis Dr. Busch/Dr. Detzel
Mühlenstraße 7

Dr. Egon Detzel übernahm die Praxis von Dr. Hugo Pfähler in der Flurstraße 1 am 1. Oktober 1983. Am 1. Januar 1985 erfolgte der Umzug der Praxis in das neu gebaute Haus in der Mühlenstraße 7. Dr. Detzel, Jahrgang 1949, erhielt seine Approbation Anfang des Jahres 1978.

Dr. Wolfgang Busch, Jahrgang 1956, trat als Partner von Egon Detzel zum 1. Oktober 1993 in die Praxis ein. Er ist Arzt seit 1987.

Dr. Hugo Pfähler hatte seine Praxis in der Flurstraße 1 von 1979 bis 1983.

Zahnarzt-Praxis Siegbert Raither
Aachstraße 19

Zahnarzt Siegbert Raither, Jahrgang 1955, betreibt seine Praxis in Neufrach seit dem Jahr 1989. Zahnarzt ist er seit 1986.

Naturheilpraxis Ulrich Buhrmann

Ulrich Buhrmann betrieb seine Praxis in Neufrach, Aachstraße 9, von 1998 bis 2011. Seit 2011 hat er seine Praxis in Salem-Stefansfeld. Beate Buhrmann ist als Hebamme tätig.

Naturheilpraxis Siegfried Mendler
Leutkirch 20

Siegfried Mendler, Jahrgang 1961, legte seine Heilpraktiker-Prüfung im Jahr 1987 ab. Es folgte eine etwa sechsjährige Assistenzzeit bei Kollegen und in einer Arztpraxis für Naturheilkunde. Ab 1993 wohnte er in Neufrach und arbeitete in Markdorf in eigener Praxis. Seit 1998 ist seine Praxis in Räumen des ehemaligen Pfarrhauses, Leutkirch 20.

Diagnose u. Therapieangebot in der Praxis:

Klinische Untersuchungs- u. Labordiagnostik, Diagnostik nach der „Applied - Kinesiology" (Ganzheitliche Diagnosemethode nach „Dr. G. Goodheart", USA), OBERON Nicht - Lineare - Systemanalyse, Austesten unverträglicher Nahrungsmittel, Medikamente, Zahnmaterialien und sonstiger Substanzen, Störfeld- und Herddiagnostik, Schmerzbehandlungen am Bewegungsapparat, Schröpfbehandlungen mit Mikroaderlass, Chiropraktik / Osteopathie, Sauerstofftherapie (HOT/UVB) und Infusionen, Colon - Hydro - Therapie (Darmreinigungsbehandlung), Allergiebehandlungen, Fußreflexzonenbehandlungen, Ohrakupunktur, Orthomolekulare Therapie, Bachblütentherapie.

Seit 2011 Angebotserweiterung durch Maria Stähle: Coaching, Seminare und Meditationen.

Naturheilpraxis Sabine Glaser

Flurstraße 10 a

Physio-normann,

Markdorfer Straße 22

Klemens Normann hat am 6. Juli 1992 im damals neuen Bürogebäude von Bernhard Straßer, Am Riedweg 1, seine Praxis eröffnet. Der Umzug in die Markdorfer Straße 22 erfolgte am 1.Dezember 1997.
Anfangs war Ulrike Hans als Krankengymnastin eingestellt. Simone Normann übernahm im Herbst 2004 die physiotherapeutischen Behandlungen.

Seit 2006 sind Klemens, Marcel und Simone Normann im therapeutischen Einsatz. Zusätzlich ist Luise Pochhammer eingestellt.

Das Angebot umfasst eine breite Palette: Klassische Massagen, Lymphdrainage, Krankengymnastik, Physiotherapie, Spezialbehandlungen nach Schlaganfall, Manuelle Therapie und vieles mehr.

Seit dem Sommer 2010 bietet Marcel Normann als Heilpraktiker zusätzlich Stoffwechselberatungen, Quaddeltherapie und Osteopathie an.

Krankengymnastik-Praxis Christine Seiter-Hofer

Weildorfer Straße 10

Christine Seiter-Hofer, Geburtsjahr 1960 absolvierte ihre Ausbildung von 1989 bis 1991. Seit 1991 ist sie als Krankengymnastin tätig. Die Praxis in Neufrach betreibt sie seit 1994.

Behandlungsschwerpunkte sind: Orthopädie, degenerative Erkrankungen, neurolog. Erkrankungen, Sportverletzungen. Seit 1996 wird in ihrer Praxis auch medizinische Fußpflege angeboten.

Fit & Aktiv Salem

Am Riedweg 16

Tanzschule Dance & More

Am Riedweg 2

Die Feuerwehrabteilung Neufrach

Geschichte in Kürze

Die Freiwillige Feuerwehr Neufrach wurde am 9. Mai 1914 gegründet. Die im Jahr 1942 angeschaffte Feuerlöschpumpe TS 8 ersetzte die Gemeinde im Jahr 1956. Neben dem Rathaus stand der Geräteschuppen für die Feuerwehr. 1965 feierte die Wehr ihr 50-jähriges Bestehen. Seit Februar 1972 stand der Wehr ein Löschfahrzeug zur Verfügung.

Ehrungen bei der Feuerwehr im Sitzungssaal des Rathauses, 1967
Geehrt wurden Ernst Lohr, Konrad Mattes und Adolf Lohr für 25-jährigen Feuerwehrdienst (von links) Johann Jauch, Franz Straßer, Siegfried Raither, Fritz Sick, Konrad Mattes, Franz Heudorf, Gebhard Laur, Ernst Lohr, Karl Leberer, Eugen Auer, Heinrich Basler, Hans Schappeler, Adolf Lohr, Hans Amann, Hannes Laur, Herbert Hoher, Ferdinand Lohr, Kommandant Josef Gern, Albert Megger (am Tisch von links) Gemeinderäte Fritz Einholz und August Hoher

Von 1972 bis zur Einweihung des heutigen, zentralen Feuerwehrgerätehauses am 16. Mai 1988 waren im Rathaus Feuerwehrgaragen und Funkzentrale der Gesamtfeuerwehr Salem untergebracht. Bis zur Neubeschaffung des Vorausrüstwagens (VRW) im Jahre 1982 hatte Neufrach das Löschfahrzeug LF 8. Zur besseren Sicherstellung des Brandschutzes bei Verkehrsunfällen wurde im Jahre 1982 das Tanklöschfahrzeug (TLF) von der Abteilung Salem nach Neufrach verlegt. Heute verrichten die Aktiven der Abteilung Neufrach ihren Feuerwehrdienst in den beiden Einsatzzügen der Gesamtfeuerwehr Salem. Die Feuerwehrleute leisten mit ihren zahlreichen Einsätzen einen unverzichtbaren Dienst am Nächsten.
Weit über den aufwändigen Feuerwehrdienst hinaus leistet die Abteilung wertvolle Dienste im Dorf und in der Gemeinde. Dazu zählen:

Einsammeln der Christbäume, Funkenbrauchtum, Kriegergedächtnis, Einsatz beim Flohmarkt, beim Pfarrfest, am Schlossseefest und an den Ferienspielen (seit 1988).

Feuerwehrprobe am Gasthof „zum grünen Baum", um 1965

Der Rettungsschlauch war speziell für einen eventuellen Einsatz im Altersheim Wespach angeschafft worden. Der „Rutschsack" ermöglichte die Bergung vieler Menschen in kurzer Zeit. Bei einer Probe im Altersheim Wespach ließ es sich Sr. Oberin Daniela nicht nehmen, den Rettungsschlauch zur eigenen Freude und zur Freude der Beobachter auszuprobieren.

Feuerwehrkommandanten bzw. Abteilungskommandanten

- 1950-1970 Josef Gern
- 1970-1984 Franz Straßer (1984: Ehrenkommandant)
- 1984-1999 Hans Schappeler (1999: Ehrenkommandant)
- 1999-2003 Günther Laur (2003-2013: Gesamtkommandant)
- 2003-2013 Günter Meier
- 2013-heute Norbert Walser

Verdiente, langjährige Feuerwehrleute

(30 Dienstjahre und mehr)

Hans Schappeler (46 Jahre)
Gebhard Laur (44 Jahre)
Josef Gern (42 Jahre)
Karl Jauch (38 Jahre)
Karl Leberer (33 Jahre)
Robert Schappeler (30 Jahre)
Adolf Lohr (45 Jahre)
Artur Nunne (44 Jahre)
Konrad Eblen (43 Jahre)
Franz Heudorf (35 Jahre)
Siegfried Raither (32 Jahre)
Rudolf Kugler (30 Jahre)

Zum Schmunzeln

Im Südkurier war in den 1960-er Jahren, mit einer Karikatur versehen, zu lesen:
„Als man der Fachwelt vorgeführt wie einwandfrei sie funktioniert,
geriet die Feuer-Motorspritze von Neufrach in zu große Hitze,
so daß sie durch Vergaserbrand am Ende selbst in Flammen stand.
Durch Feuer ist sie nun nicht mehr - diensttauglich für die Feuerwehr." (stichling)

Dieser humorvolle Beitrag wurde vom Neufracher Feuerwehrkommandanten Josef Gern genauso humorvoll beantwortet:

Als am Montagmorgen durch die Tür geflattert kommt der Südkurier,
da nimmt ihn schnell zur Hand von Neufrach der Feuerwehrkommandant.
Interessiert ihn doch das Wochenend und außerdem – wo hat´s gebrennt?
Da findet er schön illustriert, was bei ihm selber ist passiert.
Die alte Spritze ist verbrannt und die Geschichte wird nun weit bekannt.
So ist beschieden ein großes Malheur dem Kommandanten und seiner Wehr.
In dieser Lage, die wohl sehr peinlich, zeigen wir Toleranz und sind nicht kleinlich.
Wär uns nicht verbrannt die Spritze, wo nähm Stichling her die Witze?
Wer steht für Sauerbruch Modell, wenn nicht passierten solche Fäll`?
Zudem hat der Vergaserbrand gebracht uns eine neue TS 8.
Ausgestattet mit allem Komfort, eine mit VW-Motor.
So sehr die alte nun dient der Heiterkeit, macht uns die neue größere Freud.
Mit neuem Mut und frischem Elan wird weiterbekämpft der rote Hahn.
Wir bitten inständig St. Florian: Zünd uns nie wieder die Spritze an.
Für uns wack´re Männer eine neue Epoche,
drum gehen auch wir – lachend in die neue Woche.

Funken-Brauchtum

Funken, 2001

Im Jahr 1981 übernahm die Feuerwehrabteilung Neufrach das Brauchtum des Funkenfeuers und des Funkenabbrennens. Dies war durch Bürgermeister Werner Kesenheimer a. D. angeregt worden. Über die Jahre hinweg hat es sich Adolf Lohr nicht nehmen lassen, Funkenaufbau und -wache zu organisieren.
Der Funken war in der Vergangenheit stets an der Straße Richtung Haberstenweiler aufgebaut worden.

Johann Jauch

* 5. Mai 1891 † 8. März 1983

Foto: 1979

Johann Jauch war im Neufracher Gemeindeleben eine wichtige Persönlichkeit.
Als Nachfolger von Matthäus Löhle übernahm er 1938 die Leitung der Molkereigenossenschaft. Als Geschäftsführer agierte er bis 1967 bis zur Übernahme dieser Aufgabe durch Gebhard Gern.
Des Weiteren wirkte Jauch im Ausschuss des Rinderzuchtverbandes mit.

Große Verdienste erwarb sich Johann Jauch in der Feuerwehr, insbesondere während des 2. Weltkrieges, als die Feuerwehr eine Rumpfwehr mit gerade mal neun Feuerwehrmännern war. Aufgrund seiner Verdienste für das Gemeinwohl und die Landwirtschaft erhielt Johann Jauch mehrere Auszeichnungen.

Ehrenamtliche Tätigkeiten

- 1948-1965 Gemeinderat
- 1953-1965 Bürgermeisterstellvertreter
- 1954-1969 stellvertrender Verwaltungsrat der Bez. Spk. Salem
- 1925-1948 aktiver Feuerwehrmann und Gründungsmitglied
- 1928-1946 Feuerwehrkommandant
- 1933-1973 Vorstandsmitglied der Molkereigenossenschaft
- 1931-1969 Aufsichtsrat der Warengenossenschaft

Günter Meier

* 24. September 1961

Günter Meier, März 2013

Ab 1999 war er Kommandant der Feuerwehrabteilung Neufrach. Im Jahr 2013 gab er sein Amt ab. Günter Meier, 52 Jahre, ist in Winden im Elztal geboren. Seit 1992 steht er im Dienst der Gemeinde Salem und seit 1993 lebt er in Neufrach. Günter Meier ist mit Petra, geborene Nunne, verheiratet. Drei Kinder und eine Enkeltochter gehören zur Familie.

Sohn Mathias ist ebenfalls Feuerwehrmitglied. Neben seinem beruflichen Engagement leistet Günter Meier ehrenamtlich einen wichtigen Beitrag zum Gelingen des Dorflebens. Er unterstützt die örtlichen Vereine und ist bei den Wikingern in der Fastnachtszeit aktiv. In seiner Freizeit pflegt er sportliche Hobbys wie Judo, Skifahren, Bergtouren und Windsurfen.

Hans Schappeler

*27. November 1937

Hans Schappeler war von 1984 bis 1999 Kommandant der Feuerwehrabteilung Neufrach. Hans Schappeler ist im jugendlichen Alter von 16 Jahren am 18. November 1953 unter dem damaligen Kommandanten Josef Gern in die Freiwillige Feuerwehr Neufrach eingetreten.

Er war von 1970 bis 1980 Gruppenführer. Im Jahre 1984 wurde er zum Nachfolger von Franz Straßer als Abteilungskommandant der Feuerwehrabteilung Neufrach gewählt. Er leitete die Geschicke der Abteilung Neufrach mit großem Erfolg von 1982 bis 1999. Von 1988 bis 1997 leitete er als Zugführer im zentralen Feuerwehrhaus den zweiten Zug der Gesamtfeuerwehr Salem. In dieser Zeit war er auch Mitglied des Gesamtfeuerwehrausschusses.

Im Jahre 1993 wurde ihm das Goldene Ehrenzeichen für 40 Jahre aktiven Feuerwehrdienst verliehen. Seit Beginn seiner Amtszeit beteiligte sich die Feuerwehrabteilung an den Ferienspielen der Gemeinde Salem. Schappelers Idee war das Drechseln und Schnitzen mit Kindern und Jugendlichen.

Verabschiedung von Hans Schappeler (links) in die Altersabteilung, vorgenommen durch Günther Laur (rechts), 2000

Am 11. Februar 2000 kam Hans Schappeler in die Altersabteilung. Noch heute ist er in der Abteilung überaus engagiert, sei es bei der Christbaumsammlung, bei den Ferienspielen oder bei der Pflege des Funkenbrauchtums. Hans Schappeler war und ist für die Abteilung Neufrach eine große Stütze. Von seinen Ideen und von seinem handwerklichen Geschick profitiert die Abteilung bis heute. Was dem einsatzfreudigen Feuerwehrmann immer besonders am Herzen lag, war die Pflege der Kameradschaft. All die besonderen Leistungen wären nicht möglich gewesen ohne die stete Unterstützung seiner Frau Lydia.

Zu den Hobbys von Hans Schappeler zählt die Pflege seiner Obstbäume.

Hans Schappeler spielt seit 2010 in der Kreisseniorenmusikkapelle. Musik ist für ihn besonders wichtig.
Über 50 Jahre lang spielte er in der Musikkapelle Neufrach mit. Von 1970 bis 1986 war er in der Vorstandschaft als Vertreter der Aktiven tätig. Im Jahr 2005 erhielt er für seine Verdienste um die Blasmusik die Ehrennadel in Gold mit Diamant und Ehrenbrief. Er ist Ehrenmitglied des Blasmusikverbandes.

Goldene Hochzeit von Lydia und Hans Schappeler, 2012
(von links) Bürgermeister Manfred Härle, Lydia und Hans Schappeler, Ortsreferent Paul Müller

Im Genossenschaftswesen war Hans Schappeler seit 1962 engagiert (seit 1962: 2. Vorsitzender bei der Milchgenossenschaft; von 1967 bis zur Fusion mit der Raiffeisen Warengenossenschaft: Geschäftsführer; in der Warengenossenschaft bis 2007: 2. Vorsitzender). Er betreute die Gefrieranlage im Ort von 1964 bis zur Auflösung im Jahr 1991.

Eberhard Stumpp

* 17. November 1940

Foto: 2012

Eberhard Stumpp gehört zu den engagierten Persönlichkeiten Neufrachs. Er war in vielen Vereinen in Einsatz. Über viele Jahre hinweg stand er im Dienst der Feuerwehr.

• 1953-1975	SV Neufrach
• 1954-1985	Musikverein Neufrach
• seit 1986	Spiel bei den Riedwegmusikanten
• 1966-2005	aktiver Feuerwehrdienst
• 1995-2008	Schriftführer in der Feuerwehrabteilung Neufrach
• Ab 2006	Altersabteilung der Feuerwehr

Bildung und Erziehung

(WEL, 227 - 231)

Spricht man heute von Bildung, so sind Prozess und Zustand eines ganzheitlichen „Menschseins“ mit geistigen, körperlichen, seelischen und sozialen Fähigkeiten gemeint. Somit ist Bildung ein Anspruch, der nicht nur in den Bildungseinrichtungen, sondern in allen Bereichen des Zusammenlebens (z. B. Familie, Vereine, Kirche, Kunst) zu verwirklichen ist.
Damit sich Kinder aus dem Ort nach ihrer Grundschulzeit weiterbilden können, gibt es verschiedene Einrichtungen in der Nähe: Bildungszentrum Salem, Gymnasien in Markdorf, Überlingen, Meersburg und Friedrichshafen, Privatgymnasium Schule Schloss Salem, Musikschule Salem. Für Erwachsene gibt es vielfätige Angebote der Volkshochschule.

Volks- und Grundschule

Heute: Hermann-Auer-Grundschule

Vor der Fertigstellung der Volksschule in Neufrach gingen die jungen Menschen des Ortes in Leutkirch zur Schule. Auf dem ehemaligen Weinkeller waren die Schulräume eingerichtet. Das ehemalige Schulhaus wurde im Jahr 2007 nach Umbauten aus der Liste der Denkmale herausgenommen.

Illustration: 1953

Schülerinnen und Schüler, Lehrer und Pfarrer Bernhard Morgenthaler vor der Volksschule Leutkirch, um 1925

Illustration: 1953; Foto: 1953
Beim Schulhausbau im Einsatz: (von links)
Johann Laur, Karl Kugler, Edi Laur

In Neufrach war bereits im Jahr 1910 der Bau einer Schule vorgesehen. Aber erst Anfang der 1950-er Jahre wurde das Vorhaben realisiert. Im Jahr 1952 lagen konkrete Pläne für den Neubau der Schule vor. Als Finanzierungsbeitrag wurde jeder Haushalt (männliche Einwohner) zu vier Tagen (50 Stunden) „Frondienst" herangezogen. Wer die Arbeit nicht erbringen konnte oder wollte, hatte ersatzweise 100 Mark zu entrichten.

Einweihung der Volksschule, 23. Oktober 1955

Nach dem Richtfest am 16. Oktober 1952 konnte am 23. Oktober 1955 die neue Schule am Lichtenberg mit einer großen Feier eingeweiht werden. Das Schulgebäude hatte vier Klassenzimmer und ein Lehrerzimmer. Im Kellergeschoss waren die Räume für die Landwirtschaftsschule eingerichtet. Die Baukosten betrugen 450.000 DM. Die Bauzeit erstreckte sich vom 23. Juni 1952 bis 23. Oktober 1955. Die neue Schule leiteten Hauptlehrerin Berta Kempter und Hauptlehrer Adolf Renner. Diese beiden Lehrkräfte waren zusammen mit Wolfgang Albiez noch bis in die 1960-er Jahre dort tätig.

Im Jahr 1957 wurden 87 Schüler in drei Klassen von drei Lehrern unterrichtet.

Vom 1. April 1966 bis 31. Juli 1967 erfolgte durch die Einführung von zwei Kurzschuljahren die Umstellung auf den Schuljahresbeginn nach den Sommerferien (vorher Ostern). Außerdem wurde das neunte Schuljahr eingeführt. Weil bereits 1966 die Volksschule für 140 Schüler zu klein geworden war, wurden zwei Schulräume angebaut. Zwei Klassen waren in einem Pavillon, auch als „Baracke“ bezeichnet, untergebracht. Die Schule wurde zur Nachbarschaftsschule für Schüler aus Buggensegel, Mittelstenweiler und Weildorf. Nach der Auflösung der Grundschule in Buggensegel im Jahr 1969 waren 210 Schüler in der Volksschule Neufrach.

Der Name Hauptschule ist Ende der 1960-er Jahre aus der sogenannten Oberstufe der Volksschule hervorgegangen. In der Hauptschule Neufrach wurden erstmals 1969 Arbeitsgemeinschaften angeboten.

Der Bau eines Bildungszentrums am heutigen Schlosssee war bereits am 4. Dezember 1969 geplant.

Im Schuljahr 1971/72 wurden erstmals alle neun Klassen der Neufracher Schule in Jahrgangsklassen unterrichtet. Eine Schülerzeitung entstand.

Im Schuljahr 1973/74 lagerte man die vierte Klasse nach Mittelstenweiler aus. Die Klassen 8 und 9 besuchten wegen Schülermangels die Schule in Mimmenhausen.

Das Bildungszentrum Salem mit Haupt- und Realschule ging im Jahr 1976/77 in Betrieb. Die Schule in Neufrach wurde zur reinen Grundschule. So ergab sich im Schulgebäude wieder mehr Platz, so dass die „Baracken“ vorübergehend nicht mehr gebraucht wurden. Sie wurden an die Therapiestätte „Sieben Zwerge“ Oberstenweiler vermietet. Doch bereits im Jahr 1988 brauchte man die Pavillons wieder als Unterrichtsräume.

Sanierung der Grundschule, 1979
Im Jahr 1979 wurde das Schulgebäude innen und außen saniert. Neu entstanden Lehrer-, Lern- und Lehrmittelzimmer im Untergeschoss. Saniert wurden auch die Fassade und das Obergeschoss. Die Kosten beliefen sich auf 130.000 DM.

Entwicklung der Klassenzahlen

Im Schuljahr 1988/89 hatte die Schule sieben Klassen. In den Folgeschuljahren waren es dann immer acht Klassen. Im Schuljahr 1999/2000 mussten für 204 Schüler neun Klassen gebildet werden. Erst seit dem Schuljahr 2010/2011 liegen die Schülerzahlen unter 100.

Amtseinführung von Hans Sohmer als Schulleiter, 1985 (vorne von links) Elternbeiratsvorsitzende Ingeborg Rössler, Bürgermeister Werner Kesenheimer, Marianne Sohmer, Hans Sohmer, (weitere Reihen von links) Ernst Obermaier (Volksbank), Katalin Grosse (verdeckt), Gerhard Schöpflin, Ursula Weber (verdeckt), Manfred Stumpp

Grundschule, April 1988

Richtfest mit der Flöten- und Singgruppe unter Leitung von Anne Stumpp (links), 1989

Am 16. April 1985 fiel die Entscheidung, eine Turnhalle zu bauen. Ursprünglich sollte die Turnhalle noch mit Proberäumen für die örtlichen Vereine ergänzt werden. Nach Einspruch eines Nachbarn entschied der Gemeinderat am 30. September 1986, eine Turnhalle ohne Proberäume zu bauen. Im April 1988 wurden die Arbeiten für den Turnhallenbau vergeben. Am 4. März 1989 feierte man Richtfest.

Beim Richtfest dabei waren (s. Bild) Schulleiter Hans Sohmer, Adolf Schmid, Frieda Raither, Leo Eicheler, Hugo Gommeringer, Walter Seeger, Manfred Nolle, Edmund Kunkel, Architekt Klaus Jacob, Fritz Großhardt, Bürgermeister Peter Allgaier, Peter Gutsch, Manfred Nolle, Josef Stehle.

Am 10. Januar 1990 wurde die Turnhalle in Betrieb genommen. Die Einweihung der Sporthalle erfolgte am 7. Juli 1990. Die Halle hat eine Größe von 12 x 24 Meter. Mit Nebenräumen hat die Halle eine Größe von 625 m^2. Die Baukosten betrugen, die Sportgeräte einberechnet, 1,67 Millionen Mark. Hinzu kamen noch die Kosten für die Außenanlagen.

Aus dem ehemaligen Turnraum wurde der Musik- und Festsaal. Im Schuljahr 1993/1994 wurden mit Hilfe der Eltern die Außenanlagen rund um die Turnhalle gestaltet. Mit einem großen Schulfest feierte man im Jahr 1994 die neue Einrichtung.

Eine neue Schuldruckerei ermöglichte ab Mitte 1995 die Vervielfältigung von Unterrichtsmedien. Am 24. Juni 1995 feierte die Schule im Rahmen eines großen Schulfestes ihr 40-jähriges Bestehen.

Fest zur Einweihung der Turnhalle, 1994

Neubau und Einweihung der Hermann-Auer-Grundschule

Im Juli 2001 begannen die Arbeiten zur Erstellung des Erweiterungsbaus der Schule. Das Lehrerhaus und die „Baracke" wurden abgebrochen. Zum Schuljahresbeginn im September 2002 konnte der Neubau, im Februar 2003 der umgebaute Verwaltungstrakt und im Juli 2003 der renovierte Altbau mit Musiksaal und Werkraum bezogen werden. Planung und Bauleitung lagen beim Architekturbüro Schaudt & Hagmüller aus Konstanz. Bürgermeister Peter Allgaier machte den Vorschlag, der Grundschule nach dem früheren Neufracher Bürgermeister den Namen „Hermann-Auer-Grundschule" zu geben, was später auch geschah. Doch zunächst standen noch die Umbau- und Sanierungsmaßnahmen im Altbau und die Beseitigung der seit drei Jahrzehnten als Provisorium geschaffenen Baracken an. Die Kosten betrugen für den Erweiterungsbau der Hermann-Auer-Grundschule 1.725.130,29 €, für die Sanierung des Altbaus 402.650,32 € und für die Außenanlagen 220.218,20 €.

2003
Die neue Schule erhielt den kirchlichen Segen durch Pfarrvikarin Anja Rahmelow und Pastoralreferent Winfried Neumann.

Am 11. Oktober 2003 fand der offizielle Festakt zur Einweihung und Namensgebung der Grundschule Neufrach statt.

„Wir freuen uns über ein gelungenes Werk." So betonte Bürgermeister Peter Allgaier in seiner Festansprache. Das 35-jährige „Barackenprovisorium" und lange „Keller-Dasein" hatte ein Ende.

Sonnendach

Die Agenda-Gruppe „Natur und Umwelt" hatte sich dafür eingesetzt, dass im Jahr 2003 eine Photovoltaikanlage auf dem Dach der Grundschule installiert wurde. Der Solartechniker Gottfried Grundler aus Frickingen begleitete den Bau der Anlage, die aus 84 Solarmodulen besteht und die ca. 80 m² des Daches bedecken. Dieses wurde für 25 Jahre von der Gemeinde kostenlos zur Verfügung gestellt. Die Photovoltaik-Anlage wurde später vergrößert durch die Firma MSTE Meyer Solartechnologie aus Salem.

Solardach für die Grundschule, 2003

Abschied und Neuanfang

Nachdem sich Hans Sohmer 23 Jahre lang als Schulleiter um seine Schulfamilie gekümmert hatte, wurde er im Juli 2008 verabschiedet. Bürgermeister Manfred Härle betonte: „Sie haben sich in ihren 23 Jahren als Schulleiter besondere Verdienste erworben und das heutige Erscheinungsbild der Hermann-Auer-Grundschule wesentlich mitgeprägt."
Neue Schulleiterin wurde zum Schuljahr 2008/2009 Dorothea Vollmer. Ende November wurde sie offiziell ernannt.

Begrüßung der neuen Schulleiterin Dorothea Vollmer durch Bürgermeister Manfred Härle, 2008

Sie hatte ihr Lehramtsstudium in Weingarten und Freiburg absolviert. Vor der zweiten Dienstprüfung unterrichtete sie an der Überlinger Wiestorschule. Danach übernahm sie die musikalische Früherziehung an der Musikschule Markdorf. Von 1991 bis 2008 war sie Lehrerin an der Sommertalschule in Meersburg.

Großes Musical „Leben im All", 2010
In Kooperation mit der Musikschule Salem führte die Grundschule dieses Musical im Prinz Max auf.

Zu Beginn ihrer Amtszeit in Neufrach sorgte Dorothea Vollmer für eine Betreuung der Schüler ab 7.15 Uhr bis Unterrichtsbeginn und ab Unterrichtsende bis 14 Uhr (Möglichkeit zum Mittagessen). Sie hat das musische Profil weiterentwickelt.

Im Schuljahr 2012/2013 führte sie den Unterricht in Familienklassen 1/2 ein. Einige wenige Bilder belegen, was sie in den wenigen Jahren ihrer Amtszeit in die Wege geleitet hat.

Gesunde Schule, 2012
Im November 2012 wurde der Grundschule vom Landratsamt Bodenseekreis das Siegel „Gesunde Schule“ in Silber für die Bereiche „Gesunde Ernährung“, „Bewegung“, „Seelische Gesundheit“ und „Gewaltprävention“ verliehen.
(von links) Silke Löhle, Melanie Weber, Angelina Stärk, Landrat Lothar Wölfle, Birgit Dirschel

Sponsorenlauf, 2012
Im Juni 2012 starteten Schülerinnen und Schüler zum Sponsorenlauf zugunsten von SOS-Kinderdörfern in Deutschland.

Von großer Bedeutung für die Schule sind die Zusammenarbeit mit den örtlichen Vereinen und die Einbindung in das Gemeindeleben.

Am 30. Juni 2007 wurde ein Förderverein gegründet. Aktuell hat der Verein 32 Mitglieder. Der Förderverein leistet finanzielle Unterstützung bei der Durchführung von schulischen Projekten wie Schulchortage in Ochsenhausen, von sozialen und sportlichen Projekten sowie von Projekten im Rahmen der Schulprofile und der Stärkung von kindlichen Kompetenzen. Die bisherigen Vorsitzenden: Kurt Feldmann, 2007-2012, Victoria Pitz, 2012-heute.

Seit 2011 gibt es an der Grundschule eine Bläserklasse in Kooperation mit dem Musikverein Neufrach. Das Angebot für die Zweit- und Drittklässler stieß auf großes Interesse. Die Schulleiterin Dorothea Vollmer äußerte: „Die Bläserklasse ist eine Bereicherung unseres Schullebens und eine tolle Ergänzung unseres musischen Profils. Musik ist ein Schwerpunktthema unserer singenden Schule“.

Die Bläserklasse, November 2012
Spendenübergabe durch die Sparkasse Salem-Heiligenberg: (vierte Reihe von links) Andreas Bielewicz, Manuel Lenski, Benjamin Ludwig, Dorothea Vollmer; (erste Reihe von links) Mathis Löhle, Fabian Kortwinkel, Rene Welte, Blanda Stangl, Sarah Jäger, Greta Menichetti, Carina Spießmacher, Paula Frick; (zweite Reihe von links) Jasmin Löhle, Svea Hafen, Marcel Albrecht, Janik Ortmann; (dritte Reihe von links) Rebekka Mutter, Robin Welte, Justin Bagdahn, Alicia Schreiner, Vanessa Jehle, Celina Martin, Marlene Gulde, Lukas Faulstich

Die Schulleiter

1955 - 1965	Adolf Renner
1955 - 1984	Helmut Geiger
1984 - 1985	Anne Stumpp (als Dienstälteste kommissarisch eingesetzt)
1985 - 2008	Hans Sohmer
2008 - heute	Dorothea Vollmer

Im Schuljahr 2012/2013 unterrichteten folgende Lehrerinnen an der Grundschule: Anette Beuster, Dorothea Vollmer (Rektorin), Carola Bundalo, Melanie Weber, Barbara Schrapp, Maria Zitzler, Vera Kemp (Referendarin). Sekretärin ist Simone Müller, Hausmeister Martin Notheis.

Kindergarten „St. Josef"

Vor 1966 besuchten die Kinder den Kindergarten im Schwesternhaus an der Markdorfer Straße. Der neue Kindergarten, der 1966 in Betrieb ging, gehörte zum Pfarrzentrum, das in den Jahren 1965 bis 1967 gebaut wurde. Zwei Gruppen gab es in dem Kindergarten. Träger des Kindergartens „St. Josef" ist bis heute die katholische Pfarrgemeinde.

Bau des Kindergartens, 1965

Am 30. November 1987 beschloss der Gemeinderat, der kath. Kirchengemeinde einen Zuschuss zum Bau der notwendigen Kindergartenerweiterung für eine dritte Gruppe zu gewähren.

Schlüsselübergabe für den Pavillon, 1992
Bei der feierlichen Übergabe waren (von links) Amtsleiter Max Koch, Kindergartenleiterin Maria Traber, Erzieherin Gabi Bröski, Zimmermeister Karl Heimgartner und Ortsbaumeister Klaus Jakob zugegen.

Eine weitere Kindergartenvergrößerung wurde im April 1991 in Angriff genommen. Innerhalb von drei Monaten entstand ein von der Gemeinde finanzierter Pavillon.

Zweite Spielebene für die Gruppe der „Bären", 2000

Am 11. September 1997 bewilligte der Gemeinderat erneut einen Zuschuss von 26.000 DM zur Sanierung und Renovierung des Kindergartens.

Gottesdienst zum 60-jährigen Kindergartenjubiläum, 2006

Im Jahr 2011 wurde die Situation des Neufracher Kindergartens im Gemeinde- und Pfarrgemeinderat analysiert und besprochen. Es ging um die Entscheidungsalternativen: Neuer Kindergarten am alten Standort mit dem bisherigen Träger Kirchengemeinde oder am neuen Standort bei der Hermann-Auer-Grundschule (Ausbau zum Bildungshaus für Kinder von drei bis 10 Jahren) in Trägerschaft der Kommune. Man entschied sich für den bisherigen Standort.

Für die Planung war Architektin Corinna Wagner-Sorg verantwortlich. Der neue Kindergarten wurde folgendermaßen gebaut:

- Die Gruppenräume nach Süden zum Garten hin orientiert
- Zimmer für jeweils eine Kleinstkindergruppe, Ganztagesgruppe (mit Schlafraum), Regelgruppe und Vorschulgruppe
- Kleinstkinderbereich mit Schlafraum und Außenspielbereich (abtrennbar) am ruhigen Westende des Hauses
- jeder Gruppenraum mit angeschlossenem Intensivraum
- erweiterte Flure, die auch als Bewegungsflächen nutzbar sind.
- Foyer mit Windfang und Sauber-Lauf-Bereich
- Mensa für 25 Kinder mit Verteiler- und Kinder-Mitmach-Küche
- Foyer und Mensa sind durch eine mobile Trennwand geteilt und können für Feste zu einem großen Raum geöffnet werden.
- Technik- und Nebenräume im ehemaligen Schwesternhaus-Teil
- zwei kombinierbare Arbeitsräume als Besprechungszimmer mit etwa 35 m^2
- keine Parkplätze direkt vor dem Kindergarten (Sicherheitsgründe)
- Neue Parkplätze in Richtung Sportplatz
- Gemeindebeteiligung mit maximal 1,3 Millionen Euro an den Gesamtkosten von 1,875 Mill. Euro
- Gemeindebeteiligung an den Betriebskosten: 64 %

Zum Abschied vom alten Kindergartengebäude gab es am 21. April 2012 ein kleines Fest. Die Abrissarbeiten begannen im Mai 2012 und die Bauarbeiten im August 2012. Das Pfarrheim wurde zum Kindergarten-Provisorium umgebaut. Richtfest des neuen Kindergartens wurde am 5. April 2013 gefeiert.

Die Gesamtkosten sind (Stand Juni 2013) auf 1,95 Millionen Euro berechnet. Der neue Kindergarten kann rechtzeitig zum neuen Kindergartenjahr 2013/2014 seinen Betrieb aufnehmen.

Abriss nach 45 Jahren, Juni 2012

Spatenstich zum Neubau, 2012

Dabei waren neben den Kindern, Eltern und Erzieherinnen auch (von rechts) Bürgermeister Manfred Härle, Pfarrer und Dekan Peter Nicola und Architektin Corinna Wagner-Sorg

Richtfest, April 2013

Die Leiterinnen

Sr. Maria Cornelia	1967 - 1981
Ulrike Gschwender-Kordovan	1981 - 1986
Dagmar Wehking	1986 - 1987
Maria Traber	1987 - 2001
Ulrike Klopfer	2002 - 2011
Rahel Wischnewski	2011 - 2012
Sabine Bauernsachs	2012 - heute

Langjährige Erzieherinnen

Maria Traber (1987-heute), Gisela Nestle (1971-1998), Gabi Bröski (1991-heute), Elena Butsch (1993-heute), Rosemarie Rühe (1992-heute)

Den Kindergarten besuchen Kinder aus den Orten Neufrach, Mittelsten- und Oberstenweiler, Buggensegel und Mimmenhausen. Aktuelle Anmeldezahlen des Kindergartens Neufrach erfordern eine fünfte Gruppe. So wird der Pavillon auch weiterhin genutzt werden. Ab September 2013 gibt es eine Ganztagesbetreuung. Öffnungszeiten: Montag bis Donnerstag, 7 bis 17 Uhr, und Freitag 7 bis 13.45 Uhr. Somit erfolgt die Angleichung an die Zeiten der Gemeinde-Kindergärten.

Katholische öffentliche Bücherei

Fridolin-Amann-Straße

2012

Gertrud Schied (Mitte) wird von der Pfarrgemeinderatsvorsitzenden Walburga Pohle und Dekan Peter Nicola für ihre 20-jährige Leitung der Bücherei geehrt.

Die Katholische öffentliche Bücherei wurde 1967 unter Pfarrer Rudolf Schatz mit dem Neubau des Pfarrheims als Kinder- und Jugendbücherei ins Leben gerufen. Zuletzt leitete Hiltrud Seidel die Bücherei, bis sie 1988 aus gesundheitlichen Gründen aufhören musste. In der Folgezeit ruhte der Büchereibetrieb.

Pfarrer Helmut Miltner setzte sich 1991 für die Weiterführung ein und fand mit Linda Weiß und Gertrud Schied zwei Frauen aus dem Offenen Frauentreff, die die Bücherei bis zum Patrozinium 1992 wieder auf Vordermann brachten und beim

Gemeindefest feierlich eröffneten. Seither entwickelte sich die Bücherei kontinuierlich weiter. Mit den Ausleihzahlen wuchs auch die Anzahl der Medien. Die Angebotspalette wurde erheblich erweitert und hat heute das Profil einer Familienbibliothek. Seit 1999 läuft die Ausleihe computerunterstützt und seit 2005 verfügt die Bücherei über einen Telefon- und Internetanschluss. Besondere Stärken der Bücherei sind Qualität und Aktualität der Medien, Übersichtlichkeit und gute Beratung. Zurzeit hat die Bücherei an drei Tagen insgesamt fünf Stunden geöffnet.

Antriebsmotor für das ausschließlich ehrenamtlich arbeitende Team ist der Wunsch, Menschen bereits im frühesten Kindesalter für Literatur zu begeistern und die Voraussetzungen für eine solide Lesekompetenz zu schaffen.
Dies wird mit verschiedenen Veranstaltungen und Maßnahmen verwirklicht.

Ab November 2013 verteilt die Bücherei im Rahmen des Projekts „Lesestart" der Stiftung Lesen im Zusammenhang mit der gesundheitlichen Vorsorge an alle Dreijährigen eine Büchertasche mit Informationsset und Büchern, um einen frühen Kontakt zur Bücherei herzustellen. Vorschüler des Kindergartens St. Josef in Neufrach erhalten nach gründlichem Kennenlernen der Bücherei den „Bibliotheksführerschein" und Grundschüler bekommen nach sechs Klassenbesuchen den „Bibliothekskompass". Weiteren Lesespaß bringen die etablierten Ferienspiele „Bilderbuchkino" und „Lesenacht". Dazu kommen noch diverse Lesungen (auch für Erwachsene), Literaturgespräche und in loser Folge Buchvorstellungen mit den Neuerwerbungen.

Zum Veranstaltungsprogramm gehören jährlich zwei bis drei Buchausstellungen, bei denen Bücher angeschaut und erworben werden können. Darüber hinaus werden jederzeit auf Wunsch Bücher an Kunden vermittelt. Mit Hilfe des Verkaufserlöses beschafft die Bücherei einen Teil der neuen Medien.

Die Arbeit in der Bücherei wird getragen von einem eingespielten Team, bestehend aus acht bis zehn Mitgliedern. Zu den langjährigen Mitarbeiterinnen zählen Claudia Kiebler (seit 1995), Ingrid Fischer-Tröstler (1995) und Petra Koppe (1997), die alle für ihr Engagement bereits mit der Ehrennadel der Kirchlichen Bücherei-Fachstelle in Freiburg ausgezeichnet wurden. Insgesamt haben seit 1992 achtundzwanzig Personen, darunter dreizehn Jugendliche, in der Bücherei jeweils mindestens zwei Jahre mitgearbeitet.

Flohmarkt der Bücherei beim Pfarrfest am Patrozinium, 2011

Musikerziehung: Dora Loch-Roth

(s. „Kunst und Kultur")

Gedenkfeier für Dora Loch Roth, 2010
Der WEL-Kreis Salem kümmert sich darum, das Künstlerehepaar Loch-Roth in Erinnerung zu halten. (von links) Paul Müller, Hugo Gommeringer, Annette Reck, Marie-Luise Weißhaupt, Manfred Härle, Sabine Stark, Manfred Nolle

Klothilde Knödgen

*7. Januar 1884 † 23. Januar 1974

Bild rechts: um 1972

Bild links: 1970 Barbara Laur beim Privatunterricht, 1970

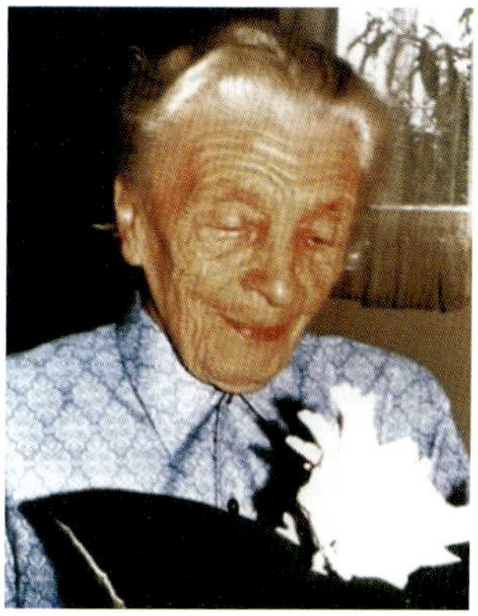

Klothilde Knödgen gehört zu den bekannten und in Neufrach besonders geschätzten Persönlichkeiten. Zeitzeugen beschreiben sie als bescheiden und liebenswert. Aufgrund der geringen Rente von etwa 300 DM musste sie spartanisch leben. Ein Badezimmer gab es nicht. In einer Zinkbadewanne wusch sie sich mit kaltem Wasser. Für eine Nachhilfestunde nahm sie fünf DM. Sie beherrschte acht Sprachen, die sie als Fremdsprachen-Lehrerin an viele Schülerinnen und Schüler weitergegeben hat. Selbst nach ihrer Pensionierung genossen viele Privatschüler ihren Unterricht.

Klothilde Knödgen liebte die Geselligkeit. Gerne war sie zu Besuch bei der Familie Gerda und Karl Löhle.

Der Mann von Klothilde Knödgen musste noch im hohen Alter in den Krieg ziehen. In Südfrankreich war er lange verschüttet und als Folge geistig angeschlagen. Seine Frau pflegte ihn liebevoll bis zu seinem Tod.

Kunst und Kultur

Die Pflege von Kunst und Kultur hatte in Neufrach schon immer einen hohen Stellenwert. Man erinnert sich im Ort an Persönlichkeiten wie Walter Eberhard Loch, William Straube, Dora Loch-Roth oder die Violinistin Dora von Moellendorf (1886-1971). Zu den künstlerisch begabten Menschen zählt auch Hermann Metzger, der durch seine Werke der Holzschnitzkunst bei Dorfbewohnern und Vereinen bleibende Erinnerungen geschaffen hat.

Auf den folgenden Seiten sind die Künstler in alphabetischer Reihenfolge genannt.

Elli Freundorfner

*9. April 1983

Foto: 2011

Elli Freundorfner kam in Weingarten zur Welt. Sie wuchs in Neufrach (Tobelhof) auf und besuchte von 1989 bis 1993 die Grundschule im Ort. Nach zwei Jahren Gymnasialzeit in Markdorf wechselte sie an das Droste-Hülshoff Gymnasium Meersburg, in dem sie 2002 das Abitur ablegte. Ab dem 12. Lebensjahr nahm sie professionellen Klavierunterricht bei Siegfried Schäfer (ab 1993), Andrea Ringendahl (ab 1999) und Sue Harvey East Sussex, England (2002/2003). Sie nahm erfolgreich an Meisterkursen teil bei: Livia Rev, Carmen Piazzini, Kemal Gekic und Peter Nelson.

Ausbildung und beruflicher Werdegang

- ab Okt. 2003 — Studiengang „Diplom-Musiklehrer“ (Hauptfach Klavier) an der Staatlichen Hochschule für Musik Trossingen
- 2006 — Auslandssemester in Örebro, Schweden, bei Albena Zaharieva und Mats Jansson
- 2007 — Studiengang „Künstlerische Ausbildung“ an der Hochschule für Musik Trossingen
- 2008 — Abschluss des ersten Studiengangs „Diplom Musiklehrer“ mit sehr gutem Erfolg
- 2009 — Abschlussprüfung für die „Künstlerische Ausbildung“ (Teil 1) mit sehr gutem Erfolg
- 2010 — Abschlussprüfung für die „Künstlerische Ausbildung“ (Teil 2) mit sehr gutem Erfolg

Aktuelle Tätigkeit

Lehrkraft und Korrepetitorin an der Jugendmusikschule Mengen; Mitglied des „Tonkünstlerforums"; regelmäßige Mitarbeit bei dem Wettbewerb „Jugend musiziert" im Koordinationsbereich.

Foto: 2012

Wichtige Konzerte und Auftritte

- Regelmäßige Konzerttätigkeit in solistischer wie auch kammermusikalischer Besetzung im In-und Ausland
- Engagement als Korrepetitorin verschiedener Opernprojekte
- 2006: Aufführung des „Karneval der Tiere" mit Kammerorchester und zwei Klavieren (in Schweden)
- 2012: Konzertabend im Rahmen des Internationalen Bodenseefestivals
- Begleiterin von Kammermusikensembles und Sängern
- Orgel-Dienste
- Ab 2013: Liederabende (einschließlich CD-Aufnahmen) mit der bekannten Sopranistin Christine Reber

Georg Cornelius Freundorfner

G. Freundorfer in seinem Atelier, 2001

Projektarbeit in Luxemburg, 2012

Georg C. Freundorfner ist freischaffender, selbstständiger Bildhauer, Musiker und Therapeut. Schon seit seiner Kindheit galt sein Interesse der Kultur und den Menschen, die Sinn für Werte und Ästhetik haben.

Damit die Kunst das Herz der Gesellschaft erreicht, leitet er seit dem Jahre 2000 als Initiator und Organisator das weit über die Grenzen hinaus beachtete Kulturfestival im Schloss und in der Gemeinde Salem. Das Besondere daran ist, dass er

sich dabei für andere, auch nationale Künstler einsetzt. Neben dem Schloss und der Gemeinde fördern vor allem Familien- und Kleinbetriebe aus den Teilorten die jährlich stattfindende Veranstaltung. Freundorfners Holzskulpturen finden Käufer aus der ganzen Welt und erreichten u.a. die Art Shanghai 2010.
Referenzen von Kunden und Kunstsachverständigen: „Georg Freundorfner versteht es wie kein Zweiter, die Launen, sowie die Schönheit der Natur zu dokumentieren, indem er diese vielfältigen Kreationen in seine Kunstwerke in einzigartiger Weise integriert. Jede einzelne Fertigung seiner Werke ist ein Unikat der Extraklasse-internationale Preise und Auszeichnungen beweisen den hohen künstlerischen Wert seiner Skulpturen und die Spitzenstellung des Holzbildhauers Freundorfner im Herzen Europas." (G. G. Baumeister 2007)

„Unser Besuch bei Georg Freundorfner und seinen Skulpturen hat uns tief beeindruckt und hat starke gedankliche Spuren hinterlassen. Seine Skulpturen sind „beseelt" in ihrer Ausstrahlung und Haltung. Ich kenne Vergleichbares nur in der ägyptischen Kunst. Die alten Ägypter schufen „lebende Skulpturen", die beseelt waren. Die Werke von Georg Freundorfner sind unglaublich stark und lebendig in ihrer Art. Die alten Ägypter hätten Freude an seinen Werken." (F. O., Bedeutender Sammler ägyptischer Skulpturen in der Schweiz, Oktober 2011)
„Pour sa part, Georg C. Freundorfer cultive la facetie dans son art sculptural. Il est Esthete du bois. Ici, plutot que de parler de sculpture c' est de saynetes amusantes don't il question.– son inspiration dynamite le genre!" (Alain Blanc-Garin, Culture-Journalist La Montagne âout 1999)
www.freundorfner.com

Peter Früh

*4. März 1940

Bildhauer Peter Früh bei der Restaurierung der „Madonna", Franziskanerkirche Überlingen, 1977

Kopie des hl. Sebastian (Vorlage: Martin Zürn)

Peter Früh kam in Konstanz zur Welt, wo er auch aufgewachsen ist. Nach dem Abschluss der Realschule ließ er sich zum Holzbildhauer ausbilden. Lehr-und Gesellenzeit absolvierte er bei den Gebrüdern Mezger, Inhaber Victor Mezger, Überlingen.

Seit 1970 ist Peter Früh mit Gisela verheiratet und wohnt seit 1976 mit ihr und den Kindern Sabine und Daniel in Neufrach.

In seiner Freizeit geht Peter Früh gerne zum Wandern und beobachtet intensiv das Verhalten der Vögel. Zudem malt er sehr gerne. 15 Jahre lang war er in der Zimmermannsgilde der Neufracher Narrenzunft.

Ab 1970 arbeitete Peter Früh selbständig als Bildhauer und Restaurator.

Schwerpunkte künstlerischen Schaffens

- Orgelornamentik
- Restaurierung von Figuren, Holzaltären und Krippenfiguren
- Neuanfertigungen

Orgelornamente

- in Öhningen, im Münster Konstanz, in Hasenweiler, Aach-Linz, Markelfingen, Neuenburg, Urnau u.a.

Neuanfertigungen

- „Drachen" für St. Georg Reichenau-Oberzell; hl. Martin in Salem-Grasbeuren; vier Nothelfer für die Lorettokapelle Stockach; Kopie des hl. Sebastian von Martin Zürn für das Museum Bad Waldsee

Restaurierungen

- Salvator Mundi von Jörg Zürn (Meersburg); Barockkrippen in Hechingen und Überlingen; eigene Hauskrippe

Begeisterung für die Krippenkunst teilen Gisela und Peter Früh. Sie freuen sich über die gelungene Restaurierung einiger Krippenfiguren der Überlinger Krippe. Foto: 1999

Vera Gassner

*28. November 1958

Vera Gassner und zwei ihrer Kunstwerke, 2013

Motto von Vera Gassner:

„Bilder sind Ausdruck der Gefühle!“ Täglich werden beim Menschen Energien verbraucht durch jegliche Art von Herausforderungen. Jeder sucht seinen Ausgleich für sich. Für sie sind es Natur und Farbe, um neue Kraft zu schöpfen und innere Ruhe zu schaffen. Farbe ist Ausdruck der Seele und der Harmonie.

Vera Gassner, geb. am 28. November 1958 in Überlingen, wuchs in Neufrach auf, wo sie auch die Grund- u. Hauptschule besuchte. Anschließend absolvierte sie die Wirtschaftsschule in Überlingen und die Kaufmännische Berufsschule in Friedrichshafen. Seitdem ist sie als Bürokauffrau im Bereich Buchhaltung und Personal tätig. Zu den Hobbys von Vera Gassner gehören: Natur und Garten, die Fremdsprachen Englisch, Französisch und Italienisch.

Künstlerischer Werdegang

- Bauernmalerei VHS Bermatingen
- Gestalten in Ton VHS Salem, Dozentin: Gudrun Kopf
- Seidenmalerei VHS Salem, Dozentin Helga Koch
- Aquarell, Acryl, Mischtechniken und Aktmalerei: Atelier Jutta Jaeger, Mimmenhausen

Ausstellungen

- 1995 Gemeinschaftsausstellung der Malschüler von Frau Jaeger (Atelier Jutta Jaeger)
  Physiopraxis–Klemens Normann, Salem
- 1996 Volksbank Mimmenhausen
- 1996 Sparkasse Salem-TechniData, Markdorf und Immenstaad
  Straßer-Bürogebäude, Salem-II. Stock
- 1997 Straßer-Bürogebäude, Salem-I. Stock

- 1998 Feuchtmayer-Haus, Salem-Mimmenhausen
- 2002 Gewerbepark Salem
- 2004 Prinz-Max-Ausstellung der Salemer Künstler

1992 begann Vera Gassner mit der Malerei. Zunächst war sie Autodidaktin. Später besuchte sie verschiedene Kurse. Vera Gassner arbeitet mit verschiedenen Mischtechniken. Die Vielfalt ihrer Exponate ist groß.

Walter Eberhard Loch (WEL)

*18. März 1885 † 30. Dezember 1979

90. Geburtstag von WEL, 18. März 1975

WEL, westlicher Dorfeingang Neufrach, 1950

Der akademische Bildner Walter Eberhard Loch wirkte sein halbes Leben lang in der Bodenseeregion. Von 1939 bis zu seinem Tod 1979 lebte der vielseitige Künstler aus Breslau zusammen mit seiner Frau Dora Loch-Roth in einem kleinen Häuschen an der Tobelhalde oberhalb von Neufrach bzw. Leutkirch.

Das Ehrengrab des Ehepaares auf dem Friedhof in Leutkirch ist bleibende Erinnerung. Das Sonnen-Symbol auf dem Grabstein strahlt Hoffnung und Freude aus. Werte, die zahlreiche Menschen im Umfeld des Künstlerehepaares erfahren durften.

Die wichtigsten Lebensdaten

- 1985 Geburt in Breslau
- 1901-1912 Studium an der Akademie für Kunst in Breslau
- 1913-1914 Grafiker und Sportzeichner in Berlin
- 1915-1918 Zeichenlehrer in Liegnitz

- 1919 Heirat mit Musikerin Dora Roth, Dresden
- 1919-1921 Zeichenlehrer in Dresden; dann freischaffender Künstler
- 1932 Umzug nach Gaienhofen
- 1936-1939 Kunstlehrer an der Internatsschule Gaienhofen
- 1939 Umzug nach Neufrach-Leutkirch (Tobelhof)
- 1953 Veröffentlichung „Das Neufracher Dorf-Buch"
- 1961 Hörspielsendung „Das verbrannte Dorf"
- 1968 Zyklus zu Gerhart Hauptmanns Werk „Und Pippa tanzt"

Das Häuschen des Ehepaares Loch an der Tobelhalde, 1940

Ehepaar Loch, um 1970

Förderverein WEL-Kreis Salem e. V.

Am 9. Oktober 2006 wurde der „WEL-Kreis Salem" gegründet mit dem Ziel, das bedeutsame Erbe des Künstlerehepaares Loch zu bewahren und der Öffentlichkeit zugänglich zu machen. Seit August 2006 befindet sich ein großer Teil des WEL-Werkes im Besitz der Gemeinde Salem.

In den letzten Jahren gab es zahlreiche Ausstellungen. Besonders bemerkenswert waren die Ausstellungen im „Neuen Schloss" Meersburg (2009) und im „Städtischen Museum" Breslau (2010).

In Kooperation mit dem Förderverein Markuskapelle Neufrach wurde im Juli 2013 14 Tage lang eine schöne WEL-Ausstellung in der sanierungsbedürftigen Kapelle gezeigt.

Ende des Jahres 2006 entschied die Gemeinde Salem, der Straße im neuen Baugebiet „Am Lichtenberg II" den Namen „Walter-Eberhard-Loch-Straße" zu geben.

Vorsitzende

- 2006-2009 Volker Dutkowski
- 2009-2012 Marie-Luise Weißhaupt
- 2012-heute Brigitte Rieger-Benkel

Dora Loch - Roth

*22. Februar 1895 † 14. November 1985

Goldene Hochzeit, Dora Loch-Roth und Walter Eberhard Loch, 1969

Dora Loch-Roth, 1961

Am 18. Februar 1895 kam Dora Roth in Dresden zur Welt. Ihr Vater war der bekannte Pianist Bertrand Roth (1855-1938), Schüler von Franz Liszt. Schon mit sechs Jahren begann Dora ihre musikalische Ausbildung am Klavier. Einige Jahre lang erhielt sie auch Gesangsunterricht und erlernte das Violinen- und Gitarrenspiel.

1919 schlossen Dora Roth und Walter Eberhard Loch den Bund der Ehe. Schon bald bezog das Paar ihre erste gemeinsame Wohnung in einem alten Häuschen in Oberpoyritz bei Dresden.

Nach ihrer Heirat wirkte Dora in Dresden als Gesangslehrerin. Zudem begleitete sie Sängerinnen und Sänger am Klavier.

Im Jahr 1932 zog das Künstlerehepaar nach Gaienhofen am Bodensee. Die gefährliche politische Lage führte dazu, dass das Ehepaar Loch eine neue Heimat suchte, die es im Jahr 1939 in Neufrach-Leutkirch fand. Zahlreiche Musikschüler kamen zum Tobelhof, um von Dora Loch-Roth, der „ersten privaten Musikschule" im Ort, unterrichtet zu werden.

Dora stand in all ihren Neufracher Jahren den Vereinen des Ortes hilfreich zur Seite. Einen besonders engen Kontakt hatte sie zum Männerchor Neufrach. Am 10. Januar 1966 schrieb sie für die Fasnet den „Marsch für die Neufracher Hardtwieble-Zunft". Dora Loch-Roth war eine überaus engagierte Frau, die tragisch im hohen Alter von 90 Jahren am 14. November 1985 in den Flammen ihres Hauses ums Leben kam.

Anlässlich ihres 115. Geburtstages und 25. Todestages erinnerte der WEL-Kreis Salem im Jahr 2010 in einer würdigen Feier im „Prinz Max" an die großartige Musikpädagogin.

Robert Pinsker

*24. April 1926   † 3. Februar 2011

Robert Pinsker kam in Hermannstadt zur Welt. Seine Lehre machte er als Grafiker und Schriftenmaler. Er nahm Privatunterricht bei Professor Bogdan an der Kunstakademie in Bukarest. Von 1957 bis 1961 arbeitete er als Maler und Grafiker in Kanada. In den Jahren 1965 bis 1985 war er in Singen am Hohentwiel künstlerisch tätig. In Singen betrieb er ein eigenes Werbeatelier. Zu Professor Otto Dix pflegte er regen Kontakt.

2003
Waltraud Rathmann und Robert Pinsker, Ausstellung

Ab dem Jahr 1988 besuchte er mit seiner Lebensgefährtin Waltraud Rathmann mehrere Seminare: Schwäbisch Hall (1991), Südfrankreich (1993), Dinkelsbühl (1996). Gemeinsam veranstalteten sie Ausstellungen im In- und Ausland. 1993 organisierte er die Böhringer Kunstausstellung, die seitdem jährlich stattfindet. Seit 1999 wohnte und malte er in Neufrach.

Gern malte Robert Pinsker Landschaftsbilder in der freien Natur. Er beherrschte auch die technische Raffinesse, auf Sandunterlage zu gestalten. Ausdrucksstark war seine Portrait-Malerei, ganz gleich ob in Öl-, Pastell-, Aquarell- oder Mischtechnik gestaltet. Pinskers Bilder faszinieren durch die Leuchtkraft der Farben, die wohltuende Harmonie und die Ausdruckskraft der Gefühle.

Waltraud Rathmann

*24. März 1926

Waltraud Rathmann, wohnhaft im Loh 1, kam in Waldenburg (Niederschlesien) zur Welt. Dort wuchs sie auch auf. Nach der Volksschule besuchte sie von 1940 bis 1942 die Kaufmännische Handelsschule. Im Mai 1946 wurde sie aus ihrer Heimat vertrieben. Sie heiratete im Jahr 1950 ihren schlesischen Schulkameraden Horst Rathmann, der nach der Kriegsgefangenschaft nicht in die Heimat Schlesien zurück konnte. Aus der Ehe gingen zwei Kinder, Armin und Roland, hervor. Im Jahr 1977 starb ihr Mann. Seit dem 15. Oktober 1999 wohnt sie in Neufrach.

Berufliche Stationen

Sparkasse Waldenburg von 1943-1945; Buchhalterin und Sekretärin in Hohenrode von 1946 bis 1951; Firma Melitta in Minden im Jahr 1958; Heimarbeit bei der Firma Weiler in Krefeld von 1958 bis 1968; im Technischen Büro der Firma Messmer in Radolfzell von 1969 bis 1982

Waltraud Rathmann im Atelier, 1994

Künstlerisches Wirken

Schon in früher Kindheit entdeckte Waltraud Rathmann in sich die Freude am Zeichnen und Malen. Nach dem Umzug vom Rheinland an den Bodensee wurde sie durch die Schönheit der Landschaft weiterhin zum Malen inspiriert. Nach dem plötzlichen Tod ihres Mannes lernte Waltraud Rathmann den bekannten Landschafts- und Portraitmaler Robert Pinsker kennen. Sie entdeckte ihr Interesse an der Aquarell-Malerei. Sie machte eine zweijährige Grundausbildung bei der Otto-Dix-Schülerin Roberta Holly Logais in Hemmenhofen. Anschließend belegte sie mit ihrem Lebensgefährten Robert Pinsker mehrere Seminare.
Es folgten viele Ausstellungen im Bodenseeraum, in der Schweiz, in Südfrankreich. Das Künstlerpaar malte auf der Insel Kreta. Die Bilder sind in einem berühmten Hotel auf der Insel zu sehen.

Die Kunst von Waltraud Rathmann besticht durch strahlende Leuchtkraft. Die Aquarelle sind technische und farbliche Meisterwerke. Bewundernswert ist der unerschöpfliche Ideenreichtum der Künstlerin.

Ausstellungen in Salem

Seit 1992 gab es insgesamt 66 Ausstellungen. Ein Bilder–Zyklus von Waltraud Rathmann ziert das Amtszimmer des derzeitigen Bürgermeisters in Salem.

- 1999 Volksbank Mimmenhausen
- 2001 Sparkasse Salem
- 2003 Reck´s Hotel-Restaurant
- 2004 Gewerbepark Neufrach
- 2004 „Prinz Max“ Neufrach
- 2004 Wohnresidenz am Schlosssee
- 2009 Rathaus Neufrach

Wolfram Seidel

* 27. März 1935 in Breslau

Wolfram Seidel im Glockenstuhl der Pfarrkirche Neufrach, 1980
Er gestaltete die eindrucksvolle Glockenzier.

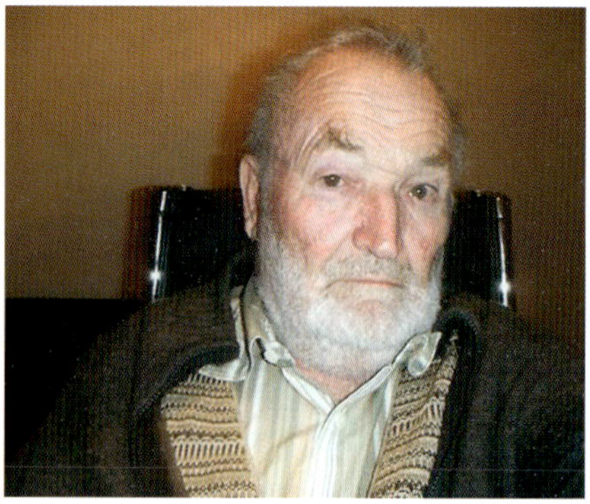

Foto: 2012

Lebensstationen

- 1955 Abitur in Sasbach/Achern
- 1955 Studium der Bildenden Kunst als Hauptfach für das Lehramt an Höheren Schulen, an der Staatlichen Akademie der Bildenden Künste in Karlsruhe (Nebenfach Sport, Universität Karlsruhe)
- 1961 tätig am Aurain-Gymnasium in Bietigheim-Bissingen
- 1971 Bildungszentrum Markdorf, Gymnasium
- 1990 Ruhestand
- 1997 Südfrankreich – bei Avignon
  Wohnort in Deutschland: Bietigheim-Bissingen

Zum Lebenswerk von Wolfram Seidel gehört die Renovierung des Komethofes in Neufrach. Über viele Jahre hinweg hat er das Denkmal in Eigenleistung saniert (s. „Denkmale und Gedenkstätten")

Künstlerische Schwerpunkte

- An der Kunstakademie in Karlsruhe: Zeichnen, Aquarellieren, Drucktechniken bei Prof. Carl Hubbuch
- Werken bei Prof. Fritz Klemm
- Gast bei Prof. Trummer, (Bildhauerei), bei Prof. HAP. Grieshaber (Zeichnen/Holzschnitt/Radierung), bei Prof. Emil Wachter (Malerei/Lithographie/Radierung)
- Drucktechniken bei Fachlehrer Steiner
- Schrift, Schriftdesign bei Fachlehrer Burkhard
- Darstellende Geometrie bei Fachlehrer Dr. Lutz
- Kunstgeschichte bei Prof. Dr. FS. Würtenberger
- Kunstpädagogik bei Prof. Huppert

Besondere Werke

- 1961-2006 verschiedene handgearbeitete Grabsteine für Verwandte, Freunde und Bekannte
- 1985 Glockenzier für fünf neue Glocken in Salem-Neufrach, danach etwa weitere 35 Glockenverzierungen, hauptsächlich in Baden-Württemberg
- 1991 Das „Geschossene Kreuz" von Beuren als Diebstahlersatz
- 1993 Worms Liebfrauenkirche: Bronze Osterleuchter (1.85 m) mit reichem Programm aus dem Alten- und Neuen Testament
- 1994 Worms St. Martin: Ambo mit der Legende des Hl. Martin
- 1994 Friedhof Neufrach-Leutkirch: Bronzegrabmal für seine verstorbene Frau Hiltrud Seidel, gestaltet mit Tochter Esther: „Engel mögen Dich zum Paradies geleiten"
- 1995 Großes Wappen (Sandstein) für die Familie Siegfried Raither, Salem-Neufrach (im Eingangsbereich der Besenwirtschaft)
- Seit 1997 Zeichnungen und Aquarelle für die Projekte „Bizarr", „Sodom und Gomorrha", weiter bearbeitet auf dem PC mit „Photoshop", „Gimp" u. a. Programmen; viele weitere Bildbearbeitungen

Esther Seidel

*8. Februar 1964

Esther Seidel, geboren in Ludwigsburg, wuchs in Neufrach auf, wo sie auch die Grundschule besuchte. Am Gymnasium Markdorf machte sie 1983 das Abitur. Künstlerisch motiviert wurde sie von Ihrem Vater Wolfram Seidel.

Vinzent und Esther in Martina Franca, Apulien, 2010

Esther Seidel belegte vier Semester Kunstgeschichte bei Prof. Robert Suckale in Bamberg. Sie entschloss sich dann aber, freie Bildhauerei zu studieren.

Ihr Ziel war Italien! Angekommen in Pietrasanta, einer bedeutenden Bildhauerstadt in der Toskana, fand sie über den Sommer 1985 Arbeit in einer Pizzeria und in einer der vielen Bronzegießereien. Mit dem verdienten Geld kaufte sie sich ein Motorrad und somit ein Stück Freiheit. Sie lebte einige Monate in ihrem VW - Bus und besuchte schließlich die legendäre „Accademia delle Belle Arti" in Carrara, um sich ganz der Bildhauerei zu widmen. Ihr Studium beendete sie 1990 mit Auszeichnung.

Ihr Graubündner Mann Patrick John Steiner, den sie an der Akademie kennengelernt hatte, begleitete sie 16 Jahre lang privat und künstlerisch. Unzählige gemeinsame Ausstellungen und Wettbewerbe in Italien, Deutschland und der Schweiz sowie die Arbeit im Atelier sorgten für ein erfülltes Leben.

Im Jahr 2000 wurde ihr Sohn Vinzent Fortunat Steiner geboren. Kurz darauf verließ Patrick das gemeinsame Nest und Esther schlug, inspiriert durch ihr Kind und die neue Lebenssituation ohne den jahrelangen Partner, auch künstlerisch neue Wege ein.

Sie begann zu fotografieren, die Fotos am Computer zu bearbeiten, sie auf Stoff drucken zu lassen und die Bilder dann mit Wolle zu sticken. Es entstanden die Stickbilder. So konnte sie sich um ihr Baby kümmern und dennoch arbeiten. Ein mobiles Atelier war geschaffen. Bildhauerei rückte notgedrungen in den Hintergrund. Zu ihr fand sie erst mit dem Wachsen ihres Kindes zurück. Sie begann nun das neue Material Wolle und auch Stoff in ihre Skulpturen miteinzubeziehen.

Die Künstlerin schreibt: „INNEN IST GLEICH AUSSEN .... innere Veränderung bringt äußere Veränderung mit sich, wie eben auch äußere Veränderung den inneren Wandel nach sich zieht, wenn man authentisch bleibt und jede Situation, die sich einem im Leben stellt, als positive Entwicklung annimmt und umwandelt. Nichts ist so wichtig wie sich selbst und seinem Schaffen treu zu bleiben und seinem Weg zu folgen, egal ob dies dem Betrachter gefällt oder nicht."

Der von Esther Seidel in Markdorf geschaffene Latsche-Brunnen ist vielen Betrachtern ans Herz gewachsen. In Friedrichshafen steht am Rathausplatz die überlebensgroße Figur des „Denkers" und in Langenargen am Kavaliershaus die ebenfalls lebensgroße Bronzefigur „Innerhalb eines Augenblicks".

Siegfried und Elisabeth Raither, 2011

Nach wie vor verbindet Esther Seidel eine enge Freundschaft mit Siegfried und Elisabeth Raither, die dem Künstlerpaar jahrelang beim Transport der oft schweren Skulpturen und beim Aufbau großer Ausstellungen in ganz Deutschland geholfen haben. Sie stellten Platz zum Lagern der vielen Skulpturen zur Verfügung. Bis heute stehen sie Esther Seidel mit Rat und Tat zur Seite. Mehrere Figuren der Künstlerin sind in Raithers Besenwirtschaft in der Haldenbühlstraße ausgestellt.

William Straube

*10. Juni 1871 † 3. Mai 1954

Nur kurze Erwähnung findet der bekannte Künstler William Straube im Dorfbuch von WEL (S. 131), obwohl er fast 30 Jahre lang in Neufrach künstlerisch tätig war. Nur wenigen Einheimischen ist bewusst, dass von 1925 bis 1954 ein solch großartiger Künstler in Neufrach lebte. William Straube wohnte im Haus Nummer 102, heute Breitenstraße 2. Der vielseitige und fleißige Kunstmaler und Studienrat a. D. war unablässig auf der Suche nach seinem Stil, nach „seinem Bild".

Straube kam am 10. Juni 1871 in Berlin zur Welt. Am 3. Mai 1954 starb er im Alter von 83 Jahren in Neufrach. Nach einer dreijährigen Ausbildung zum Dekorationsmaler in Berlin und dem Studium der Malerei an der Königlichen Akademischen Hochschule Berlin wurde Straube im Jahr 1898 Zeichenlehrer in Koblenz.

1908 beendete er seine Lehrertätigkeit und suchte einen künstlerischen Neuanfang. Er hoffte, seinen Stil zu finden, indem er zunächst bei Henri Matisse in Paris (1908-1911) und später bei Adolf Hölzel in Stuttgart (1915/1916) studierte. 1918 zog Straube wieder nach Berlin und heiratete die bekannte Violinistin Dora von Möllendorf. 1919 und 1920 kamen die Söhne Peter und Bertram zur Welt, die beide im zweiten Weltkrieg ums Leben kamen.

William Karl Johannes Bertram Straube in seinem Atelier, 1949
Das „Selbstbildnis mit Kappe" ist das letzte in Öl gemalte Kunstwerk des Malers.

„Ehepaar Metzger", gemalt 1932

1925 zog die Familie Straube in ihre neue Heimat nach Neufrach. Von 1925 bis 1929 unterrichtete Studienrat Straube an der Schule Schloss Salem. Danach widmete sich der leidenschaftliche Künstler wie „besessen" seiner Malerei. In seinem Spätwerk hat er ausdrucksstarke Bilder der Bodensee- und Linzgau-Landschaft und zahlreiche Portraits geschaffen. Straube gelang es, die Farben in Klänge und seine Bilder in großartige Kompositionen zu verwandeln. Zwei Bilder, die Straube der Gemeinde Neufrach zur Schuleinweihung (1955) schenkte, erinnern an seine Neufracher Zeit: „Der Leiterwagen" (1931) und das „Portrait des Ehepaars Caroline und Friedrich Metzger" (1932).

In zahlreichen Ausstellungen wurde und wird noch heute an das großartige Werk des Künstlers erinnert (z. B. 1967 in Überlingen).

Das frühere Atelier von W. Straube, heute Breitenstraße 2, 2007

„Leiterwagen" (gemalt 1931), Dorfstraße

Ursula Wessels

*23. März 1936

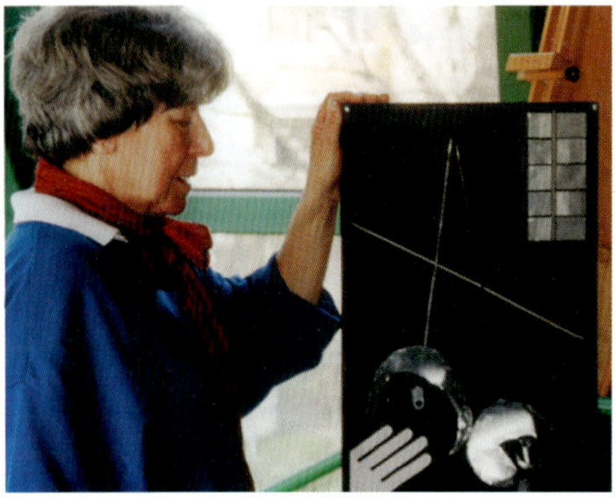

Materialbild von Ursula Wessels (aus der Serie „Fechten"), 2001

Ursula Wessels wurde in Davos geboren und wuchs zunächst dort und später dann in Fürth auf. Ihre Schulzeit schloss sie mit der Matura ab. Ab 1971 wohnte sie in Salem-Mittelstenweiler und zog 1980 nach Neufrach. Neben ihrem Studium arbeitete sie drei Jahre lang in einem Keramikatelier und bildete sich autodidaktisch in den Bereichen Zeichnen und Malen weiter.

Anschließend absolvierte Ursula Wessels drei Jahre lang eine Ausbildung an der Neuen Kunstschule Zürich (Fernstudium) mit Schwerpunkt Zeichnen und Grafik.

In den Maltechniken bildete sie sich bei verschiedenen Lehrern weiter.

Ihre Bilder zeigte sie in Einzel- und Gruppenausstellungen: Salem, Überlingen, Bodman, Friedrichshafen, Laupheim. Zahlreiche Arbeiten der Künstlerin befinden sich im Privatbesitz deutscher und schweizerischer Kunstliebhaber. Neben der freien Malerei ist Ursula Wessels auch kunsthandwerklich tätig (Drehorgel- u Moritatenmalerei, Bauernmalerei, Illustration, Plakatgestaltung, Keramik, grafische Kleinaufträge).

Vom zunächst stark zeichnerisch geprägten Realismus entwickelt sich ihr Schaffen abstrahierend weiter Richtung konkret-konstruktivistisch.
Ursula Wessels fühlt sich stilistisch ungebunden und ist in vielen Techniken zu Hause. Sie sagt: „Die Freiheit, meine künstlerischen und technischen Mittel dem Bildinhalt entsprechend einzusetzen, ist mir wichtig. Unverzichtbar ist jedoch die handwerkliche Sorgfalt."

Spontan und mit viel Spielfreude, aber nie unreflektiert oder inhaltslos, entstehen Collagen und Materialbilder, die bereits seit längerer Zeit zum Schwerpunkt des künstlerischen Schaffens von Ursula Wessels geworden sind.

Besuch im Atelier, 2001
Zu Gast: Kunsthistorikerinnen aus Petersburg und Odessa.

Blasmusikgruppe „Riedwegmusikanten"

Riedwegmusikanten, 1990 (von links) Siegfried Karrer, Erwin Keller, Heinrich Stehle, Eberhard Stumpp, Dieter Lange, Konrad Hack, Karl Leberer, (vorne von links) Fritz Sick, Josef Sick, Josef Halder

Am 10. September 1986 trafen sich zehn ehemalige Musiker der Musikkapelle Neufrach in der Schreinerei Stehle. Den Impuls zur Gründung der Freizeitgruppe gaben Heinrich Stehle und Josef Halder.

Kirchliches Leben

(WEL, 198 - 216)

Die katholische Pfarrgemeinde „St. Peter und Paul" Neufrach besteht seit dem 1. Januar 1967. Zuvor waren Pfarrer, Pfarrkirche und Pfarrhaus in Leutkirch. Über die 60-jährige Geschichte der Pfarrgemeinde Neufrach-Leutkirch informieren die folgenden Seiten.

Zur Geschichte der Glocken unserer Kirchen

Beitrag von Pfarrer und Dekan Peter Nicola

Foto: um 2005

Seit über tausend Jahren läuten Glocken in den Kirchen und Kapellen unserer Heimat. Sie begleiten mit ihren Klängen das Leben der Menschen von der Geburt bis zum Tod, sie laden ein zu Gottesdienst und Gebet, sie erklingen bei freudigen wie bei traurigen Anlässen. Eine Glocke bewahrt ihren Klang über viele Jahrhunderte und ist somit das einzige Instrument, das wir heute mit seiner Musik genauso hören wie die Generationen vor uns. In der Bodenseeregion sind noch zahlreiche alte Glocken erhalten. In der St.-Ottilia-Kirche von Randegg bei Gottmadingen befindet sich sogar eine der ältesten datierten und signierten Glocken Deutschlands: Sie wurde im Jahre 1209 von Meister Rueher aus Konstanz gegossen.

Solch alte Glocken gibt es in Neufrach freilich nicht. Denn immer wieder erlitten Glocken durch unsachgemäßes Läuten irreparable Beschädigungen und mussten umgegossen, das heißt eingeschmolzen und neu gegossen werden. Zudem haben die Glockenenteignungen während der Kriege - vor allem während der beiden Weltkriege des 20. Jahrhunderts - immer wieder gewaltige Lücken in den Glockenstuben hinterlassen. Es war den Menschen nach solchen Verlusten immer ein wichtiges Anliegen, diese Lücken so schnell wie möglich zu schließen.

Auf Neufracher Gebiet stehen vier Gotteshäuser, deren Türme Glocken tragen: Die Alte Pfarrkirche St. Mariä Himmelfahrt in Leutkirch, die Markuskapelle in Neufrach, die Kapelle im Haus Wespach und die Neue Pfarrkirche St. Peter und Paul in Neufrach.

Alte Pfarrkirche St. Mariä Himmelfahrt in Leutkirch

Jüngste Untersuchungen (2012) haben ergeben, dass Teile des historischen Glockenstuhles in Leutkirch aus den Jahren 1348/49 stammen. Welche Glocken er damals trug, ist freilich nicht überliefert. Im Jahre 1863 hingen vier Glocken in der Glockenstube: die große Johannesglocke aus der Werkstatt von Franz Anton Grieshaber (Salem 1757, 860 kg), die Antoniusglocke von Felix Koch (Salem 1825, 400 kg), die Evangelistenglocke von Karl Rosenlächer (Konstanz 1861, 240 kg) sowie die Marienglocke, ebenfalls von Karl Rosenlächer (Konstanz 1861, 98 kg). Die drei kleineren Glocken dieses Geläutes mussten 1916 während des Ersten Weltkrieges zu Rüstungszwecken abgegeben werden. Erst 1928 konnte die Pfarrgemeinde bei der Glockengießerei Benjamin Grüninger Söhne in Villingen drei neue Glocken bestellen. Am 14. September wurden sie in festlicher Prozession vom Bahnhof Mimmenhausen-Neufrach nach Leutkirch gebracht und am 16. September 1928 feierlich geweiht. Sie trugen die Namen der Apostel Petrus und Paulus, der Hl. Maria und des Hl. Sebastian. Im Zweiten Weltkrieg (1942) wurden die Glocken erneut von den Türmen geholt, dieses Mal die drei größeren. Die historische Johannesglocke von 1757 jedoch überstand den Krieg im Glockensammellager Hamburg und konnte unversehrt nach Leutkirch zurückkehren. Die Lücken im Glockenstuhl wurden 1953 geschlossen. Friedrich Wilhelm Schilling aus Heidelberg, einer der bedeutendsten deutschen Glockengießer nach 1945, goss eine Marienglocke als Kriegergedächtnisglocke und eine Peter-und Pauls-Glocke. Die beiden Glocken konnten am Pfingstsonntag, dem 24. Mai 1953 von Dekan Höfler aus Überlingen feierlich geweiht werden. Seither erklingt wieder ein vierstimmiges Geläute vom Leutkircher Turm.

Übersicht über die Leutkircher Glocken

Name	Schlagton	Gewicht	Durchmesser	Gießer
1. Johannes	f′ + 5	860 kg	1138 mm	F. A. Grieshaber, 1757
2. Maria	as′ + 5	600 kg	1010 mm	F. W. Schilling, 1953
3. Peter & Paul	b′ + 4	477 kg	891 mm	F. W. Schilling, 1953
4. Sebastian	c″ + 5	283 kg	755 mm	B. Grüninger Söhne, 1928

2012/2013 sind umfangreiche Sanierungsmaßnahmen an der Läuteanlage von Leutkirch geplant. Dabei sollen der historische Glockenstuhl saniert und das Geläute durch zwei kleinere Glocken mit den Tönen es″+7 (211 kg, 671 mm) und f″+6 (137 kg, 587 mm) erweitert werden, die bereits im Jahre 2005 durch Br. Michael Reuter OSB in Maria Laach gegossen worden sind.

Markuskapelle in Neufrach

In der Glockenstube der Markuskapelle befindet sich ein hervorragend restaurierter gotischer Glockenstuhl aus dem 15. Jahrhundert. Sein ursprüngliches Geläut hat die Zeiten nicht überdauert. 1861 hängte man das kleine

Bruderschaftsglöckchen aus Leutkirch in der Markuskapelle auf. Es war in der Alten Pfarrkirche frei geworden, als 1861 zwei neue Glocken für Leutkirch gegossen wurden. Auch das Bruderschaftsglöckchen überstand den Glockenraub der Weltkriege nicht. Heute läuten im historischen Glockenstuhl zwei ebenfalls historische Glocken, die wiederum nicht ursprünglich für die Markuskapelle gedacht waren. Die größere, dem Hl. Franz Xaver gewidmet und 1870 von Karl Rosenlächer in Konstanz gegossen, stammt aus der Heidelberger Jesuitenkirche und wurde dort nach dem Zweiten Weltkrieg nicht mehr in das neue Geläute integriert. Die kleinere, den beiden Hl. Sebastian und Petrus geweiht und 1754 von Franz Anton Grieshaber in Salem gegossen, hing ursprünglich im Salemer Münster. Bis zur Anschaffung des großen Geläutes in der Neuen Pfarrkirche läuteten die Markusglocken auch zu Gottesdiensten in der Pfarrkirche.

Glocken der Markuskapelle, 1980-er Jahre

Übersicht über die Glocken der Markuskapelle

Name	Schlagton	Gewicht	Durchmesser	Gießer
1. Franz Xaver	d'' - 4	226 kg	716 mm	K. Rosenlächer, 1870
2. Sebastian & Petrus	f'' - 4	120 kg	555 mm	F. A. Grieshaber, 1754

Pfarrkirche St. Peter und Paul in Neufrach

Die zwischen 1965 und 1967 erbaute Pfarrkirche blieb jahrelang ohne eigene Glocken. Man läutete mit den Glocken der benachbarten Markuskapelle zum Gottesdienst. Erst im Jahre 1980 erhielt der stattliche Chorturm der Neufracher Kirche ein fünfstimmiges Geläute, das durch eine große Spendenaktion und durch den Erlös zahlreicher Feste in der Gemeinde finanziert wurde. Berühmtheit erlangte das Neufracher Geläute in Fachkreisen dadurch, dass es nach Jahren der Abstinenz wieder reich und individuell mit Glockenzier geschmückt wurde. Die Zier bezieht sich auf die Geschichte der Pfarrei Leutkirch-Neufrach und wurde gestaltet durch den Neufracher Künstler Wolfram Seidel. Das Neufracher Geläute war eines der letzten, das die Werkhalle der Heidelberger Glockengießerei verließ. Die Pfarrkirchenglocken sind übrigens auf die Markuskapellenglocken abgestimmt und können gemeinsam mit ihnen geläutet werden. Eine sechste Glocke fand im Jahre 2001 auf dem Neufracher Turm ihre Heimat. Sie stammt aus der Glockengießerei von Br. Michael Reuter OSB in Maria Laach.

Die fünf neuen Glocken, 1980

Mit seinen acht Glocken ist der Neufracher Glockenchor eines der umfangreichsten, größten und wohl auch schönsten Geläute in weitem Umkreis.

Übersicht über die Neufracher Glocken

Name	Schlagton	Gewicht	Durchmesser
1. Elisabeth	c′ – 4	1775 kg	1492 mm
2. Margaretha & Lorenz	e ′– 4	1061 kg	1224 mm
3. Antonius	g′ – 2	708 kg	1018 mm
4. Bartholomäus	a′ – 4	494 kg	899 mm
5. Markus & Martin	c′′ – 3	332 kg	780 mm
6. Benedikt & Bernhard	e′′ – 1	188 kg	646 mm

Glocken 1 bis 5: Glockengießerei Heidelberg, 1980
Glocke 6: Br. Michael Reuter OSB, Maria Laach, 2001

Kapelle des Hauses Wespach

Der Dachreiter von Wespach trägt eine kleine Glocke, die 1935 von der Glockengießerei Benjamin Grüninger Söhne in Villingen gegossen wurde. Sie läutet auf den Ton b′′ – 4, wiegt 40 kg und hat einen Durchmesser von 404 mm.

Quellen und Archivalien

Unterlagen des Glockenarchivs Peter Nicola.
Gommeringer, Hugo: Unvergessliche Spuren – Kirchenchor Neufrach, 1774-1989. Uhldingen: Stephanus Druck GmbH, 1988.
Münsterpfarrei Salem: Musik in Salem, Salem 2005.
Nicola, Peter: Kirchen und Kapellen der Seelsorgeeinheit Salem, Schnell-Kunstführer Nr. 2548, Regensburg: Verlag Schnell & Steiner, 2004.
Staiger, Xaver: Salem oder Salmannsweiler Konstanz, 1863.

Geschichte der Pfarrei

(WEL, 198 - 216; s. auch „Dorfgeschichte")

Zur früheren Pfarrgemeinde Leutkirch und zur heutigen Pfarrei Neufrach gehören Neufrach, Leutkirch, Buggensegel, Mittelsten-, Obersten-, Habersten- und Birkenweiler. Die Gesamtheit der zur Pfarrgemeinde gehörenden Orte wird „Kirchspiel" genannt.

Die ehemalige Pfarrkirche „Mariä Himmelfahrt", Leutkirch, 1902

Die 1950-er Jahre

Am Pfingstsonntag 1953 wurden in Leutkirch zwei neue Glocken geweiht, die von Friedrich Wilhelm Schilling in Heidelberg gegossen worden waren.

Am 14. März 1954 feierte die Pfarrgemeinde Leutkirch das „Silberne Priesterjubiläum" ihres Pfarrers Anton Seifried, im Januar 1959 starb Pfarrer Anton Seifried. Sein Nachfolger wurde Kilian Jost.

Der Jubilar Anton Seifried auf dem Weg zur Kirche, 1954

Im Juli 1955 entfernte das Baugeschäft Adolf Eblen das alte Gestühl und den Holzboden der Kirche und verlegte eine Rauhbetondecke.

Beim Ausräumen fand Adolf Eblen altes Opfergeld: Einen Heller mit der Prägung von 1706 und Münzen aus späterer Zeit. Den Heller schenkte Adolf Eblen dem damaligen Pfarrer Anton Seifried.

Am 1. Juli 1956 feierte der Neufracher Bürgersohn, Kapuziner-Pater Verekund Steidle, in der Pfarrkirche Leutkirch sein „Goldenes Priesterjubiläum".

Die 1960-er Jahre

In der katholischen Kirche waren die 1960-er Jahre eine Zeit des Aufbruchs und der Veränderung. „Macht die Fenster der Kirche weit auf!" Dieses Motto, das der als „Übergangs-Papst" gedachte Johannes XXIII. (1958-1963) formuliert hat, durchdrang die katholische Kirche. Der neu gewählte Papst rief den Menschen zu: „Habt keine Angst! Öffnet, ja reißt die Tore weit auf für Christus!" Das Zweite Vatikanische Konzil (1962-1965) führte zu grundlegenden Veränderungen in der Struktur der katholischen Kirche. Kirchliche Erneuerung und gesellschaftliche Veränderungen prägten ein neues Verständnis von christlicher Gemeinde. Mit dem erklärten „Aggiornamento" („Verheutigung") erkannte das Konzil die „Zeichen der Zeit". In seiner Eröffnungsrede zum Konzil betonte Papst Johannes XXIII. programmatisch, dass es nicht nur darauf ankomme, einen „kostbaren Schatz zu bewahren", sondern auch darauf, sich mit Eifer und ohne Furcht den in der Zeit erforderlichen Aufgaben zu widmen.

Konzils-Ideen wurden auch in der Pfarrgemeinde Neufrach verwirklicht. Zu den Neuerungen zählten u.a.: Gottesdienste in der Landessprache, Öffnung gegenüber anderen Konfessionen (Ökumene) und Religionen, Übernahme von Diensten durch Laien (z. B. Lektoren und Lektorinnen, Kantoren und Kantorinnen, Kommunionhelfer und Kommunionhelferinnen, Ministranten und Ministrantinnen, Pfarrgemeinderäte und Pfarrgemeinderätinnen), Einführung der Handkommunion. 1969 fand die erste Pfarrgemeinderatswahl statt.

Nur in einigen wenigen Stichworten sei daran erinnert, wie die damaligen kirchlichen Gegebenheiten aussahen: Tägliche Hl. Messe, Form der „stillen" Messe, Messfeier in der Kirchensprache Latein, Zelebration des Priesters mit Blick zum Altar und mit dem Rücken zum Volk, sonntags Frühmesse, Hauptgottesdienst und Andacht, Christenlehre für die Jugend, Altardienst nur durch Ministranten, strikte Trennung von Männern (rechte Seite, Süden) und Frauen (linke Seite, Norden), Pflege der traditionellen Prozessionen, drei Tage dauernder Ritus des Sebastians-Festes (Sebastianibruderschaft; 20. Januar), Bußsakrament als Ohrenbeichte.

Eine umwälzende Neuerung erfolgte für das Kirchspiel Neufrach Mitte der 1960-er Jahre. Die Kirchengemeinde machte sich auf den Weg von Leutkirch nach Neufrach, also dahin, wo die meisten Gläubigen wohnten. Im Juli 1964 begannen die Planungen für den Kirchenneubau in Neufrach. Gleichzeitig sollten auch Kindergarten, Schwestern- und Pfarrhaus gebaut werden.

Von Gottfried Fitz erwarb die Pfarrgemeinde Grundstück und Bauernhaus und ließ es 1966 abbrechen.

Zum 1. Januar 1967 wurde die Pfarrei in „römisch-katholische Pfarrei und Kirchengemeinde Neufrach" umbenannt.

Primiz-Messe von Pater Martin Domogalla, 1966
Mit ihm zelebrieren (von links) Pfarrer Josef Beha, Pater Ansgar und Pfarrer Erich Weiss.

Noch vor der Einweihung der neuen Pfarrkirche „St. Peter und Paul durch Weihbischof Karl Gnädinger konnte die Pfarrei ein großes und seltenes Ereignis feiern, die Primiz von Pater Martin Domogalla.

Am 26. Januar 1969 fanden die ersten Pfarrgemeinderatswahlen statt. Die Handkommunion wurde eingeführt. Das Fest Fronleichnam feierten drei Pfarrgemeinden gemeinsam auf dem Sportplatz in Neufrach. Der Altar stand in der Mitte des Fußballfeldes. Im Jahr 1969 wurde entschieden, dass mit dem Besuch der Samstagabendmesse die katholische Sonntags-Pflicht erfüllt ist. Während des Gottesdienstes sorgte ein Babysitter-Dienst dafür, dass die Eltern ungestört die Messe feiern konnten.

Die 1970-er Jahre

1971 lag der Bauplan für das Jugendheim vor, der dann auch ausgeführt wurde. An Fronleichnam 1973 konnte das Jugendheim (Gemeindehaus, Pfarrheim) eingeweiht werden.

Pfarrer Rudolf Schatz führte Kindergottesdienste (einmal im Monat) und den Kommunionhelfer-Dienst ein.

Was ist eine neue Kirche ohne Orgel und Glocken? Diese Frage stellte sich auch die Kirchengemeinde Neufrach. Leopold Futterer unterbreitete Pfarrer Josef Beha das Angebot, ein Schwein für das Vorhaben „Glockenbau" zu spenden. Aus dieser Offerte entwickelten sich schließlich die zahlreichen und „legendären Orgel- und Glockenfeste" zur Finanzierung der Vorhaben.

Die Organisation der Feste für die Glocken- und Orgelfinanzierung übernahm im Jahr 1974 der Kirchenchor. In Zusammenarbeit mit dem Pfarrgemeinderat wurde am Fronleichnamsfest erstmals ein Gemeindefest durchgeführt. Viele Glocken- und Orgelfeste folgten, bei denen zahlreiche ehrenamtliche Helferinnen und Helfer in Einsatz waren.

Im Jahr 1975 ging eine Bauanfrage zur caritativen Nutzung des Pfarrhauses in Leutkirch ein. Sie wurde abgelehnt. In den Folgejahren meldeten sich weitere Pfarrhaus-Interessenten mit verschiedenen Nutzungsplänen, die jedoch vom Denkmalamt abgelehnt wurden.

Im Herbst 1976 begann die Außensanierung der Pfarrkirche Leutkirch. Sie dauerte zwei Jahre.

Im Jahr 1975 löste das Gebet- und Gesangbuch „Gotteslob“ das alte „Magnificat“ ab. Das neue „Gotteslob“ förderte die aktive Mitfeier der Gottesdienste. Zurzeit ist noch ist die modernisierte Fassung des Jahres 1996 im Gebrauch. Ab dem 1. Advent 2013 soll jedoch ein neues Gotteslob der zeitgemäßen Gottesdienstgestaltung gerecht werden.

Die neue Orgel, deren Plan bereits 1973 erstellt worden war, konnte 1977 eingeweiht werden. Im selben Jahr wurde die Glockenplanung in Angriff genommen.

Am 8. September 1979 erfolgte die Gründung der Sozialstation. Träger waren und sind bis heute die 11 katholischen Pfarrgemeinden im Einzugsgebiet der Gemeinden Salem, Daisendorf, Frickingen, Heiligenberg, Uhldingen-Mühlhofen, Meersburg und Stetten. (s. auch „Sozial-, Gesundheits- und Sicherheitswesen“)

Im Jahr 1978 existierte ein Plan, nach dem das Pfarrhaus Leutkirch zur Tagungsstätte für regionale Aufgaben ausgebaut werden sollte.

Nach dem Abschluss der Außenrenovation der ehemaligen Pfarrkirche Leutkirch wurde 1979 die Außenanlage hergestellt.

Glockenweihe, 1. Advent 1980
(von links) Die große Glocke „St. Elisabeth“, NN, Pfarrer Rudolf Schatz, NN, Dekan Wilhelm Weßbecher, Pfarrer Karl Mink, NN

Am 30. April 1980 wurden in Heidelberg fünf Glocken für die Pfarrkirche gegossen. Am ersten Adventssonntag war Glockenweihe.

Die Glockenzier (Entwurf, Gestaltung und Montage für die Glockengießerei Schilling in Heidelberg) schuf der Neufracher Künstler Wolfram Seidel. Die Zierbilder mit ihrer eindrucksvollen Symbolik spiegeln die lange Geschichte der Pfarrei Leutkirch wider. Die Inschriften mit biblischen Texten erinnern an die Heilsgeschichte Gottes mit den Menschen. So lautet beispielsweise die Inschrift am Schlagrand der größten Glocke: „Was ihr getan habt einem unter diesen meinen geringsten Brüdern, das habt ihr mir getan."

Die 1980-er Jahre

Im Jahr 1980 übernahm Schwester Tarsilla die Leitung der Sozialstation. 1981 erhielt die Sebastiansglocke eine neue Glockenkrone. Im Jahr 1982 kam die Außenrenovierung der Markuskapelle zum Abschluss. 1983 war das Neufracher Geläut zum Weihnachtsfest im Südwestfunk zu hören. 1983 wurde der Wunsch geäußert, die Fronleichnamsprozession wieder durchzuführen.

Am 13. Juni 1984 feierte Bernhard Herbstritt in der Pfarrkirche Neufrach seine Nachprimiz. (von links) Pfarrer Rudolf Schatz, Bernhard Herbstritt, Ministrant Uwe Stierle

Im Mai 1984 wurde der am 25. November 1957 in Freiburg geborene Bernhard Herbstritt zum Priester geweiht. Zuvor war er Diakon in der Pfarrei Neufrach. Seine bisherigen Stationen nach der Priesterweihe:

- Drei Jahre: Vikar in Elzach
- September 1987 bis Juni 1997: Pfarrer der Pfarreien Deggenhausen, Lellwangen, Roggenbeuren und Untersiggingen
- September 1997 bis August 2005: Pfarrer der Kirchengemeinde St. Martin Bad Säckingen
- Ab Oktober 2005: Pfarrer im Aachtal und Leiter der Seelsorgeeinheit (5 Pfarreien) zusammen mit Pfarrer Markus Ramminger und Diakon Wilfried Ehinger
- Ab September 2009: Pfarrer aller fünf Pfarreien

Abschied von Pfarrer Rudolf Schatz, 1984

(von links) Sr. Maria Cornelia, Pfarrer Helmut Miltner, Sr. Daniela, Elisabeth Schatz, Sr. Bertila, Rudolf Schatz, Eugenie Schmid (G: Asprion), Adolf Schmid, Sr. Tarsilla

Am 11. September 1984 nahm Pfarrer Rudolf Schatz Abschied von Neufrach. Sr. Tarsilla und Sr. Bertila feierten am 31. Oktober 1984 ihre Silberne Profess.

1986 musste die Stuckdecke im Chorraum der ehemaligen Pfarrkirche Leutkirch restauriert werden. Auch eine Renovation des Neufracher Pfarrhauses war erforderlich.

Der Neufracher Bürgersohn Harald Eichhorn feierte am 1. Oktober 1986 Primiz.

Primiz von Harald Eichhorn, 1986
Am Tag seiner Primiz wurde Harald Eichhorn am Elternhaus, Markdorfer Straße 23, abgeholt. (vorne) Ehrendomherr Ernst Zeiser, (von links) Pfarrer Helmut Miltner, Neupriester Harald Eichhorn, Pfarrer Heinrich Arnold

1987 wurde der Dachstuhl in Leutkirch saniert. Im Leutkircher Chorraum mussten drei von Hausschwamm befallene Balken entfernt werden. Das Dach musste teilweise geöffnet werden. Weil die Stuckdecke lediglich als Putzträger eines Lattenrostes diente, mussten die Stuckateure oberseitig ein Kunstfasergewebe als Armierung auslegen und dieses dann ausgießen. Durch die unvorhergesehenen Zusatzarbeiten entstanden Mehrkosten von ca. 30.000 DM.

Im Jahr 1989 feierte der Kirchenchor, dessen Bestehen seit 1774 nachgewiesen ist, sein 200-jähriges Jubiläum nach. Zum großen Fest mit zwei Höhepunkten entstanden eine Chor- und Pfarreichronik, eine Ansichtskarten-Serie und eine Kassettenaufnahme. Im Oktober 1989 wurde die Baufreigabe zur Renovation des Pfarrhauses Leutkirch erteilt.

Gottesdienst im byzantinischen Ritus, 1989
Die Gemeinde feierte mit dem Benediktiner-Abt Dr. Lukas Weichenrieder (Weingarten), der mit Diakon Prof. Dr. Hans-Wolfgang Strätz (Konstanz) im Jahr 1998 in Neufrach erneut einen byzantinisch-orthodoxen Gottesdienst feierte.

Die 1990-er Jahre

Im Jahr 1990 schrieb die Pfarrgemeinde vier Bauplätze in Erbpacht am Kapellenweg aus. Auf den Grundstücken entstanden zwei Doppelhäuser, zwei Einfamilienhäuser und zwei Einfamilienhäuser mit Einliegerwohnung.

1991 begannen die Renovationsarbeiten am ehemaligen Pfarrhaus in Leutkirch. Im selben Jahr feierten erstmals alle katholischen Pfarrgemeinden in Salem gemeinsam das Fronleichnamsfest im Schlossbezirk. Im Juni 1991 wurde ein Doppeljubiläum gefeiert. Pater Martin feierte das Silberne Priesterjubiläum und Rudi Majewski sein 25-jähriges Mesnerjubiläum.

Silbernes Priesterjubiläum des Franziskanerbruders Pater Martin, 1991

Mit ihm feiert Ortspfarrer Helmut Miltner (rechts) am Patrozinium die Festmesse.

Mesner-Jubiläum von Rudi Majewski, 1991 (vorne von links) Gebhard Gern, Rudi Majewski, Pfarrer Helmut Miltner, Monika Majewski, Josef Sick. Im Hintergrund der Kirchenchor unter Leitung von Manfred Stumpp.

Im Jahr 1991 entschied der Pfarrgemeinderat, Allerheiligen, Allerseelen und das Kriegergedenken am Allerheiligentag zu begehen.

1991 wurde ein neuer Kindergartenpavillon erstellt, in den eine Kindergartengruppe 1992 einziehen konnte.

Zu einigen Veränderungen kam es, als Ende August 1992 Herbert Gail, Pfarrer von Mimmenhausen, in den Ruhestand trat und der Neufracher Pfarrer auch mit der Seelsorge in der Pfarrei Mimmenhausen beauftragt wurde.

Besonders groß wurde das Pfarrfest zum 25-jährigen Jubiläum der Kirchweihe am 28. Juni 1992 gefeiert.

Anfang des Jahres 1993 trafen sich evangelische und katholische Kirchen- bzw. Pfarrgemeinderäte zum Gespräch, um das „Schiff der Ökumene" auf Kurs und in Fahrt zu bringen. Gemeinsame Veranstaltungen wurden angeregt und abgesprochen.

Ab Mitte August 1993 erhielt Pfarrer Helmut Miltner Unterstützung durch Pastoralreferentin Adelheid Bumiller. Sie leistete ihren Dienst in den Bereichen Schule, Seelsorge, Katechese, Gottesdienst und Vorbereitung auf die Sakramente.

Im Jahr 1993 wurde an Pfingsten ein Ökumenischer Gottesdienst im Schlossseestadion gefeiert. Im selben Jahr feierte Sr. Ursula Maria ihre „Ewige Profess".

Im Oktober 1994 konnte das sanierte Pfarrhaus in Leutkirch besichtigt werden. Die Übergabe-Feier folgte vom 22. bis 24. Januar 1995. Das Haus erhielt den Namen „Sebastiani-Haus". Im Mai 1995, am Fest „Christi Himmelfahrt", wurde die Einweihung des renovierten Pfarrhauses Leutkirch gebührend gefeiert.

Zum 1. Oktober 1995 trat Pater Joseph Pandiappallil seinen Dienst als Vikar in der Pfarrei an. 10 Monate wirkte er im Pfarrverband.

Nach den Pfarrgemeinderatswahlen 1995 wurden mehrere Ausschüsse gebildet: Gottesdienst und Liturgie, Gemeindebetreuung, Jugend, Ökumene, Mission und Weltkirche, Geselliges Leben und Feste, Öffentlichkeitsarbeit,

Wissen und Bildung. Eine „Pfarrzeitung“ entstand.

Im Jahr 1996 gründete Reinhard Nowak das „Christliche Erwachsenenbildungswerk“. Prominente Referenten sprachen über interessante Themen christlichen Lebens.

Abschied nehmen hieß es 1996 von den Schwestern Maria Cornelia, Assumpta und Ursula Maria. Die letzten Schwestern des hl. Vinzenz von Paul verließen Neufrach.

Im Mai 1997 begannen notwendig gewordene Außensanierungsmaßnahmen an der Neufracher Pfarrkirche. In diesem Jahr hieß es auch, sich von Pfarrer Helmut Miltner zu verabschieden. Neuer Pfarradministrator wurde im September 1997 Peter Nicola. Unterstützung erhielt er durch Pastoralreferent Winfried Neumann, der mit seiner Familie ins Pfarrhaus Neufrach einzog.

Im März 1999 starb Mesner Rudi Majewski.

Die Zeit ab 2000

Sieben Frauen und drei Männer erhielten im Jahr 2000 die Berechtigung zur Leitung von Wortgottesdiensten: Linda Weiß, Petra Meier, Klaus Diwersy, Beate Fuchs, Elvira Straßer, Herbert Müller-Bierl, Kaya Sick, Heidi Haug, Heinz Brucker und Sabine Pfeifer. Sie hatten erfolgreich einen Liturgie-Kurs absolviert.

Ein freudiges Ereignis gab es im Juli 2001: Die von Erika und Manfred Stengele gestiftete „Benedikt- und Bernhard-Glocke“ wurde geweiht. Seit September 2001 erklingt sie als sechste Glocke im Glockenstuhl der Pfarrkirche.

Glockenweihe, 17. Juli 2001 (von links) Manfred und Erika Stengele, Pfarrer Peter Nicola

Am 31. Dezember 2001 löste sich die Frauengemeinschaft Neufrach auf.

Im April 2002 wurden aufgrund der bevorstehenden Innensanierung der ehemaligen Pfarrkirche Leutkirch u. a. die Bänke herausgenommen und die Orgelpfeifen gesichert. An Weihnachten 2002 konnte in der renovierten Kirche wieder festlich Liturgie gefeiert werden.

Auf Anregung von Winfried Neumann wurde 2002 mit dem Bau einer Photovoltaikanlage auf dem Kirchendach ein Umweltschutz-Projekt verwirklicht.

Beim Aufbau des Solardaches, 2002 (von links) Franc Adam-Ringelsbacher, Klaus Diwersy, Benno Meyer, Christoph Straßer, Winfried Neumann, Heidi Haug, Tobias Neumann

Eine tiefschneidende Entscheidung fiel im Jahr 2003: Der Zusammenschluss der fünf katholischen Pfarrgemeinden Salems zur Seelsorgeeinheit. Am 1. Oktober 2003 erfolgte die Gründung der Seelsorgeeinheit Salem (Pfarreien Beuren, Neufrach, Mimmenhausen, Salem, Weildorf).

Am Fronleichnamsfest, 15. Juni 2006, wurde Pfarradministrator Peter Nicola zum Pfarrer der Seelsorgeeinheit Salem investiert. Am 12. November wurde die Investitur in der Pfarrkirche und im „Prinz Max" eindrucksvoll gefeiert.

Am 26. Dezember 2006 kam es zu einem Krippenschwelbrand in der Pfarrkirche. Der Schaden betrug 120.000 Euro. Die Gottesdienste feierte die Pfarrgemeinde bis zum Ende der Sanierung, die im Jahr 2007 erfolgte, in Leutkirch. Das Gotteshaus erhielt helle Wände, die Altarwand eine neue Farbgebung und der Tabernakel einen neu gestalteten Hintergrund. Die Kreuzwegstationen aus Beuren wurden an den Seitenwänden angebracht. Die Kirche erhielt eine neue Beleuchtung und Sprechanlage. Am Vorabend des Pfingstsonntages 2007 wurde wieder der erste festliche Gottesdienst in der Pfarrkirche gefeiert.

Ein Höhepunkt war das Patrozinium 2007 zum 40-jährigen Bestehen der Pfarrei und der Pfarrkirche. Der Kirchenchor sang unter Leitung von Hans-Peter Schütz die großartige „Cäcilienmesse" von Charles Gounod. Hans-Peter Schütz wurde am Ende der Festmesse als Chorleiter verabschiedet.

Ein ganz besonderes Ereignis war der Glockenguss am 24. Juli auf dem Kirchplatz. Bruder Michael, Glockengießer von Maria Laach, goss zwei Glocken.

Glockenguss, 2007

Glockensegnung, 2007

(von links) Bruder Michael, Pfarrer Peter Nicola

2007

Kardinal Vinko Puljic. feierte in der Pfarrkirche Neufrach ein Pontifikalamt und nahm eine 55 kg schwere „Friedensglocke" in Empfang.

Kirchen und Kapellen

Pfarrkirche „St. Peter und Paul“ und „St. Elisabeth“

Auf Initiative von Pfarrer Josef Beha wurde in den Jahren 1965 und 1966 die Pfarrkirche erbaut. Die Planung lag bei Oberbaurat M. Schätzle und bei Baurat Büchner vom Erzbischöflichen Bauamt Konstanz. Örtlicher Bauleiter war Kurt Schleicher und Gartenbauarchitekt Hartwig Troll.

Bau der Pfarrkirche und Richtfest, 1966

Im Jahr 1966 wurde das landwirtschaftliche Anwesen von Gottfried Fritz, zuvor Eugen Stehle, abgerissen.

Ab dem 1. Januar 1967 war Neufrach Sitz des Pfarrers und der Pfarrgemeinde. Etwa sieben Monate später, am 30. Juli, wurde die Kirche durch Weihbischof Josef Gnädinger eingeweiht. Obwohl die Kirche noch nicht fertig war, hatte bereits ein Jahr zuvor Pater Martin Domogalla dort Primiz gefeiert.

Einweihung der neuen Pfarrkirche, 1967

Weihe der Kirche, 1967

30 Jahre später, im Jahr 1997, musste die Kirche schon saniert werden. In den Turmwänden hatten sich große Risse gebildet. Folgende Maßnahmen wurden ergriffen:
Außensanierung der Turmwand, Dachsanierung zur Regenwasserableitung, Verlegung einer neuen Drainage um das Kirchenfundament und Erstellung eines neuen überdachten Eingangs. Familie Inge Mogg hatte ihr über 100 Jahre altes Feldkreuz gestiftet, das über dem Eingangsportal angebracht wurde.

Sanierung der Pfarrkirche, 1997

Photovoltaikanlage

Photovoltaik-Anlage auf dem Kirchendach, 2002

Im April 2002 wurde unter Anleitung des Solaranlagen-Fachmanns Benno Meyer die Photovoltaikanlage auf der Sonnenseite des Kirchendaches in der Kreuzesform installiert und am 30. Juni 2002 (Patrozinium) eingeweiht. Eine 16-seitige Broschüre mit dem Titel „Die Energie des Himmels" gibt Aufschluss über das Projekt.

Das Kircheninnere musste im Jahr 2007 wegen eines Krippen-Schwelbrandes an Weihnachten 2006 grundlegend saniert werden. Folgende Arbeiten waren notwendig: Abbau der Bänke, Aufbau eines Gerüstes, Ausbau und Reinigung der Orgel, Säuberung aller Figuren, gründliche Reinigung der Raumschale, Säuberung der Heizungsgänge, Neufassung der Holzschalung, Nacharbeitung der Krippe, Verbesserung der Beleuchtung und Installation des Kreuzweges aus Beuren. Für die Maßnahme war Architektin Corinna Wagner-Sorg verantwortlich.

Kirchensanierung, 2007

Kapelle „St. Markus und St. Martin"
(WEL, 198-201)

Kapelle, 2012

Ein Stück des Mauerwerks an der Nordseite der Kapelle blieb als Beleg des romanischen Ursprungs unverputzt.

In der Kapelle wurden in der Zeit vor 1967 nur zu bestimmten Gelegenheiten und an besonderen Feiertagen Gottesdienste gefeiert.

Nach dem Bau der neuen Pfarrkirche blieb die Kapelle weitgehend ungenutzt.

Bereits Anfang der 1970-er Jahre war eine Sanierung der Kapelle ins Auge gefasst worden. Die Außenrenovierung erfolgte dann aber erst in den Jahren

1981/1982 unter Pfarrer Rudolf Schatz.

Trotz des sanierungsbedürftigen Zustandes im Innern der Kapelle feierte man dort in den letzten Jahren wiederholt Gottesdienste, z. B. vor den Hauptversammlungen des Fördervereins oder anlässlich des Umzugs der Hospizgruppe Salem ins ehemalige Schwesternhaus.

Aufnahmen von der Markuskapelle, vor und nach der Außensanierung, 1980/1984

Auch wenn das genaue Entstehungsdatum der Kapelle nicht bekannt ist, darf mit guten Gründen davon ausgegangen werden, dass die Kapelle als Privatkirche der „adeligen Herren von Niuveron“ (ab 1162 erwähnt) bereits um 1200 erbaut worden war. Diese waren Ministeriale (Dienstherren) des Klosters Reichenau und der Grafen von Heiligenberg.

In den 1980-er Jahren wurden die Seitenaltäre und Mitte der 1990-er Jahre der marode Holzfußboden und die Bänke entfernt.

Robert Lung, Reichenau, führte im Jahr 2012 eine restauratorische Untersuchung in der Kapelle durch, die folgenden Befund ergab, der hier zusammengefasst wiedergegeben werden soll:

„Die heutige Kapelle besteht in wesentlichen Teilen aus romanischem Wackensteinmauerwerk mit Fugenverstrich, der die Steinköpfe weitgehend sichtbar lässt. Deckputz der ersten Bauphase ist in der Nordwest- und der Nordostecke des Langhauses nachgewiesen. Der in dieser Phase nachgewiesene Chorbogen setzt einen Chorraum voraus. Nach einem Brandschaden wurde in einer weiteren Bauphase ein in der ganzen Kapelle nachweisbarer Deckputz mit einer welligen, körnigen Oberfläche aufgebracht. Damals wurden vermutlich auch die Maßwerkfenster und die Sakristei erbaut. Die nächste Phase, vermutlich kurz darauf, zeigt sich in der Malerei an der Chorbogenwand mit der stark zerstörten Darstellung des Jüngsten Gerichtes. Diese Darstellung war bereits mit einer Kalktünche abgedeckt, als der Chorbogen neu aufgemauert wurde. Im gleichen Zug wurden möglicherweise die ehemalige Tür in der Nordwand, der Bogen des Sakristeizugangs und die Aufmauerung des Hauptaltars geschaffen. Viele Faktoren weisen auf eine sehr frühe Entstehung des Estrichs, vielleicht noch im 15./16. Jahrhundert, hin. Bei der Renovierung, vermutlich um 1884, wurden die gesamten Wandflächen mit einem braunen, mager gebundenen Grundputz und einer dünnen weißlichen Deckschicht überzogen. Die Kapelle erhielt eine Leimfarbenfassung, die das heutige Erscheinungsbild im Wesentlichen bestimmt. Die Fassung von 1884 wurde später im Sockelbereich neu gestaltet. Eventuell steht diese Renovierung im Zusammenhang mit Schäden, die durch einen Blitzschlag in den 1920er-Jahren aufgetreten sein sollen.“

Secco-Malerei, „Jüngstes Gericht“, Foto: 2013

Förderverein „Markuskapelle Neufrach e. V.“

Im Jahr 2009 wurde der Förderverein „Markuskapelle Neufrach e.V.“ gegründet. Er verfolgt das Ziel, die Sanierung der kleinen Dorfkirche ideell und materiell zu fördern.

Einigkeit besteht darin, dass die Kapelle nach der Sanierung zu verschiedenen Anlässen genutzt werden soll. Offen ist noch die Planung der Innengestaltung der Kapelle. In einem ersten Schritt wird zunächst das Dach saniert.

Ehemalige Pfarrkirche „Mariä Himmelfahrt" Leutkirch
(WEL, 202-207)

Außensanierung der Pfarrkirche 1977/1978

Die erste urkundliche Erwähnung der Kirche stammt aus dem Jahr 1210. Die im Kirchenschiff nachweisbaren spätromanischen Reste sind jedoch Hinweis auf einen vor 1200 liegenden Ursprung der „Leute-Kirche". Chor und Turm stammen aus dem 14. Jh. und zeigen ihren gotischen Ursprung. Bis ins 16. Jh. hinein war Leutkirch Dekanatssitz und eine der Mutterpfarreien des Linzgaus.

Um 1730 wurde die Kirche auf Veranlassung des Salemer Zisterzienserabtes Constantin Miller (1725-1745) im barocken Stil umgestaltet. 1860 erhielt die Kirche einen Anstrich im gotischen Stil.

Die um 1900 geplante Kirchenerweiterung wurde nicht realisiert.

Eine grundlegende Restaurierung des Innenraums durch den Überlinger Kunsthandwerker Victor Mezger fand in den Jahren 1902 und 1903 statt.

Die dringend erforderliche Außenrenovierung wurde unter Pfarrer Rudolf Schatz im Herbst 1976 in Angriff genommen und 1978 abgeschlossen. Sie kostete 402.000 DM. Im Zuge dieser Sanierungsarbeiten an der Fassade verschafften sich die Denkmalschützer auch ein Bild über den Zustand des Kircheninneren. Ab Oktober 1984 beantragte Pfarrer Helmut Miltner die dringend notwendige Innensanierung. Die bedrohlich schadhafte Deckenkonstruktion ließen die Verantwortlichen 1986 handeln. Der Chorraum wurde saniert.

Die grundlegende Dachstuhl- und Innensanierung wurde dann erst unter Pfarrer Peter Nicola im Jahr 2002 Wirklichkeit. Die Kirche erhielt die Raumfassung von 1903. Anfang April 2002 erfolgten die ersten Vorarbeiten: Auslagerung der Bänke, Abbau der Orgel, Abnahme und Sicherung der Apostelfiguren, Gerüstaufbau, Staubschutzwand zum bereits sanierten Chorraum, Einrüsten des Hauptaltars und Gerüstbau außen. Das Projekt leitete der Salemer Architekt Gerhard Haas. Die Sanierung kostete ca. 350.000 Euro.

Viele Vereine, Gruppen und Privatpersonen beteiligten sich mit Spenden und „Patenschaften für Leutkirch" (z. B. Türen, Fenster, Gemälde, Kunstwerke, Marienaltar, Kreuzaltar, Orgelgehäuse) an der Finanzierung.

An Silvester 2002 konnte erstmals wieder in der schön renovierten Kirche Gottesdienst gefeiert werden.

Innenrenovation und Sanierung des Dachstuhls, 2002

Risse an der Decke im Chorraum machten im Jahr 2010 eine erneute Restaurierung erforderlich. Nach deren Abschluss konnte die weihnachtliche Mitternachtschristmesse 2010 wieder in der restaurierten Kirche gefeiert werden.

Am 4. November 2012 verabschiedete man mit einem fröhlichen Orgelkonzert die ehrwürdige, über 100 Jahre alte Orgel. Diese wurde ausgebaut und zur Renovierung nach Bonn gebracht und soll dieses Jahr wieder in Leutkirch erklingen.

Kapelle „St. Vitus" Wespach

Vituskapelle nach der Sanierung, 2012

In Wespach wurde die Kapelle zeitgleich mit dem „Siechenhaus" 1445 von Abt Georg I. gebaut. 1447 weihte Johann Lidringer die Kapelle ein. Eine erste Renovierung des Gebäudes erfolgte unter Abt Peter II. im Jahr 1599.

Die Veitskapelle, die in den 1960-er Jahren modernisiert wurde, lässt an ihren spitzbogigen Fenstern erkennen, dass sie aus gotischer Zeit stammt.

Im Innern befindet sich neben einigen Einzelplastiken ein wertvoller Renaissancealtar, der wahrscheinlich um 1600 geschaffen wurde. Er zeigt im Mittelteil die Kreuzigungsszene mit Maria und Johannes als Standfiguren und kleinen schwebenden Engeln, die das Blut der Wunden in Kelchen auffangen. In den Seitennischen ist zum einen der Heilige König Heinrich II., zum anderen der Patron der Kapelle St. Vitus zu sehen. Das Wappen des Salemer Abts Peter II. bildet die obere, abschließende Spitze des Altars.

Filialkapelle „St. Margareta und St. Laurentius" Buggensegel

(WEL, 64 f.)

Die Kapelle, die sich idyllisch an den Margaretenberg anschmiegt, ist erstmals 1177 urkundlich erwähnt. Dass Ritter Konrad von Markdorf im Jahr 1220 sein Dorf „Buggensedil" samt Kapelle für 200 Mark Silber an das Kloster Salem verkauft hat, ist historisch gesichert.

Ab September 1984 konnte die Kapelle nach rund sechsjähriger Sanierungszeit wieder für Gottesdienste genutzt werden.

Drei Jahre später, am 16. August 1987, wurde die neue kleine Orgel mit sieben Registern eingeweiht. Manfred Stumpp führte erstmals das Instrument vor.

Seit vielen Jahren ist Walburga Pohle Mesnerin der Kapelle.

Bild links: Kapelle, 2003

Bild rechts: Winterimpression, 1985

Filialkapelle „Selige Jungfrau Maria" Mittelstenweiler
(WEL, 64)

Die Kapelle, 2000

Die nur 24 m² große Kapelle wurde im Jahr 1800 erbaut. Die Gemeinde Mittelstenweiler verkaufte die Marienkapelle am 11. Februar 1972 an eine Privatperson, wobei das kirchliche Nutzungsrecht jedoch gewahrt blieb. Im Jahr 1987 löste die Gemeinde Salem die bis dahin bestehende Bau- und Erhaltungspflicht ab. Eine Bürgerinitiative sorgte dafür, dass die marode Kapelle in den Jahren 1997 und 1998 saniert wurde. Im September 1998 konnte das sakrale Kleinod im Rahmen eines Kapellenfestes durch Pfarrer Peter Nicola eingeweiht werden.
Mesnerin der Kapelle ist Elisabeth Majewski.

Frühere Filialkapelle „St. Antonius" Oberstenweiler
(WEL, 64)

St. Antonius-Kapelle, um 1960

Die Kapelle wurde zwischen 1686 und 1695 erbaut und im Jahr 1707 eingeweiht. 1965 musste die Kapelle wegen Einsturzgefahr abgerissen werden.

Frühere Filialkapelle „St. Bartholomäus“ Unterstenweiler
(WEL, 64)

Die Kapelle wurde 1800 gebaut. Im Jahr 1974 ließ man sie abtragen und beim Restaurant „Pferdehof“, Untere Kapellenäcker 6, in Bodman wieder aufbauen.

Kapelle, um 1970

Pfarrer und Pfarradministratoren

Anton Seifried
Seelsorger in der Pfarrei: 17. 11. 1946 – 18. 1. 1959

Anton Seifried kam am 10. September 1904 in Weißach (Allgäu) zur Welt. Am 10. März 1929 wurde er zum Priester geweiht. Anschließend war er Vikar in Murg, Seelsorger in Freiburg-Zähringen und in der Stiftskirche Baden-Baden. Schon lange vor der Priesterweihe fiel der begabte, ernste Müller-Sohn durch seinen gereiften Charakter und seine Führungsqualitäten auf. Großes Geschick zeigte er in der Führung der Jugend. In bescheidenen Verhältnissen als Halbwaise aufgewachsen hatte er großes soziales Verständnis, das ihn zu einem ausgeprägten Helfer von Notleidenden werden ließ. Zudem gelang es Seifried, durch seine tiefe Frömmigkeit seine Pfarrei erfolgreich zu gestalten.

Silbernes Priesterjubiläum von Pfarrer Anton Seifried, 1954

Ab dem 10. Januar 1933 arbeitete er am Erzbischöflichen Missionsinstitut in Freiburg.

Am 17. November 1946 übernahm Anton Seifried den Dienst als Seelsorger in der Pfarrgemeinde Leutkirch. Er wurde als Pfarrer investiert. Er ließ die Altäre erneuern, zweimal neue Glocken gießen, eine neue Heizung und neue Kirchenbänke einbauen. Auch die Kirchenmauer ließ er reparieren und das Kriegerehrenmal errichten. Unerwartet früh starb er am 18. Januar 1959 im Städtischen Krankenhaus Konstanz. Dort wurde er auf dem Hauptfriedhof beigesetzt.

Kilian Jost

Seelsorger in der Pfarrei: 1959 - 1963

Erstkommunion mit Pfarrer Kilian Jost, Anfang der 1960-er Jahre

Kilian Jost kam am 16. November 1906 in Altschweier zur Welt. Am 30. April 1933 wurde er zum Priester geweiht.

Am 30. September 1980 starb Pfarrer Jost in Offenburg. Beerdigt wurde er am 4. Oktober 1980 in Alschweier.

Pfarrer Jost verkündete aufrecht und furchtlos das Wort Gottes. Pfarrer Jost war ein exzellenter Turner. Seine Liebenswürdigkeit, sein Witz und sein bubenhaftes Lächeln führten zu Vergleichen mit Don Bosco oder Don Camillo. Besondere Anerkennung erfuhr er als „Bauern-, Jugend- und Soldatenpfarrer“.

Seine Stationen als Seelsorger:

- Bis 1936 Vikar in Lörrach-Stetten
- 1936-1939 Präfekt in Sasbach
- 1939-1940 Vikar in St. Elisabeth Karlsruhe
- 1940-1945 Divisionspfarrer der zweiten Panzerdivision
- 1945-1946 Vikar in Kehl-Kork, Appenweier und Schwarzach
- 1946-1958 Pfarrer in Schwarzach
- 1958-1959 Pfarrverweser in Sölden
- 1959-1963 Pfarrer in der Pfarrgemeinde Leutkirch
- ab 1963 Pfarrer in Nesselried

Josef Beha

Seelsorger in der Pfarrei: 1963 - 1972

Foto: um 1988

Pfarrer Josef Beha (links) bei der Primizfeier von Pater Martin Domogalla, 1966

Josef Beha kam am 9. Mai 1930 in Gutach zur Welt. Im Jahr 1945 trat er in die Ordensgemeinschaft der „Oblaten des hl. Franz von Sales“ ein. 1952 trat er jedoch wieder aus dem Orden aus und wurde Weltpriester. Zum Priester geweiht wurde er am 2. Juni 1957 in „St. Peter“. Anschließend war er Vikar in Mingolsheim, Oberöwisheim, Oberkirch und St. Georgen.

Am 1. Dezember 1963 wurde er als Pfarrverweser in Leutkirch begrüßt. In den Jahren 1963 bis 1972 wirkte Josef Beha als Pfarradministrator in der Pfarrgemeinde Leutkirch/Neufrach. Acht Jahre lang hat er zielstrebig und behutsam die Anregungen des zweiten Vatikanischen Konzils umgesetzt. Er hat veranlasst, dass die neue Pfarrkirche in Neufrach gebaut wurde und so der Hauptort des Kirchspiels zum Sitz der Pfarrgemeinde wurde. Auf ihn ist der Bau des Pfarrzentrums Neufrach zurück zu führen. 1972 verließ Josef Beha Neufrach und übernahm am 15. Oktober 1972 die Pfarrei St. Cyriak Furtwangen.

Am 18. Dezember 1995 wurde er zum „Geistlichen Rat ad honorem“ ernannt. Am 20. Oktober 2002 bestellte ihn der Bischof zum Leiter der Seelsorgeeinheit Furtwangen mit St. Johann in Rohrbach und St. Nikolaus in Schönenbach mit St. Wendelin, Linach.

Er starb am 4. Dezember 2005 in Furtwangen und wurde am 8. Dezember 2005 in Gutach beerdigt. Er ist Ehrenbürger der Stadt Furtwangen.
Charakterisiert wurde Josef Beha als bescheidener, hilfsbereiter und engagierter Seelsorger. Besonders gut kam er bei der Jugend an. Im Nachruf wurde seine besondere Menschenliebe hervorgehoben, gepaart mit Humor und Witz. Auch in Furtwangen war Beha intensiv mit Verbesserungen der baulichen Infrastruktur beschäftigt.

Rudolf Schatz

Seelsorger in der Pfarrei: 9. 5. 1972 - 7. 10. 1984

Pfarrer Rudolf Schatz, bei einem Ausflug des Altenwerkes, Anfang der 1980-er Jahre
Bild links: Mit Karl Unger; Bild rechts: Bei der Messfeier mit Pfarrer Helmut Miltner

Rudolf Schatz kam in Konstanz zur Welt. 1967 wurde er im Freiburger Münster von Erzbischof Hermann Schäufele zum Priester geweiht. Nach seiner Vikarszeit in Bad Säckingen und Stockach erteilte er ab dem Jahr 1970 Religionsunterricht an der Schule Schloss Salem und am Gymnasium Überlingen.

Am 9. Mai 1972 übernahm er als Pfarradministrator die Pfarrei Neufrach, in der er Vieles getan hat: Erwerb der Orgel und Glocken, Außenrenovationen der ehemaligen Pfarrkirche Leutkirch (Beginn 1976) und der Markuskapelle, Gesamtrenovation der Kapelle St. Margarete und Laurentius Buggensegel, Gründung der Sozialstation, Aktion Polenhilfe, Aufbau des Altenwerks.

Im Jahr 1973 wurde unter Pfarrer Schatz das Jugendheim (Gemeindehaus) eingeweiht und der Orgelbau für die Kirche geplant. Im Jahr 1974 initiierte er die Aktion „Orgel und Glocken".

1977 wurde die neue Orgel in der Pfarrkirche Neufrach eingeweiht. Am 8. September 1979 erfolgte die Gründung der Sozialstation Salem. Am 30. April 1980 war der Glockenguss und am 1. Adventssonntag die Glockenweihe. 1982 wurde die Außenrenovierung der Markus-Kapelle in Neufrach und 1984 die Renovation der Kapelle in Buggensegel abgeschlossen.

In einer eindrucksvollen Feier wurde Rudolf Schatz 1984 verabschiedet. Er übernahm die Pfarrei Hechingen. Zehn Jahre lang war er Stadtpfarrer in St. Jakobus Hechingen.

Von 1994 bis 2010 war er Pfarrer der Pfarrei „Mariä Heimsuchung" in Meersburg und erster Leiter der Seelsorgeeinheit Meersburg-Seefelden, davon auch 13 Jahre lang Dekan im Dekanat Linzgau (ab 1997). Mit einem Festgottesdienst in der Meersburger Pfarrkirche und einem Empfang im Pfarrheim St. Urban verabschiedeten sich die Gläubigen im Jahr 2010 von ihrem Pfarrer und Leiter der Seelsorgeeinheit. 2010 trat er in den Ruhestand und wohnt seitdem in seiner Heimatstadt Konstanz.

Helmut Miltner

Seelsorger in der Pfarrei: 24. 9. 1984 - 31. 10. 1997

Helmut Miltner kam am 26. Juli 1955 in Heidelberg zur Welt und wuchs in Leutershausen auf. Seine Schulzeit beendete er 1974 mit dem Abitur.

Er studierte von 1974 bis 1979 in Freiburg und Wien Theologie. Danach arbeitete er ein Jahr lang im Pflegedienst im Altersheim St. Marienhaus in Freiburg.

Pfarrer Helmut Miltner gratuliert Rudi Majewski zum Silbernen Mesnerjubiläum, 1991

Sein einjähriges Praktikum absolvierte er in der Pfarrei Karlsruhe-Daxlanden. Das Priesterseminar besuchte er in St. Peter. Am 20. Dezember 1981 wurde er zum Diakon und am 20. Mai 1982 in Freiburg zum Priester geweiht. Acht Wochen war er Aushilfe in der Pfarrgemeinde Neckargemünd und dann von 1982 bis 1984 Vikar in Hockenheim.

Pfarrer Helmut Miltner beim Kriegergedenken, 1994

Noch nicht 30 Jahre alt wurde Helmut Miltner im Jahr 1984 Pfarradministrator der Pfarrgemeinde Neufrach. Von 1992 bis 1997 wurde er zusätzlich Seelsorger der Pfarrei Mimmenhausen, nachdem Pfarrer Herbert Gail in Ruhestand gegangen war.

Nach seinem Abschied von Neufrach bildete sich Helmut Miltner von 1997 bis 2001 im Bereich der Supervision weiter. Seit 2003 ist er als Hochschulpfarrer der Katholischen Hochschulgemeinde Konstanz tätig.

Festgottesdienst zur Verabschiedung von Pfarrer Helmut Miltner, 1997

(von links) Herbert Gail, Werner Reihing, Hermann Mäntele, Helmut Miltner, Georg Mayr, Matthias Bürkle, Bernhard Herbstritt

Unter Miltners Gemeindeleitung kam es u. a. zu folgenden pastoralen Veränderungen:

- Vergrößerung der Zahl der Lektoren und Kommunionhelfer
- Wiedereinführung der Fronleichnamsprozession
- Aufbau des Altars in Leutkirch zum Volk hin
- Innenrenovation von Leutkirch
- Einweihung der Orgel in Buggensegel (1987)
- Einführung der Karmette (Trauermette) und der Liturgischen Nacht
- Empfang der Kommunion unter beiderlei Gestalten am Gründonnerstag
- Einführung von Taufkleidern für die Erstkommunikanten
- Junge Ministranten als Lektoren
- Osternachtsfeier um 21 Uhr

Wichtige Ereignisse fielen in die Dienstzeit von Helmut Miltner:

- 1986: Restaurierung der Stuckdecke im Chorraum von Leutkirch; Renovation des Pfarrhauses Neufrach; Primiz von Harald Eichhorn
- 1987: 70-jähriges Jubiläum der Frauengemeinschaft
- 1989: Kirchenchorjubiläum
- 1991: Erstes gemeinsames Fronleichnamsfest der Salemer Pfarrgemeinden im Schlossbezirk
- 1994: Renovationsende des Pfarrhauses in Leutkirch; Erweiterung der Sozialstation Salem
- 1995: 15 Jahre Altenwerk
- 1997: Sanierungsarbeiten an der Neufracher Pfarrkirche

Pfarrer und Dekan Peter Nicola
Seelsorger in der Pfarrei: 1997 - heute

Foto: um 2005

Feierliche Begrüßung von Peter Nicola als Pfarrer von Neufrach, 1997 (von links) Karin Nowak, Marlena Meier, Gebhard Gern, Mathilde Gern, Peter Nicola, Konrad Hack, Reinhard Nowak, Pirmin Kretz (verdeckt)

Peter Nicola kam im Jahr 1964 in Pforzheim zur Welt. Nach dem Abitur in seiner Geburtsstadt im Jahr 1984 studierte er Theologie in Freiburg und Münster. Am 16. Dezember 1989 wurde er in St. Peter zum Diakon geweiht. Es folgte das Praktikumsjahr in der Pfarrei St. Stephan in Karlsruhe. Am 12. Mai 1991 wurde Nicola in Freiburg zum Priester geweiht.

Von 1991 bis 1993 wirkte er als Kaplan in der Seelsorgeeinheit Elztal-Fahrenbach im Odenwald, von 1993 bis 1997 in der Pfarrei St. Peter und Paul Karlsruhe-Durlach, in St. Johannes der Täufer in Aue und „St. Cyriakus" in Stupferich.

Am 11. Oktober 1997 übernahm Peter Nicola den Dienst als Pfarrer der Kirchengemeinden Salem-Stefansfeld, Beuren und Weildorf. Seit November 1997 ist er auch für die Pfarreien Mimmenhausen und Neufrach verantwortlich.

Im Jahr 2003 wurde die Seelsorgeeinheit Salem mit fünf Pfarreien gegründet. Am 15. Juni 2006 erfolgte die Ernennung von Pfarrer Peter Nicola zum Pfarrer der Seelsorgeeinheit Salem. Die feierliche Investitur fand am 12. November 2006 statt.

Seit 2006 ist er auch Nachfolger von Rudolf Schatz als Vorsitzender der Sozialstation Salem.

Am 26. April 2010 wurde Pfarrer Peter Nicola zum Dekan des Dekanats Linzgau gewählt. Am 25. November 2012 bekam Dekan Peter Nicola erstmals den Auftrag, Jugendlichen in der Basilika Birnau die Firmung zu spenden.

Priester aus dem Kirchspiel

Dr. Fridolin Amann

*14. Dezember 1988 † 9. Januar 1963

Geburtshaus von Fridolin Amann, 1913

Fridolin Amann kam als jüngstes von vier Kindern einer Landwirtsfamilie im „Bohnengütle", heute Weildorfer Straße 26, zur Welt. Nach seinen theologischen Studien in Freiburg wurde Amann am 15. Juli 1905 zum Priester geweiht. Es folgte eine einjährige Kaplanszeit, bevor er Präfekt des Erzbischöflichen Knabenseminars in Freiburg und zugleich Religionslehrer am Freiburger Bertholdgymnasium wurde.

In den Vorkriegsjahren 1923 bis 1939 war er Direktor der Heimschule Lender in Sasbach. Unter dem Druck der politischen Verhältnisse musste Amann 1939 seine Schule verlassen. Mit einem Treuhandvertrag sicherte er jedoch zuvor den Fortbestand der Sasbacher Schule im Dritten Reich.
Im Jahr 1939 kam er als Professor und Religionslehrer nach Konstanz. 1941 wurde er aufgrund eines Schilddrüsenleidens pensioniert. Zu seinem 80. Geburtstag im Jahr 1962 wurde Amann zum Päpstlichen Hausprälaten ernannt. Er starb Anfang des Jahres 1963 bei den Vincentius-Schwestern. Seinem Wunsch gemäß wurde er in Sasbach beerdigt.

Amann war ein begnadeter Erzieher. Er war einer der ersten geistlichen Förderer eines neuen jugendgemäßen Lebensstils. In der Bildung und Erziehung junger Menschen sah Amann seine Berufung, obwohl ihm alle Wege einer akademischen „Karriere" offen standen. Eine Grundlage seiner Pädagogik war das rechte Verhältnis von Autorität und Freiheit: „So viel Freiheit wie möglich, soviel Zwang wie nötig."

In Neufrach ist die Straße bei der Pfarrkirche zwischen der Mühlen- und Weildorfer Straße nach Fridolin Amann benannt.

Neupriester Fridolin Amann, 1905

Es darf davon ausgegangen werden, dass Fridolin Amann damals seine Primiz in seiner Heimatpfarrei gefeiert hat. Links ist die Markuskapelle und rechts hinten Amanns Geburtshaus zu sehen.

Adolf Koch

Im Jahr 1903 feierte der Neufracher Bürgersohn Primiz in Leutkirch.

Richard Weber

*22. November 1869 † 27. August 1939

Im Jahr 1896 wurde Richard Weber aus Buggensegel zum Priester geweiht. Seine Primiz feierte er in Leutkirch. Im Jahr 1937 wurde er zum Geistlichen Rat ernannt. Seine priesterlichen Stationen waren: Durmersheim, Murg, Bräunlingen, Kirchhofen, Pfullendorf, Geisingen und Breisach.

Max Rimmele

(WEL, 216; 248 - 251)

*21. Januar 1875 † 27. November 1951

Max Rimmele kam in Neufrach als Sohn von Anna und Peter Rimmele zur Welt. Er studierte in Konstanz und Freiburg Theologie. In Augsburg wurde er zum Priester geweiht. In Leutkirch feierte er Primiz. Er war Wallfahrtsdirektor in „Hergottsruhe" Friedberg und in der „Wieskirche" Steingaden.

Foto: Um 1930

Pater Verekund (OFMcap) (auch Hoher-Pater genannt)
*26. Januar 1881 † 28. Juni 1962

Pater Verekund (Emil Steidle), um 1910

Goldenes Priester jubiläum von Pater Verekund, 1. Juli 1956 Primiz-Bräutchen waren (von links) Anni Kabusreiter (E: Beck), Gabi Auer (E: Dutkowski, Bärbel Stumpp (E: Schmid).

Verekund Steidle kam am 26. Januar 1881 auf Gut „Krähenried" bei Denkingen zur Welt. Aufgewachsen ist er bei seiner Schwester Barbara Hoher in Neufrach. Er konnte sich seinen Wunsch, Priester zu werden, mit dem Eintritt in den Kapuziner-Orden erfüllen. Im Jahr 1906 feierte er seine Priesterweihe und am 1. Juli 1956 sein Goldenes Priesterjubiläum in der Pfarrkirche Leutkirch. Immer wieder weilte er in seinen Ferien in Neufrach und zelebrierte dann in der Pfarrkirche Leutkirch und in der Markuskapelle Neufrach die Hl. Messe. Siegfried Karrer erinnert sich, dass er oft zum Ministrantendienst gerufen wurde. Gestorben ist Pater Verekund am 28. Juni 1962 in Innsbruck.

Pater Martin Domogalla (OFM)
*22. Oktober 1940

Pater Martin, Kloster Kreuzberg (Rhön), Juni 2011

Pater Martin kam in Liebau als Sohn von Anna und Johann Domogalla zur Welt. Er hat acht Geschwister. Nach der Vertreibung aus der Heimat wurde der Familie Domogalla eine Wohnung in Remlingen zugewiesen, in der sie von 1946 bis 1956 lebte. In den Jahren 1951 bis 1960 besuchte Martin Domogalla die Internatskloster Ottbergen-Hildesheim und Hildesheim. Nach dem Noviziat in Dietfurth studierte er in München. Am 17. Juli 1966 wurde er in „St. Gabriel" München zum Priester geweiht. Am 31. Juli 1966 durfte der Franziskaner-Bruder in der gerade neu errichteten Pfarrkirche Neufrach seine Primiz feiern.

Berufliche Stationen

Kaplan in Hannover (1967-1969); Heimleiterausbildung in Köln (1969-1970); Internatsleiter in Ottbergen (1970-1971), Studentenseelsorger in Berlin (1971-1972); Pfarrer in Berlin (1972-1983); Pfarrer in Hannover (1983-1992); Pfarrer in Halle a. S. (1992-2010); Wallfahrtsseelsorger im Kloster Kreuzberg (ab 2010)

Primiz von Pater Martin, 31. Juli 1966

Primizbräutchen waren (von links) Walburga Gulde (E: Pohle), Sylvia Domogalla und Maria Mink (E: Heimgartner)

Harald Eichhorn

*27. März 1959

Harald Eichhorn mit seiner Mutter Margot beim 40-jährigen Kirchweihjubiläum der Pfarrkirche Neufrach, 2007

Harald Eichhorn kam als Sohn von Margot und Axel Eichhorn in Ravensburg zur Welt und wuchs in Neufrach auf. Das Gymnasium besuchte er in Überlingen. Am 25. September 1986 wurde Diakon Harald Eichhorn in Sarnen durch den damaligen Bischof von Chur, Dr. Johannes Vonderach, zum Priester geweiht. In Sarnen verbrachte er auch seine Vikarsjahre.

Seine Primiz feierte der Neupriester am 28. September 1986 in seiner Heimatkirche Neufrach. Mit dem Primizianten zelebrierten Ortspfarrer Helmut Miltner, der Geistliche Vater Pfarrer Heinrich Arnold aus Bürglen (Kanton Uri), Pfarrer Adolf von Atzigen aus Sarnen (Kanton Obwalden) und der Primizprediger Ehrendomherr Ernst Zeiser, Pfarrer in Billafingen, die Primizmesse. Die weltliche Feier fand am Nachmittag im Dorfgemeinschafthaus Beuren statt. Neufracher Vereine und kirchlichen Gruppen trugen zu einem eindrucksvollen Fest bei.

Primiz von Harald Eichhorn, 1986
Primizmesse (von links) Heinrich Arnold, Ministrant Thomas Majewski, Harald Eichhorn, Helmut Miltner

Von 1989 bis 2005 war Harald Eichhorn Pfarrer in Unteriberg (Kanton Schwyz). Dort erhielt er im Jahr 2002 durch Volksabstimmung die Schweizer Staatsbürgerschaft.

2005 wurde er Dompfarrer an der Kathedrale in Chur. In seine Zeit fielen der Abschluss der Restaurierung und die Wiedereinweihung des Domes am 7. Oktober 2007. Im selben Jahr ernannte ihn Bischof Dr. Vitus Huonder zum Domkapitular (Residentialkanoniker) mit dem Amt des Domkustos.

Im Jahr 2011 gab Dekan J. Zimmermann, Klosters (Kanton Graubünden), sein Amt an den bisherigen Vizedekan Harald Eichhorn weiter.

Harald Eichhorn wird auf eigenen Wunsch ab dem 1. November 2013 Pfarrer von Näfels sein.

Pastoral- bzw. Gemeindereferenten

Adelheid Bumiller

Foto: 1993

Adelheid Bumiller studierte Theologie in Freiburg und Rom. 1993 kam sie nach Salem und war für den Pfarrverband Salem-Frickingen-Heiligenberg tätig. Zuvor war sie im Pfarrverbänden Meßkirch und Ketsch eingesetzt. Nach zwischenzeitlicher zweijähriger Pause aufgrund eines Auslandsaufenthalts kehrte sie in den Kirchendienst zurück.

Sie erteilte Religionsunterricht am BZ Salem und an der Schule Schloss Salem. Des Weiteren hatte sie folgende Aufgaben: Jugendarbeit, Sakramentenvorbereitung, Krankenseelsorge und Leitung von Wortgottesdiensten.

Von 1997 bis 2002 stand sie im Dienst der im Jahr 1997 neu gegründeten Seelsorgeeinheit Salem.

Winfried Neumann

Foto: 2012

Winfried Neumann kam im Jahr 1956 in Freiburg zur Welt, wo er 28 Jahre lang lebte. Er ging in Freiburg zur Schule, absolvierte dort das Abitur und studierte Theologie im Diplom-Studiengang. Zwei Jahre seiner praktischen Ausbildung absolvierte er in Freiburg in der Pfarrei Hl. Dreifaltigkeit, ein Jahr im Pfarrverband Sigmaringen.

Nach der Ausbildung wirkte Neumann ein weiteres Jahr in Sigmaringen und insgesamt elf Jahre im Pfarrverband Lenzkirch, Schluchsee, Feldberggebiet sowie im Dekanat Neustadt.

Neumanns Schwerpunkte in den früheren Pfarrverbänden waren die Bereiche Jugend, Ehe und Familie.

Seit September 1997 ist er Pastoralreferent in der Seelsorgeeinheit Salem.

Aktuelle Schwerpunkte

Er begleitet die Pfarrgemeinderatsarbeit und ist federführend zuständig für die Klausuren der Pfarrgemeinderäte und derzeit für die Zusammenlegung der Seelsorgeeinheiten Salem und Frickingen-Heiligenberg.

- Vorbereitung von Erstkommunion und Firmung
- Führung von Seelsorgegesprächen
- Religionsunterricht für die dritten Klassen der Grundschule Neufrach und Schulseelsorger an der Schule Schloss Salem
- Leitung des 1999 gegründeten Jugendchors

Glaubensbildung

- Jährliche Fastengruppe und Begleitung der Exerzitien im Alltag
- Seit 2007: Ehrenamtlicher Leiter des Kirchenchors

Berufliche Qualifikation

- Diplom-Theologe
- Zusatzausbildung zum Organisationsberater (1996-1998)
- Fortbildungen zu folgenden Themen: Hypnotherapie, Mediation und Konfliktmanagement, Coaching, Focusing, Familiengeschichte, Spiritualität und Konfliktgestaltung, Organisationsaufstellungen, Seelsorge mit traumatisierten Menschen

Pastoralreferent Winfried Neumann mit Frau Angelika und den Kindern Daniel (hinten Mitte), Tobias, Sarah, Miriam (vorne von links), 1997

Pastoralreferent Winfried Neumann, 1997 Das Bild entstand bei der Begrüßung von Pfarrer Peter Nicola. (vorne von links) Elisabeth Raither, Ursula Weber und Winfried Neumann, (hinten von links) Paula Stocker und Edith Weinheimer

Ehrwürdige Schwestern

Lange Zeit wirkten in der Pfarrgemeinde Leutkirch, später Neufrach, Schwestern des hl. Vinzenz von Paul. 71 Jahre lang verrichteten sie ihren Dienst in der Pfarrei.

Die Vinzentinerinnen kamen vom Mutterhaus Freiburg.

- Sr. Daniela (Oberin in Wespach; 1988: Silbernes Profess-Jubiläum)
- Sr. Gemma (Alten- und Pflegeheim Wespach)
- Sr. Assumpta (1991-1995; Alten- und Pflegeheim Wespach, Kindergarten, Altenwerk)
- Sr. Maria Cornelia (1967-1995; Kindergartenleiterin bis 1985; 1970-1985 Sängerin im Kirchenchor; Altenwerk); † 2006 (94 Jahre alt)
- Sr. Tarsilla (Leiterin der Sozialstation)
- Sr. Maria Michaela (Leiterin der Sozialstation)
- Sr. Irene (1991-1994; Sozialstation)
- Sr. Ursula Maria (1986-1995; Familienpflegerin im Caritasverband; Jugendband 1993: Ewige Profess)
- Sr. Maria Gerda, (*23. Dezember 1916 in Neufrach, † 9. Mai 2010; Geburtsname Johanna Gern; 1993: Goldene Profess)
  Am 30. 9. 1943 hatte Johanna Gern in Hegne die ewigen Gelübde abgelegt. Sie wirkte in der Kongregation der Barmherzigen Schwestern vom Heiligen Kreuz. Die Stationen: Hegne (1943-1948), Nähschule Rust (1948-1953), Nähschule Neustadt (1953-1958), Nähschule und Kindergarten Immendingen (1958-1969), Kindergarten Immendingen (1969-1983), Hegne (ab 1983).

Am 16. Juli 1988 wurden die Schwestern Daniela und Gemma nach 16-jähriger Tätigkeit im Altenheim Wespach durch Bürgermeister Werner Kesenheimer und den Heimbeiratsvorsitzenden Paul Fessler verabschiedet.

Am 30. Dezember 1995 verabschiedete sich die Pfarrgemeinde von den Schwestern Maria Cornelia, Ursula Maria und Assumpta.

Pfarrgemeinderat und andere Dienste

Der Pfarrgemeinderat wurde am 26. Januar 1969 ins Leben gerufen. Er ist ein Gremium der Mitverantwortung von Laien in katholischen Kirchengemeinden.

Der Pfarrgemeinderat hat u. a. folgende Aufgaben:

- Mitwirkung bei der Leitung der Kirchengemeinde
- Beratung und Beschlussfassung im Bereich der Seelsorge
- Interessenvertretung der Kirche in der Öffentlichkeit

- Stellungnahme zu gesellschaftlichen Entwicklungen
- Weitergabe des Glaubens, Feier der Gottesdienste und Einsatz für soziale Belange

Der Stiftungsrat, der schon seit Ende des 18. Jh.s existiert, ist ein Ausschuss des Pfarrgemeinderats. Er trägt die Verantwortung für die Verwaltung des Vermögens, Haushaltspläne, Investitionen, Bautätigkeiten, Grundstücksangelegenheiten, Kontoführung und -überwachung sowie für Personalangelegenheiten.

Das Zweite Vatikanische Konzil (1962-1965) wertete die „Laien" auf. Diesen wurden wichtige Dienste übertragen, so auch in Neufrach. Wichtige liturgische Dienste erfüllen u. a. Kommunionhelfer, später auch Kommunionhelferinnen, Ministranten, später auch Ministrantinnen, Lektoren und Lektorinnen, Kantoren und Kantorinnen, Leiter und Leiterinnen von Wortgottesdiensten.

Pfarrgemeinderat 1969

Vorsitzender Werner Schäffner, ab 1972 Heinz Brucker, Hermann Auer, Hildegard Hoher, Adolf Kamuf, Ursula Löhle, Elisabeth Majewski, Roman Moser, Manfred Nolle, Frieda Raither. Dazu gewählt: Heinz Brucker, Eugen Karg, Leopold Gomm, Dietrich Schaumann
Kraft Amtes dabei: Pfarrer Josef Beha, Pfarrer Rudolf Schatz, Kindergartenleiterin Sr. Maria Cornelia, Stiftungsrat Matthäus Felder

Pfarrgemeinderat 1973

Vorsitzender Heinz Brucker, Hermann Auer, Josef Gern, Ursula Löhle, Elisabeth Majewski, Manfred Nolle, Frieda Raither, Wolfram Seidel
Kraft Amtes dabei: Pfarrer Rudolf Schatz, Sr. Maria Cornelia

Pfarrgemeinderat 1977

Vorsitzender Heinz Brucker, Hermann Auer, Josef Gern, Adolf Kamuf, Manfred Nolle, Martha Nunne, Wolfram Seidel, Anneliese Straßer. Dazu gewählt: Eugenie Asprion, Paul Heimgartner, Karl Sauter
Kraft Amtes dabei: Pfarrer Rudolf Schatz, Sr. Maria Cornelia, Religionslehrerin Ursula Weber

Pfarrgemeinderat 1981

Vorsitzender Heinz Brucker, Hermann Auer, Hugo Gommeringer, Carola Ilg, Adolf Kamuf, Martha Nunne, Manfred Nolle, Wolfram Seidel. Dazu gewählt: Eugenie Asprion, Karl Sauter
Kraft Amtes dabei: Pfarrer Rudolf Schatz, Sr. Tarsilla, Religionslehrerin Ursula Weber

Pfarrgemeinderat 1985

Vorsitzender Heinz Brucker, Gudrun Gern, Raimund Graf, Elisabeth Majewski, Manfred Nolle, Martha Nunne, Karl Sauter, Gertrud Straßer. Hinzu gewählt: Hermann Notheis, Karin Nowak
Kraft Amtes dabei: Pfarrer Helmut Miltner, Religionslehrerin Ursula Weber

Pfarrgemeinderat 1990

Vorsitzender Raimund Graf, Jutta Domogalla (E: Alber), Hugo Gommeringer, Manfred Nolle, Bernhard Rothmund, Karl Sauter, Lydia Schappeler, Gertrud Straßer. Dazu gewählt: Beate Fuchs, Klemens Normann, David Raither
Kraft Amtes dabei: Pfarrer Helmut Miltner, Vikar Klaus Rapp, Religionslehrerin Ursula Weber, Sr. Ursula Maria

Pfarrgemeinderat 1995

Vorsitzender Reinhard Nowak, Heidi Haug, Elmar Heimgartner, Stefanie Müller, Klemens Normann, Ursula Raither, Bernhard Rothmund, Karl Sauter
Kraft Amtes dabei: Pfarrer Helmut Miltner, Pater Joseph Pandiappallil, Sr. Ursula Maria, Pastoralreferentin Adelheid Bumiller

Pfarrgemeinderat 2000

Vorsitzende Heidi Haug, Hubert Straßer, Ursula Raither, Bernhard Rothmund, Kaya Sick, Elmar Heimgartner, Stefanie Müller, Walburga Pohle
Kraft Amtes dabei: Pfarrer Peter Nicola, Pastoralreferent Winfried Neumann

Pfarrgemeinderat 2005

Vorsitzende Gisela Schrempp, Bernhard Rothmund, Hubert Straßer, Walburga Pohle, Christian Beiner, Andrea Streibl, Christoph Straßer, Wolfgang Becker
Kraft Amtes dabei: Pfarrer Peter Nicola, Pastoralreferent Winfried Neumann

Pfarrgemeinderat 2010

Vorsitzende Gisela Schrempp, ab 2012 Walburga Pohle, Hubert Straßer, Bernhard Rothmund, Petra Meier, Markus Meier, Andrea Streibl, Christian Beiner
Kraft Amtes dabei: Pfarrer Peter Nicola, Pastoralreferent Winfried Neumann

Organisten

In der Pfarrgemeinde Leutkirch und ab 1967 in der Pfarrei Neufrach haben folgende Organisten einige Jahre lang den Dienst verrichtet: Resi Einholz, Berta Kempter, Arthur Raither, Heinrich Raither, Helmut Geiger, Helmut Forst, Claudia Gern, Dieter Haas, Jakob Schröder, Josef Nunne, Manfred Stumpp, Thomas Stumpp, Sonja Nunne, Gerhard Siegel, Matthias Gommeringer, Anne Schied, Lukas Streibl. (Aushilfen sind nicht erwähnt)

Mesner in Neufrach

Rudi Majewski (1966-1999); Daniele Bordino (2000-2005); Massimiliano Bordino (2005-heute).

Für den Mesnerdienst in der Markuskapelle waren Johann Viellieber und dann seine Tochter Hilda verantwortlich.

Rudi Majewski

* 15. April 1932 † 6. März 1999

Seit Oktober 1966 übte Rudi Majewski in der gerade neu errichteten Pfarrkirche den Mesnerdienst aus. Später übernahm er auch den Hausmeisterdienst im Jugendheim und die Pflege der Außenanlagen. Sein über 30-jähriges Wirken und seine meisterhafte Kirchenzier sind unvergessen.

Etwa 20 Jahre lang sang Rudi Majewski im Kirchenchor.

Am 6. März 1999 starb Rudi Majewski vor dem Hauptportal seiner zur zweiten Heimat gewordenen Pfarrkirche.

Mesner in Leutkirch

Fast bis zum Ende des 2. Weltkriegs erfüllte Karl Wollmann den Mesnerdienst. Unter Pfarrer Hermann Legler übernahm dann die Familie Josef und Anna Straßer die Aufgaben des Mesners, bei denen ihr Sohn Franz schon früh mithalf.

Die Familien Straßer (Josef und Anna Straßer, Franz und Gertrud Straßer, Hubert und Elvira Straßer) unterstützten sich gegenseitig im Mesnerdienst. Im Jahr 2013 übernahmen Elvira und Hubert Straßer den Dienst von Mutter Gertrud. Sie hatten bereits im Jahr 2007 einen Mesnerkurs besucht.

Engagierte Mitarbeiter

Kaya Sick (G: Löhle)

*14. Oktober 1954

Kaya Sick (G: Löhle) ist in Neufrach geboren und aufgewachsen. Nach der Grundschulzeit in Neufrach machte sie am Gymnasium Überlingen im Jahr 1971 die „Mittlere Reife". Sie erlernte den Beruf der Erzieherin. Seit dem 19. Juli 1980 ist Kaya mit Josef Sick verheiratet. Sie haben die Kinder Raphael, Rebecca, Jonas und Elias.

Foto: 2013

Kaya Sick beim Liedersingen im Alten- und Pflegeheim Wespach, 2002

Ausbildung und Beruf

- 1971-1972 Haushaltungsschule „St. Antonius" in Friedrichshafen
- 1972-1974 Ausbildung zur Erzieherin auf der Mettnau-Radolfzell
- 1974-1975 Anerkennungsjahr im Kindergarten „St. Nikolaus" Markdorf
- 2011/2012 Kinder- und Jugendhospizausbildung

Vielseitige Dienste

- Hospizbegleiterin in der Hospizgruppe Salem (seit 2005)
- Ausbildung für Kinder- und Jugendhospiz bei AMALIE Liebenau (2011/2012)
- Trauerbegleiterin seit 2010 (Trauer-Café in Bermatingen)
- Besuchsdienst Wespach (seit 1993 wöchentliches Singen)
- Gitarristin bei der Band „Maranatha" (1994-2012)
- Kinderkirche und Familiengottesdienstkreis (1985-2010)
- Kantorin, Lektorin, Wortgottesdienstleiterin
- Pfarrgemeinderätin (2000-2005)
- Leiterin der Mädchengruppen (KJG), Mädchenlager (1974-1994)
- Unterstützerin des Seniorentreffs mit Gesang und Gitarre
- Leiterin des Kinderchores mit Michaela Mücke (1995-2005)

Josef Sick

*19. März 1953

Josef Sick ist in Neufrach geboren, aufgewachsen und in die Grundschule gegangen.
Die Wirtschaftsschule Überlingen beendete er im Jahr 1970 mit der „Mittleren Reife".
Von 1970 bis 1972 machte er eine Lehre bei der Sparkasse Salem-Heiligenberg zum Bankkaufmann. Bis heute steht er im Dienst der Sparkasse.

Foto: 2011

Ehrenamtliche Aufgaben

- 1980-1998 Geschäftsführer der Sozialstation Salem
- 1998-2010 Vorstandsmitglied der Sozialstation Salem
- 1964-1982 Trompeter in der Musikkapelle Neufrach
- 1974-1978 Dirigent der Musikkapelle Neufrach
- 1986-heute Leiter und Musiker der Riedwegmusikanten
- 1972-1992 Kirchenrechner der Pfarrgemeinde
- 1992-2010 Kindergartenbeauftragter der Pfarrei
- 1982-1992 Kommunionhelfer

Ehrungen

- Silberne Ehrennadel des Caritasverbands
- Bronzene Ehrenabzeichen des Blasmusikverbands

Kath. Kindergarten „St. Josef"

(s. „Bildung und Erziehung")

Katholische öffentliche Bücherei

(s. „Erziehung und Bildung")

Sozialstation

(s. „Sozial-, Gesundheits- und Sicherheitswesen")

Haus „St. Sebastian" - Ehemaliges Pfarrhaus

Sanierung des Pfarrhauses Leutkirch, 1994

Das ehemalige Pfarrhaus in Leutkirch ist auf einer Fenster-Rechnung von A. Waldvogel bereits 1627 erwähnt. Mehrmals wurde die Fassade erneuert, zuletzt im Jahr 1903. 1756 erwarb der damalige Pfarrer von Leutkirch den Torkel, der heute noch im Haus „St. Sebastian" zu bewundern ist.

1990 stimmten die zuständigen Behörden endlich der Sanierung des mittlerweile unansehnlichen Pfarrhauses zu. Der Kostenvoranschlag lag bei 3,5 Millionen DM. Mitte Januar 1991 wurde das Pfarrhaus eingerüstet und dann grundlegend renoviert. Im ehemaligen Wohntrakt sollten ursprünglich ein Dekanatsjugendbüro, eine Hausmeisterwohnung und eine Wohnung für die Sozialstation entstehen. Im ehemaligen Wirtschaftstrakt war die Einrichtung einer gut funktionierenden Sozialstation geplant.

Die Gemeinde gewährte einen Zuschuss von 300.000 DM mit der Auflage, dass der Saal auch von nicht kirchlichen Gruppen genutzt werden darf.

Ende des Jahres 1991 wurde ein Bauförderverein „Pfarrhaus Leutkirch" gegründet.

Am Rande soll eine nicht alltägliche Aktion von Pfarrer Helmut Miltner erwähnt werden. Er forderte aufgrund des schleppenden Baufortgangs und der Bauprobleme das Erzbischöfliche Ordinariat in Freiburg dazu auf, seine Kirchensteuer zurück zu erstatten. Kurz und bündig lautete die Antwort aus Freiburg: Dann müsse der Pfarrer aus der Kirche austreten.

Am 16. Oktober 1994 konnte das renovierte Pfarrhaus besichtigt werden. Am 16. Mai 1995, am Fest Christi Himmelfahrt, wurde es eingeweiht und erhielt den Namen „St. Sebastian". Die Schlüsselübergabe - verbunden mit einem kleinen Empfang im Torkel - erfolgte nach dem Festgottesdienst.

Feste und Sakramente

Im Verlauf des Kirchenjahres, das mit dem 1. Adventssonntag beginnt, werden die Feste Aschermittwoch, Palmsonntag, Gründonnerstag, Karfreitag, Ostern, Pfingsten und Weihnachten besonders gefeiert.

Von großer Bedeutung im kirchlichen Leben sind auch die sieben Sakramente Taufe, Firmung, Eucharistie, Buße, Ehe, Priesterweihe und Krankensalbung.

Einige Heiligenfeste haben eine lange Tradition: St. Martin, St. Nikolaus, St. Sebastian, St. Markus, Fronleichnam, St. Peter und Paul (Patrozinium), Mariens Aufnahme in den Himmel, Erntedank, Allerheiligen.

Karfreitag und Ostern

Für die Christen sind der Karfreitag und Ostern die höchsten Feiertage. An ihnen gedenkt die Kirche des Todes und der Auferweckung Jesu Christi. Die besondere Festzeit beginnt mit dem Gründonnerstagabend und endet mit den Osterfeiertagen. Der Ostersonntag eröffnet die österliche Freudenzeit, die bis Pfingsten dauert.

Foto: 1988
Die „Kreuzigungsgruppe" mit Jesus, Maria und Johannes (um 1540)

Foto: 1988
„Der Auferstandene" in der Pfarrkirche Neufrach

Mariä Himmelfahrt

Die Alte Pfarrkirche Leutkirch ist Maria geweiht. Patroziniumstag ist der 15. August.

Foto: 1988

Schutzmantelmadonna aus dem 16. Jh. in der Pfarrkirche Neufrach von Hans Ulrich Glöckler

Weihnachten und Krippen

Ein Höhepunkt im Leben eines Christen ist das Weihnachtsfest mit der Christmette, den Festgottesdiensten und der Krippenfeier für Kinder.

Die Krippe in der ehemaligen Pfarrkirche Leutkirch, 1994

Die Krippe in der Pfarrkirche Neufrach, 1988

Sie wurde von Franz Spiegelhalter, Freiburg, geschaffen.

Ein Krippenbrand am zweiten Weihnachtsfeiertag 2006 zerstörte einen großen Teil der Krippenfiguren in der Pfarrkirche St. Peter und Paul.

Ein Jahr später konnte die restaurierte und ergänzte Krippe wieder aufgestellt werden. Sie wurde vom Atelier Hans-Georg Benz aus Owingen in Teilen restauriert bzw. neu gefertigt. Von den alten Figuren wurden zwei Hirtengruppen, die Mutter mit dem Kind und die Schäfchen mit den Namen der Pfarrer gerettet und restauriert. Alle anderen Teile mussten neu geschaffen werden. Im Unterschied zur früheren Krippe fällt auf, dass statt des herkömmlichen Stalls eine Stadtmauer dargestellt ist.

Ab 2007 hat Pastoralreferent Winfried Neumann jedes Jahr eine andere Figur der Neufracher Krippe im Rahmen einer meditativen Betrachtung vorgestellt.

Die restaurierte Krippe zeigt u. a. gegenüber der ursprünglichen Krippe folgende Veränderungen:

- Getrennte Aufstellung der Hl. Familie und der Könige zur besseren Kennzeichnung der Individualität der einzelnen Personen
- Darstellung von Maria und Josef als junge Menschen

- Der Engel nicht mehr als kleines Kind in der Gruppe der Hl. Familie
- Anpassung des „Stalls" an die Größe der Figuren
- Standort am Anfang: Auf der Evangeliumsseite
- Nach Veränderungen der Höhe der Krippenlandschaft Aufbau vor dem Altar

Ministrantinnen und Ministranten an der neu restaurierten Krippe, Weihnachten 2007 (von links) Nadine Schuler, Chantal Rothmund, Christoph Straßer, Mathias Meier, Monika Schied, Tobias Neumann, Florian Straßer, Markus Meier, Lukas Streibl, Larissa Stegmaier, Michael Streibl, Madlen Riethmüller, Johanna Majewski, (rechte Seite, vorne von links) Nadja di Grisolo, Andrea Zentner

Fest des hl. Sebastian

(WEL, 212 f.)

Bild links: Sebastiansstatue, 1989

Bild rechts: Fahne des hl. Sebastian, 1989
Auf der Rückseite der Fahne steht: „Heiliger Sebastian bitte für uns". Die Fahne wurde im Jahr 1988 auf Initiative des Kirchenchores hin restauriert. Mesner Rudi Majewski hatte die Kosten für die Restaurierung übernommen.

Der Sebastianstag, der zu den größten Festen der Pfarrgemeinde zählt, wird seit etwa 500 Jahren in Erinnerung an die Pestzeiten gefeiert. Damals wurde eine Sebastiani-Bruderschaft gegründet.

Noch heute wird ein Hochamt mit anspruchsvoller Kirchenmusik gefeiert.

Patrozinium

Am Patrozinium der Pfarrkirche, dem Fest der Kirchenpatrone Petrus und Paulus am 29. Juni, treffen sich die Gläubigen zu einem eindrucksvollen Gottesdienst und anschließendem Pfarrfest mit schönem Programm, das im Pfarrgarten und Pfarrheim stattfindet.

In der ehemaligen Pfarrkirche Leutkirch feiert der Seniorentreff Neufrach seit Jahren zum Patrozinium „Mariens Aufnahme in den Himmel" eine Messe.

In der Markuskapelle in Neufrach wird am Markustag im April ein Gottesdienst gefeiert, an den sich die Hauptversammlung des Fördervereins „Markuskapelle Neufrach" anschließt.

Foto: 1989

Die Hl. Petrus und Paulus, Kirchenpatrone der Pfarrkirche Neufrach

Prozessionen

(WEL, 212 f.)

Fronleichnam

Eine Neuerung gab es im Jahr 1991. Alle katholischen Pfarrgemeinden in Salem trafen sich im Schlossbezirk Salem, um das Fronleichnamsfest zusammen zu feiern. Den Festgottesdienst im Novizenhof zelebrierten die Pfarrer Matthias Bürkle, Helmut Miltner und Hermann Mäntele.

Jedes Jahr bis heute ist die Fronleichnamsfeier im Schlossbezirk Salem ein großes eindrucksvolles Fest.

Traktorenprozession

Traktorenprozession, 1961

Pfarrer Kilian Jost, Mesner Josef Straßer (sitzend), Artur Nunne, Ministranten Norbert Asprion (rechts) und Hermann Kugler (2. v. rechts)

Die Traktorenprozessionen von 1959 bis 1963, eine Form von Flurprozession, führten mit Pfarrer Kilian Jost durch das gesamte Kirchspiel (Beginn an der Markuskapelle, Anhöhe oberhalb des Hofes Gern, Oberstenweiler, Mittelstenweiler, Buggensegel, Ende an der Markus-Kapelle). Die Gläubigen erbaten mit ihren geweihten Traktoren (20 bis 25) den Segen für Natur und Land.

Flur-Prozessionen

(WEL, 212)

Vor einigen Jahrzehnten gab es noch zahlreiche Flurprozessionen im Kirchspiel. Die große Öschprozession führte von der Markuskapelle zum Laur-Wegkreuz gegenüber dem Landgasthof „Apfelblüte“, durch die Bahnunterführung in Richtung Hermannsbrücke zum Kugler-Wegkreuz, durch das Gewann Wasserstall zum „Rieger-Kreuz“ und zum Abschluss zurück zur Markuskapelle.

1973 fand letztmals noch eine Flurprozession an Christi Himmelfahrt in Leutkirch statt. Nur die Fronleichnamsprozession hat bis heute noch Bestand.

Aktion „Polenhilfe“ (1982 - 1995)

Als am 13. Dezember 1981 in Polen das Kriegsrecht verkündet wurde, gerieten dort die Menschen in große Not. Auf Anregung des damaligen Leiters der Schule Schloss Salem, Götz Plessing, gründeten die Schlossschule und das Bildungszentrum Salem eine Hilfsaktion. Aus den Sach- und Geldspenden konnten 1.200 Pakete mit Grundnahrungsmitteln gepackt werden. Dazu kamen Medikamente, Kindernahrung, Waschmittel, Bekleidung und Schuhe. Mit 18 t Hilfsgütern beladen starteten zwei Lastwagen Anfang Februar 1982 nach Lodz. Die Begleiter der Transporte konnten sich davon überzeugen, dass die Hilfsgüter bei den Bedürftigsten ankamen.

Die Aktion wurde ab dem vierten Transport weitgehend von Pfarrer Rudolf Schatz und der Pfarrgemeinde Neufrach organisiert. Zahlreiche Helferinnen und Helfer der Pfarrgemeinde waren bereit, die Sachspenden zu sichten, zu sortieren, zu verpacken und zu verladen.

Aktion Polenhilfe, 1992

Viele packten an. Zu den Helfern gehörten damals: (von rechts) Heinz Brucker, Daniele Bordino, David Raither, Inge Brucker, NN

Bei den 25 Transporten wurden mehr als 160 t Hilfsgüter transportiert. Der Wert der Spenden: Über eine Million DM.

Über viele Jahre hinweg organisierten in erster Linie Inge und Heinz Brucker sowie Bernd Stocker und Heinz Birkenmayer die Hilfsaktionen.

Von Anfang an wollte die Polenhilfe auch ein Beitrag zur Aussöhnung mit dem polnischen Volk sein. Als Zeichen der Verbundenheit machten in den Jahren 1985 und 1986 polnische Pilgergruppen in Neufrach Station.

Die 25 Fahrten

Februar, April, Oktober und Dezember 1982; März und Oktober 1983; April 1984; April 1985; März 1986; April und Oktober 1987; März, Mai und Oktober 1988; März und Oktober 1989; März und Oktober 1990; März und Oktober 1991; April und Oktober 1992; Mai 1993; Dezember 1994; April 1995
Weitere Fahrten - insgesamt 16 - gab es außerhalb dieser „offiziellen Aktionen“ im Zeitraum von 1988 bis heute im Jahr 2013, vor allem durch Bernd Stocker nach Schreiberhau.

Spenden

Die Spenden gingen zunächst in die Herz-Jesu Pfarrei Lodz, dann zur Caritas Breslau (wichtigster Empfänger), zum Kinderheim in Schreiberhau, in die Orthopädische Klinik Trebnitz und an die Uniklinik Breslau.

Gruppen, Vereinigungen, Kreise

In der Pfarrgemeinde Neufrach und in der Seelsorgeeinheit Salem gibt es viele Gruppen und Kreise.

Kirchenchor bzw. Cäcilienverein

Kirchenchor Neufrach, 1989
(erste Reihe von links) Ulrike Walter, Cordula Nowak, Sonja Halder, Alexandra Eberhard, Ursula Majewski, Cornelia Gern, Marina Heudorf, Liane König, Andrea Ortlieb, Gudrun Gern, Silke Löhle, Monika Straßer, (zweite Reihe von links) Anna Stumpp, Gisela Früh, Maria Walter, Schwester Tarsilla, Elisabeth Raither, Pfarrer und Präses Helmut Miltner, Chorleiter Manfred Stumpp, Regina Beck, Siglinde Fox, Hildegard Gern, Martha Kretz, (dritte Reihe von links) Julia Weber, Hildegard Eblen, Ulla Petersen, Lydia Schappeler, Waltraud Laur, Petra Meier, Brigitte Soth, Inge Brucker, Elisabeth Weiermann, Elvira Straßer, (vierte Reihe von links) Karin Nowak, Brigitte König, Berta Halder, Lydia Hack, Loni Laur, Franziska Stegmaier, Elisabeth Majewski, Ursula Heimgartner, Martha Nunne, Elke Merk, Rosmarie Hartwig, Doris Röck, Ulla Domogalla, (fünfte Reihe von links) Rupert Gabele, Bernd Hennemann, Vorsitzender Hugo Gommeringer, Reinhard Nowak, Josef Nunne, Stefan Nunne, Thomas Stumpp, Karl Stumpp, Franz Straßer, Siegfried Hartwig, Artur Nunne

Geschichte in Kürze

Urkunden belegen das Jahr 1774 als Gründungsdatum des Kirchenchors. 1951 wurde der Kirchenchor Mitglied des Diözesan-Cäcilienverbandes Freiburg und somit ein „Cäcilienverein".

Zur Jubiläumsfeier im Jahr 1989 ist eine ausführliche Chronik und Festschrift erschienen. Die 1988 restaurierte Fahne des hl. Sebastian wurde beim Jubiläum geweiht.

In den letzten Jahrzehnten hat sich der Kirchenchor auf vielfache Weise für die Pfarrgemeinde, den Ort Neufrach und die Gemeinde Salem eingesetzt. Zahlreiche Projekte der Pfarrgemeinde hat der Chor tatkräftig und finanziell unterstützt. Besonders erwähnenswert sind die Glocken- und Orgelfeste. Über das kirchenmusikalische Wirken hinaus war und ist der Chor im Einsatz. Beispiele hierfür sind Chorfest zum Erntedank (bis 2010), Gästebegrüßungsabende, Benefizkonzerte und Ferienspiele. Über viele Jahre hinweg hat die Chorfamilie Altpapiersammlungen durchgeführt.

Die Chorgemeinschaft pflegt das Miteinander mit den örtlichen Vereinen.

Chorleiter

1948-1965	Adolf Renner, Hauptlehrer
1965-1969	Helmut Geiger, Oberlehrer
1969-1975	Anton Schmid, Bernhard Ponticelli, Herr Doll, Josef Beha, Willibald Görl, Gerlinde Nafz-Schmid
1975-1997	Manfred Stumpp, Realschul-Rektor
1997-1998	Werner Schweikart
1998-2007	Hans-Peter Schütz, Musikschullehrer
2007-heute	Winfried Neumann, Pastoralreferent

Chorvorsitzende

1951-1955	Herbert Böhle
1955-1959	Wolfgang Albiez
1959-1964	Werner Bauer
1964-1979	Josef Gern
1979-1982	Team-Duo Pirmin Kretz und Karl Stumpp
1982-1991	Hugo Gommeringer
1991-1993	Elisabeth Straub
1991-heute	Petra Meier

Ehrenmitglieder

Ida Reuther, Benedikt Gern, Josef Gern, Klara Renner, Franz Straßer, Karl Stumpp, Martha und Artur Nunne, Lydia Hack, Martha Kretz, Siegfried Hartwig und Rosmarie Hartwig, Anne Stumpp, Hugo Gommeringer, Elisabeth Majewski, Elisabeth Raither, Ursula Heimgartner

Am 25. Juni 1989 erhielten die Chorsänger Franz Straßer und Artur Nunne im Gasthaus „Prinz Max" die Ehrennadel des Landes Baden-Württemberg.

Ehrungen, 1987

(vorne von links) Martha Nunne (35 Jahre), Anne Stumpp (30 Jahre) und Rosmarie Hartwig (25 Jahre)
Glückwünsche überbrachten: (hinten von links) Chorleiter Manfred Stumpp, Chorpräses Helmut Miltner und Chorvorsitzender Hugo Gommeringer

Verdiente Chormitglieder, 1988

(vorne von links) Hildegard von Komorowski, Elisabeth Majewski, Klara Renner, Ida Reuther, Anne Stumpp, Rosmarie Hartwig (zweite Reihe von links) Elisabeth Raither, Berta Halder, Lydia Hack, Martha Nunne, Siglinde Fox, Regina Beck (hinten von links) Franz Straßer, Siegfried Hartwig, Artur Nunne, Manfred Stumpp, Karl Stumpp

Manfred Stumpp

*1. Dezember 1932 † 9. Oktober 2010

Anne und Manfred Stumpp, 1998

Am 23. Mai 1954 schlossen Anne und Manfred Stumpp in der Schlosskirche Altshausen den Bund der Ehe. Zur Familie gehören die vier Kinder Martin, Michael, Thomas und Maria. Von 1954 bis 1960 lebte die Familie in Altshausen und von 1960 bis 1975 in Haigerloch.

1975 kam die Familie Stumpp nach Neufrach. Manfred Stumpp war von 1975 bis zu seiner vorzeitigen Pensionierung im Jahr 1988 Schulleiter der Realschule am BZ Salem.

Die schwere Erkrankung von Manfred Stumpp im Jahr 1997 bedeutete das Ende seines großen Einsatzes zum Wohl der Allgemeinheit. Nach fast 13-jähriger Krankheit starb Manfred Stumpp im Alter von 77 Jahren. In seinem Jubiläums-Grußwort des Jahres 1989 schreibt er: „Freude, die du anderen schenkst, kehrt ins eigne Herz zurück."

Berufliche und politische Stationen

- 1954-1960 Hauptlehrer in Altshausen
- 1961-1967 Oberlehrer und Schulleiter der kath. Bekenntnisschule in Haigerloch; Stadtrat in Haigerloch
- 1967-1973 Rektor der Grund-und Hauptschule Haigerloch
- 1973-1975 Oberschulrat
- 1975-1988 Schulleiter der Realschule Salem am BZ

Manfred Stumpp: Im Dienst der Kirchenmusik

Manfred Stumpp war ein überaus begnadeter und verdienter Kirchenmusiker. Von 1975 bis 1997 leitete er den Kirchenchor „St. Peter und Paul" Neufrach auf höchstem Niveau. Insgesamt 45 Jahre lang wirkte er als Chorleiter und 50 Jahre lang als Organist im Dienst der „Musica sacra" zum Lob Gottes und zur Freude der Menschen. Besonders begeisterte er sich für die Musik von Johann Sebastian Bach. Zum letzten Mal dirigierte er den Kirchenchor am Fest des hl. Sebastian bei der Aufführung der „Kleinen Orgelsolo-Messe".

1998 wurde Manfred Stumpp, der den Chor fast 25 Jahre lang geleitet und zu einem hohen Niveau geführt hatte, zum Ehrendirigenten ernannt. Liebevoll hieß es in der damaligen Laudatio: „Der Kirchenchor Neufrach ist ein Kind von Manfred Stumpp."

Zu den Tugenden des Chorleiters zählten Zielstrebigkeit, Beharrlichkeit, Fleiß, Wärme, Herzlichkeit, Humor, Sensibilität, Offenheit, Umsicht, Kunstsinn und Verantwortungsbewusstsein.

Seine Frau Anne Stumpp, geboren am 2. Juni 1932, sang über 40 Jahre lang in Kirchenchören und ist Ehrenmitglied des Neufracher Kirchenchores. 1974 trat sie wieder in den Schuldienst ein.

Wichtige Ehrungen von Manfred Stumpp

- 1987 Ehrennadel des Landes Baden-Württemberg
- 1998 Ehrendirigent des Kirchenchors
  Mehrere Ehrungen als Chorleiter und Organist

Petra Meier

* 26. November 1960

2012

Bürgermeister Manfred Härle (rechts) verleiht Petra Meier die Landesehrennadel.

Petra Meier kam in Neufrach als eines von drei Kindern des Ehepaares Martha und Artur Nunne zur Welt. Ihre Brüder sind Josef und Stefan. Sie besuchte die Grundschule in Neufrach und anschließend das BZ Markdorf. Ihre Ausbildung zur Krankenschwester absolvierte sie in Konstanz. Sie bildete sich weiter zur Fachschwester im Bereich Intensivmedizin und Anästhesie.

Petra Meier ist seit 1985 mit Günter Meier verheiratet. Zur Familie gehören die drei Kinder Markus, Mathias und Marlena.

Im Kirchenchor Neufrach singt Petra Meier seit 1974. Sie übernahm 1986 die Aufgabe der Schriftführerin und ist seit 1993 Vorsitzende des Kirchenchores.

Der soziale Einsatz von Petra Meier erschöpft sich nicht im Dienst für den Kirchenchor. Sie ist auch als Pfarrgemeinderätin, Kommunionhelferin und Leiterin von Wortgottesfeiern ehrenamtlich aktiv.

Auch überörtlich erfüllt sie wichtige Aufgaben als Dekanatsvorsitzende der Chorvorsitzenden und als Vizepräsidentin des Diözesan-Cäcilienverbandes der Erzdiözese Freiburg.

Als Mitgestalterin des kulturellen und dörflichen Lebens ist Petra Meier engagiert in der „Hardtwieble-Zunft" und dem „Musikverein". Petra Meier ist eine „tragende Säule" des kulturellen Lebens in Neufrach. Sie setzt sich uneigennützig und vielseitig für andere ein.

Artur Nunne

*27. Februar 1935 † 25. Juni 2005

Stütze im Kirchenchor

1959-2005
Bass-Sänger

1964-2005
Kassierer

Foto: 2002

Artur Nunne kam in Detmold zur Welt. 1942 wurde er im landwirtschaftlichen Betrieb Rübsamen in Neufrach aufgenommen und blieb dort auch nach dem Krieg. Er erlernte das Maurerhandwerk. Von 1971 bis zum Ruhestand im Jahr 1989 arbeitete er bei der Fa. Braun in Kluftern.

Im Jahr 1959 schloss Artur Nunne den Bund der Ehe mit Martha (G: Laur). Das Paar schenkte den Kindern Josef, Petra und Stefan das Leben. Bereits am 10. März 2000 starb seine Frau Martha Nunne, die 48 Jahre lang bis zu ihrem Tod im Kirchenchor mitgesungen hatte. Im Chor erfüllte sie viele Jahre lang den Dienst der Notenwartin. Auch als Pfarrgemeinderätin war sie einige Jahre lang tätig.

Artur Nunne gehörte zu den Gründungsmitgliedern der Hardtwieble-Zunft. In ihr wirkte er 35 Jahre lang als Mitglied und 17 Jahre lang als Zunftrat. Des Weiteren gehörte er auch zur Zimmermannsgilde.

Auch in der Feuerwehr hat sich Artur Nunne große Verdienste erworben. Von 1953 bis 1998 war er aktiver Feuerwehrmann. 1959 wurde er Gruppenführer und 1983 stellvertretender Abteilungskommandant. In der Altersabteilung übernahm er ab 1999 organisatorische Aufgaben.

Artur Nunne unterstützte acht Vereine als Fördermitglied. Bei den Internationalen A-Junioren-Fußballturnieren war er stets im Einsatz. Im Männerchor sang er 20 Jahre lang mit. Artur Nunne erhielt zahlreiche Auszeichnungen. Aufgrund seiner großen Verdienste wurde ihm im Jahr 1989 die Landesehrennadel verliehen.

70. Geburtstag von Artur Nunne, 2005

Die Feuerwehrkameraden (von links) Franz Straßer, August Hafen, Eberhard Stumpp und Hans Schappeler überbrachten Glückwünsche. Hans Schappeler erinnerte an die Leistungen des Jubilars.

Altenwerk bzw. Seniorentreff

Prälat Dr. Alois Stiefvater veranstaltete im Oktober 1959 einen Rentnernachmittag im Freiburger Kolpinghaus. Das war die Geburtsstunde des Altenwerks in der Erzdiözese Freiburg.

In Neufrach gründete Josef Gern im Jahr 1976 das Altenwerk. Den Senioren wurden im Sommer Ausflüge und im Winter Kaffeenachmittage mit unterhaltsamen Vorträgen angeboten. Nach Gerns Tod im Jahr 1981 gab es in den folgenden zwei Jahren nur je einen Ausflug, den Pfarrer Rudolf Schatz organisierte hatte.

Im Jahr 1983 bildete sich ein neuer „Altenrat", zu dem Hermann Auer (Sprecher), Gerda und Karl Löhle sowie Elisabeth und August Biele gehörten. Jahr für Jahr gab und gibt es ein attraktives Programm.

Seit 1997 nennt sich das Altenwerk Seniorentreff.

Nach einer schweren Erkrankung von Hermann Auer (1993) unterstützten Albert und Dorothea Maier (bis 1996), Dietrich Schaumann (bis 2001) und Gertrud und Franz Straßer das Leitungsteam.

Nach schweren Operationen schied Gerda Löhle aus dem Leitungsteam aus.

Verabschiedung von Gerda Löhle, 2007

(von links) Paula Stocker (verdeckt), Hildegard Schaumann, Marlis Karg, Hilde Knäple (verdeckt), Emma Koch, Gerda Löhle, Senta Lutz, Franz Straßer, Pfarrer Peter Nicola

Auf Vorschlag von Pfarrer Rudolf Schatz rief Gerda Löhle im Jahr 1984 zusammen mit Waltraud Waibel eine Gymnastik- und Tanzgruppe ins Leben. Ab Mai 1989 leitete Gerda Löhle die engagierte Gruppe allein, die bei den verschiedensten Anlässen (Pfarrfeste, Jubiläen, Gottesdienste) ihre einstudierten Tänze zeigte. Ab 1995 wurde Gerda Löhle von Christa Senger unterstützt, die ab 2005 die Leitung der Tanzgruppe übernahm. Um die Gymnastikgruppe kümmerte sich ab 2005 Angelika Brune, ab 2010 Sabine Salwik aus Weildorf und ab September 2012 Birgit Ziegler aus Markdorf.

Das Leitungsteam des Seniorentreffs, 2010

(von links) Gertrud Straßer, Christa Senger, Senta und Hubert Lutz

Seit dem Jahr 2007 leiten Senta und Hubert Lutz sowie Getrud Straßer den Seniorentreff. Besonders anerkennenswert ist, dass sich der Seniorentreff für soziale Belange und für Projekte einsetzt. Gespendet wurde u.a. für das Kinderheim Bethlehem, für das Hilfsprojekt in Huancaray und für die Sanierung der Markuskapelle.

Gerda und Karl Löhle

Seit 1983 engagierten sich Gerda und Karl Löhle im Leitungsteam des Altenwerks bzw. Seniorentreffs. Gerda Löhle war zudem viele Jahre lang Betreuerin in der Seniorentanz- und -gymnastikgruppe.

Goldene Hochzeit, 1994

Das Jubelpaar mit Familie. Zur Familie gehören die Kinder Ute, Ruth, Renate, Ursula, Elisabeth, Bernhard und Kaya.

Lebensstationen von Karl Löhle (*17. März 1914 † 16. November 2003)

- 1914 Geboren in Konstanz
- 1918 Umzug nach Mittelstenweiler
- Handelsschule in Singen
- 1930 Lehre bei der Bezirkssparkasse Salem; Sparkassenangestellter
- 1936-1938 Wehrdienst; in den Folgejahren Kriegsdienst
- 1945 Wiedereintritt bei der Bezirkssparkasse Salem
- 1956 stellvertretender Geschäftsleiter der Bezirkssparkasse
- 1959 Geschäftsleiter der Bezirkssparkasse Salem

- 1975 Direktor der Sparkasse Salem-Heiligenberg
- 1977 Ruhestand

Ehrungen

- Auszeichnung des Bad. Sparkassen- und Giroverbandes mit der „Dr. Eberle Medaille“
- Auszeichnung mit dem „Grünen Band in Silber“ aufgrund der Verdienste für die Landwirtschaft
- Verdienstnadel in Gold des VdK-Landesverbandes Bad.-Württ.

Lebensdaten von Gerda Löhle (*22. März 1924)

- 1930-1938 Volksschule in Hamburg
- 1938-1940 Höhere Handelsschule in Hamburg
- 1940-1941 Pflichtjahr in Schleswig-Holstein
- 1941-1944 Dienstverpflichtung auf den Fliegerhorst Westerland
- 16.7.1944 Heirat mit Karl in Schweidnitz (heute Polen)

Gertrud Straßer

*22. April 1930

Ehrung von Gertrud Straßer, 2006

Bürgermeister-Stellvertreter Gerhard Wachter überreichte Gertrud Straßer im Rahmen der Adventsfeier die Ehrennadel des Landes Baden-Württemberg, 2006. Wachter: „Frau Straßer ist ein Engel ohne Flügel.“

Gertrud Straßer, geborene Eckert, kam im Höllental zur Welt. Die Schule besuchte sie in Radolfzell. Als Schwesternhelferin wirkte sie im Krankenhaus Überlingen. 1947 zog die Familie Eckert im Bahnhof Mittelstenweiler ein. Gertrud Eckert arbeitete in der Bäckerei Weißenrieder. 1955 schloss sie den Bund der Ehe mit Franz Straßer. Viele Jahre lang war Gertrud Straßer in der Hardtwieble-Zunft engagiert. Sie übernahm auch Aufgaben im kirchlichen Bereich. Bis Ende des Jahres 2012 war sie Mesnerin. Sie leitete die Frauengemeinschaft von 1988 bis 1999. Als beliebte Köchin auf den Ministrantenlagern sorgte sie sich um das Wohl der Buben. Bis heute ist sie im Leitungsteam des Seniorentreffs und macht in der Gymnastik- und Tanzgruppe mit. In zahlreichen Ehrenämtern hat sie über Jahrzehnte hinweg zum Wohl der Dorfgemeinschaft und der Kirchengemeinde Vorbildliches geleistet.

Die Seniorentanzgruppe am Ehrentag von Gertrud Straßer, Advent 2006

(von links) Gerhard Wachter, Gerda Löhle, (dahinter) Paul Müller, Klara Fitz, Gertrud Straßer, Angelika Brune, Gertrud Zwick, Margarete Hübschle, Gretel Schmid, Marlis Karg, Maria Nell, (dahinter verdeckt) Paula Stocker, Erika Graf, Anneliese Merk, Hildegard Schaumann, Emma Koch, Hilde Knäple, Paula Rothmund, Christa Senger

Frauengemeinschaft

Ende des Jahres 2001 löste sich die Frauengemeinschaft auf. Eine lange Tradition war zu Ende gegangen. 1918 wurde die Frauengemeinschaft von Pfarrer Johannes Feil gegründet. Noch in der „Leutkircher Zeit" leitete Anna Straßer die Gemeinschaft, den „Mütterverein Leutkirch". Nachdem eine Weile die Aktivitäten ruhten, fand die Gruppe zu neuem Schwung durch Pfarrer Josef Beha im Jahr 1964.

Im Jahr 1988 feierte die Frauengemeinschaft ihr 70-jähriges Bestehen. Pfarrer Helmut Miltner lobte in der Festmesse das großartige Engagement der Frauen. Miltner sagte in seiner Ansprache u.a.: „Unsere Kirche ist eine Männerkirche. Aber die Frauen tragen diese Kirche."

Gut 100 Mitglieder gehörten damals zur Frauengemeinschaft. Hiltrud Seidel (*7. April 1943 † 29. September 1993) war die Sprecherin des zehnköpfigen Leitungsteams.

1994 waren in der Vorstandschaft: Maria Walter, Gertrud Straßer, Hannelore Walk, Erika Graf, Agnes Lebrenz, Ursula Domogalla, Jutta Alber, Christa Tressel, Walburga Pohle, Heidrun Ehret, Annemarie Ortlieb, Heidi Haug und Christa Senger.

Aus dem Vorstandsteam verabschiedet wurden im Jahr 1999 Maria Walter, Gertrud Straßer, Erika Graf und Agnes Lebrenz.

Zu den Veranstaltungen zählten u.a. Fastnachtsbälle, Weltgebetstage, Palmsträuße basteln, gesellige Abende, Maiandacht, Ausflüge, Besichtigungen, Vorträge, Besinnungstage, Adventsbasare und Weihnachtsfeiern.

Vorstandsteam der Frauengemeinschaft, 2001

(von links) Heidi Haug (1994), Walburga Pohle, Annemarie Ortlieb (1990), Christa Tressel, Hannelore Walk, Heidrun Ehret (1990), Christa Senger, Ulla Domogalla (1977). Pastoralreferent Winfried Neumann (Bildmitte) dankte dem Team zum Abschied. (in Klammern: Beginn der Amtszeit)

Frauentreff Neufrach

Der Offene Frauentreff Neufrach besteht seit 1990. Die Gruppe trifft sich monatlich einmal. Je nach Angebot kommen gelegentlich auch Gäste hinzu. Die Treffen werden stets zusammen vorbereitet und durchgeführt.

Seit Bestehen haben sich im Programm beliebte Themen und Veranstaltungen etabliert, die immer wieder in variierter Form im Jahresprogramm enthalten sind. Dazu gehören:

- Gemeinsamer Besuch des Fasnet-Bürgerballs in Neufrach
- Weltgebetstag der Frauen im Herbst
- Gestaltung eines Frauengottesdienstes im Frühjahr
- Ca. einstündige Fahrradtour durch die nähere Umgebung mit anschließendem Grillen im Sommer
- Ganztagsausflüge
- Gemeinsames Frühstück mit Planung des Jahresprogramms
- Wechselnde Angebote im Herbst: Literaturgespräch oder Lesung mit der Katholischen öffentlichen Bücherei, Bastelabende, Kino-Besuche, Besuch einer kulturellen Veranstaltung oder von Vorträgen
- Adventsfeier im Dezember

Kinderchor

Der Kinderchor wurde auf Initiative des Kirchenchors im Jahr 1990 ins Leben gerufen. Er wirkte u. a. bei Erntedank- und Pfarrfesten mit. Leider löste er sich im Sommer 2012 auf.

Kinderchor-Auftritt beim Pfarrfest, 2011

Die Leiterinnen waren:

- 1990-1993 Sonja Halder und Monika Straßer
- 1993-1995 Sonja Halder und Michaela Mücke
- 1995-2005 Michaela Mücke und Kaya Sick
- 2005 Rahel Normann und Gerold Wächter (Jan.-Okt.)
- 2005-2009 Rahel Normann und Simone Normann
- 2009-2012 Rahel Wischnewski (G: Normann),
Monika Spießmacher und Julia Hermann

Ministranten und Sommerlager

In den 1960-er Jahren gab es in Neufrach für einige Jahre neben den Ministrantengruppen eine Pfadfindergruppe, die von Bertram Metzger initiiert worden war.

Nach der Erstkommunion gingen die Jungs in der Regel zu den Ministranten und die Mädchen in die Mädchengruppe. Die Gruppen leiteten meistens die älteren Ministranten (18-25 Jahre). Zusätzlich zum Ministrieren fanden wöchentlich Ministrantenstunden statt, in denen gespielt, gesungen und gebastelt wurde. Gemeinsam führte man Nachtwanderungen oder Grillabende durch.

Höhepunkt des Jahres war stets das Sommerlager. Es fand in Riezlern, Doren, Krumbach, St. Gallenkirch, Egg, Gersau (CH), Marul, Mittelberg, Flums und im Silbertal statt.

Der Wimpel war der „Schwarze Panther". Ein Brunnen durfte bei keinem Lageraufenthalt fehlen. Zum Lagerleben gehörte ein abwechslungsreiches Programm, zu dem Bergwanderungen, Lagerfeuer, Spiele (unvergessen sind u. a. Brunnenblasen, Ball unter dem Stuhl, Liegestützen auf dem Brunnen, Kim, Wäscheklammerlauf, Suppenwettessen und Hausspiel), Schwimmbadbesuch und Lagergottesdienst zählten.

Ein Lagertag sah üblicherweise so aus: Wecken und Frühsport, Frühstück, Morgentoilette, Lagerdurchgang, Vormittagsprogramm, Mittagessen, Mittagsruhe, Nachmittagsprogramm, Abendessen, Zeit zur freien Verfügung, Lagerabend, Gutenachtgebet, Zimmerrundgang der Leiter und Nachtruhe.

Den Abschluss des Sommerlagers bildete immer der Elternabend. Hier wurden Besonderheiten des Lagers vorgetragen, Lieder gesungen, Sketche vorgespielt und Dias vom vergangenen Lager gezeigt.

Leiter waren u.a.: August Kabusreiter, H.P. Komorowsky, Bruno Raither, Helmut Kensi, Werner Moser, Nikolaus Moser, Bernhard Straßer, Berthold Sick, Josef Sick, Harald Eichhorn, Hubert Straßer, Raimund Graf, Michael Majewski, Martin Majewski, Clemens Wobbe, Bertram Wollmann, Christian Majewski, Berthold Merk, Markus Kretz, Thomas Majewski, Bernhard Gern, Bruno Stegmaier, Stefan Nunne, Sven Nolle, Andreas Lohr, Wolfgang Graf, Kurt Lenski, Wilfried Graf, Hubert Sick, Detlef Siebler, Florian Walter, Andreas Tressel, Manuel Lenski, David Raither, Tobias Majewski, David Mann, Christian Partikel, Landulf Wächter, Thomas Keller, Mario Endres, Fabian Sitta, Tobias Löhle, Alexander Meier, Reinhold Metzger, Gerold Wächter, Julian Koch

Köchinnen waren u.a.: Hildegard Knäple, Margret Moser, Marianne Boxler, Elke Wobbe, Annette Löhle, Elisabeth Majewski, Franziska Stegmaier, Martha Nunne, Gertrud Straßer, Renate Glöckler, Erika Graf, Heidi Haug, Maria Walter, Beate Meier, Elisabeth Straub, Veronika Fiedler

Im Jahr 2006 entschied der Pfarrgemeinderat, das Sommerlager nicht mehr in kirchlicher Trägerschaft durchzuführen.

Im Sommer 2012 gründeten Magnus Wächter (Vorsitzender), Hannes Biermann, Christian Roth, Philip Koch, Dennis Klein, Gerold Wächter und Jakob Majewski den Verein „Jugendlager-Schwarzer Panther-Neufrach". Ihr Ziel ist es, die guten Erfahrungen, die sie selbst mit dem Jugendlager Neufrach gemacht hatten, an jetzige und künftige Jugendgenerationen weiterzugeben. In erster Linie will der Verein das Jugendlager für Jungen im Alter von acht bis 18 Jahren organisieren und durchführen. Die Ziele sind in der Satzung formuliert: „Zweck des Vereins ist die Förderung der außerschulischen Jugendbildung und Erziehung, Sport, Spiel und Geselligkeit sowie die Kinder- und Jugenderholung". Angestrebt werden eine positive soziale Entwicklung der Jugendlichen im Hinblick auf Gesellschaft und Dorfgemeinschaft.

Ministrantenlager in Doren, 1991

KJG-Mädchengruppen und Sommerlager

Auf Initiative von Pfarrer Beha bildeten Elisabeth und Ursula Raither (G: Löhle) im Jahr 1968 eine Mädchengruppe der Pfarrgemeinde. Das erste Mädchenlager fand 1969 im Silbertal statt. Weitere Lager waren u.a. in Riezlern, Flums, Mellau, Gersau, Krumbach und Hittisau.

Langjährige Lagerleiterinnen waren Kaya Sick (G: Löhle; 20 Jahre), Stefanie Kutter (G: Müller; 11 Jahre), Beatrix Feißt und Sabine Straßer (jeweils 12 Jahre). In den ersten Jahren wurden die Mädchen von der Köchin Margot Eichhorn versorgt. Später war jahrelang Brigitte Soth Lager-Köchin.

Im Jahr 2008 übernahm die Gemeinde die Versicherung für die Jugendgruppen und Jugendlager.

1993

Für ihr 20-jähriges Engagement als Jugendleiterin der Mädchengruppen und für ihre 25-jährige Mitarbeit in der KJG wurde Kaya Sick geehrt: (von links) Michaela Lenski, Beate Rimmele (G: Stumpp), Kaya Sick, Sonja Halder, Elke Stumpp, Stefanie Müller

Die KJG-Mädchengruppen im Sommerlager in Laterns, 1991

Jugendcafé

Das im Untergeschoss des Jugendheims eingerichtete Café gab es mit kleinen Unterbrechungen von 1990 bis 2008. Kurt Lenski hatte die Holztheke im Jugendraum gebaut. Das Café war am Wochenende ein beliebter Treffpunkt für die Jugend.

Maranatha

Die Band „Maranatha" (übersetzt: Unser Herr, komm!) wurde 1992 auf Initiative von Pfarrer Helmut Miltner gegründet. Von Anfang an bis heute wird die Musikgruppe, die zeitgemäße und moderne Lieder im Repertoire hat, von Matthias Allweier geleitet. Sie treten u. a. auf in Jugend- und Familiengottesdiensten, bei Sakramentenspendungen und in Konzerten.

Konzert, 2011

Freizeitgruppe Neufrach

Die Freizeitgruppe Neufrach wurde im Juni 1983 auf Initiative von Pfarrer Rudolf Schatz und Gerda Singer von der „Lebenshilfe Bodensee e.V." gegründet.

Einmal pro Woche trifft sich die Gruppe im Jugend- bzw. Pfarrheim. Wegen des Kindergartenneubaus in Neufrach wich sie ins Jugendheim Mimmenhausen aus. Zum Programm der Gruppe gehören gemeinsame Unternehmungen und Ausflüge.

Langjährige ehrenamtliche Mitarbeiter

Elke Schörner, Hildegard Leupoldt, Waltraud Waibel, Regina Freundorfner, Christine Zauner, Helmut Berner, Heike Böhler, Monika Kloka.

Freizeitgruppe vor der Pfarrkirche Mimmenhausen, 2013

Ökumenisches Gesprächsforum Salem

Im Jahr 1995 wurde Reinhard Nowak zum Vorsitzenden des Neufracher Pfarrgemeinderats gewählt. Zwei Ziele waren vereinbart worden: Vernetzung der Gemeinden und eine Pfarrzeitung.

Mehrere Ausschüsse dienten der Vernetzung. Reinhard Nowak übernahm die Leitung des Ausschusses „Glaube und Wissen", der seit 1996 besteht. In den ersten Jahren war in Neufrach eine vierteilige Einheit zu Themen des Katechismus im Programm:
Prof. Dr. Niclas Bosshard: Evolution, Schuld, Erlösung; Prof. Dr. Jilek: Liturgie, das Brotbrechen; Prof. Dr. Eberhard Schockenhoff: Dekalog und Bergpredigt; Abt Laurentius Hoheisel: Das Gebet.

Anfang 1999 ist aus dem christlichen Arbeitskreis „Glaube und Wissen" das Ökumenische Gesprächsforum Salem entstanden. Der Kontakt mit der evangelischen Dekanin Doris Fuchs und mit der Markgräflich Badischen Verwaltung eröffnete die Möglichkeit, die Veranstaltung im Schloss Salem durchführen zu können. Die Initiative erhielt den von der Dekanin vorgeschlagenen Namen „Ökumenisches Gesprächsforum". Renommierte Referenten und Referentinnen kamen und kommen zu Vorträgen und Gesprächen nach Salem. 1999 sagte die Religionswissenschaftlerin Ruth Lapide ihr Kommen zu.

Die Veranstaltungen finden bis heute im Neuen Museum des Schlosses Salem statt.

An der Veranstaltung der katholischen und evangelischen Kirchengemeinden sowie des Schlosses Salem beteiligte sich ab dem Jahr 2007 auch das Kulturamt des Bodenseekreises.

Folgende Fachleute aus den Bereichen Theologie, Philosophie und Naturwissenschaft waren bislang in Salem:

1999: Ruth Lapide, Gerhard Börner, Günter Altner
2000: Christine Schirrmacher, Hanna Barbara Gerl-Falkovitz, Ruth Lapide, Yaakov Ben-Chanan, Urs Baumann
2001: Friedhelm Hengsbach, Klaus Berger
2002: Dorothee Sölle, Michael Welker
2003: Barbara Aland, Eberhard Schockenhoff
2004: Eugen Biser, Karl-Josef Kuschel
2005: Eugen Biser, Hans-Peter Dürr
2006: Christian Kummer, Michael N. Ebertz
2007: Christina Aus der Au, Eberhard Schockenhoff
2008: Jörg Splett, Walter Dietz
2009: Bertram Stubenrauch, Friedhelm Hengsbach
2010: Heinrich Watzka, Magnus Striet
2011: Monika Wohlrab-Sahr, Johanna Rahner
2012: Regine Kather, Armin Kreiner
2013: Jörg Splett, Johanna Rahner

Im Jahr 2014, der 600 Jahr-Feier der Münsterweihe, werden es 15 Jahre sein, dass das ÖGS besteht. Anlässlich dieses Ereignisses ist eine philosophische Sommerwoche von Schloss Salem in Zusammenarbeit mit dem Ökumenischen Gesprächsforum geplant.

ÖGS, 2005
Professor Christian Kummer referiert zum Thema „Schöpfung durch Evolution-Was Teilhard de Chardin dem modernen Kreationismus zu sagen hat".
(von links) Reinhard Nowak (ÖGS), Dr. Birgit Rückert (Schloss Salem), Prof. Christian Kummer

Zur Geschichte der Orgeln

Beitrag von Pfarrer und Dekan Peter Nicola

Peter Nicola, 2004
Vorstellung des Kirchenführers im Foyer des Beratungszentrums der Sparkasse Salem-Heiligenberg

Die ersten Orgeln unserer Gegend dürften im Salemer Münster, der Klosterkirche der Zisterzienser, aufgestellt worden sein. Bereits für das Jahr 1450 ist dort eine große Orgel urkundlich erwähnt.

Alte Pfarrkirche St. Mariä Himmelfahrt in Leutkirch

In Leutkirch hielt die Königin der Instrumente spätestens im 19. Jahrhundert Einzug. 1863 befand sich auf der Empore ein Instrument, das für die Kapelle in Maurach erbaut worden war und nach der Säkularisation für Leutkirch erworben werden konnte. Diese Orgel stammte wahrscheinlich aus der Werkstätte Aichgasser in Überlingen und verfügte über acht klingende Register. 1889 bestellte die Pfarrei ein neues, größeres Instrument bei Xaver Mönch, Orgelbauer in Überlingen. Es hat sich bis heute mit nur ganz wenigen Veränderungen erhalten und verfügt über 14 Register, die sich auf zwei Manuale und Pedal verteilen und dem Klangideal der deutschen Romantik entsprechen. Die Zinnpfeifen des Prospekts mussten 1917 der Rüstungsindustrie abgeliefert werden. Der Einbau eines neuen Prospekts aus Zinkpfeifen erfolgte 1921. Gleichzeitig wurde das Register Fugara 4′ durch ein Register Dolce 8′ ersetzt.

Als nach dem Neubau der Pfarrkirche in Neufrach im Jahre 1967 die Alte Pfarrkirche Leutkirch in den Rang einer Filialkirche absank, unterblieben weitere Wartungsarbeiten an der Orgel. Dies hatte zur Folge, dass sie schließlich unspielbar wurde. In diesem unspielbaren Zustand überstand sie aber auch die Zeiten, in denen man viele romantische Orgeln nach den Vorgaben der sogenannten Orgelbewegung in barocker Tradition klanglich „aufhellte“ und damit meistens „verschlimmbesserte“. Es gab für Leutkirch in den 1980er Jahren sogar Überlegungen, die Mönch-Orgel im Rahmen der Innenrenovierung samt der Empore zu entfernen und durch einen einmanualigen (!) Neubau zu ersetzen. Glücklicherweise lehnte das Landesamt für Denkmalpflege dieses Ansinnen ab.

Der in Neufrach ansässige Orgelbauer August Biele nahm sich des Instrumentes an, führte notwendige Reparaturen durch, tauschte die wurmstichigen Holzpfeifen des Registers Violon 16′ durch gebrauchte Holzpfeifen eines Registers Flötbaß 4′ aus und machte die Orgel wieder spielbar. Am 30. September 1984 konnte sie nach jahrelangem Schweigen erstmals wieder erklingen. Während der Renovierungsarbeiten im Langhaus von Leutkirch wurde 2002 das gesamte Pfeifenwerk aus Sicherheitsgründen aus- und nach Abschluss der Arbeiten wieder eingebaut, wobei auch kleinere Reparaturen vorgenommen werden konnten. Um die Orgel auch in den nächsten Jahrzehnten für Gottesdienst und Konzert zu erhalten, entschloss sich der Stiftungsrat der Pfarrgemeinde Neufrach, im Jahre 2013 eine grundlegende Renovierung durchführen zu lassen. Diese Maßnahme wurde der weltbekannten Orgelbaufirma Johannes Klais in Bonn anvertraut. Seit der Renovierung zeigt sich die Leutkircher Orgel wieder im ursprünglichen Zustand und beeindruckt durch ihre überaus warme und eindrucksvolle romantische Klangsprache.

Disposition der Leutkircher Orgel vor der Renovierung 2013

I. Manual	C – f′′′				
Principal	8′	1889	Viola di Gamba	8′	1889
Gedeckt	8′	1889	Dolce	8′	1921
			anstelle von Fugara 4′ (1889)		
Octave	4′	1889	Prospektpfeifen 1921		
Traversflöte	4′	1889	Mixtur 3-4fach	2 2/3′	1889
II. Manual	C – f′′′				
Salicional	8′	1889	Aeoline	8′	1889
Principal-Flöte	8′	1889	Dolcissimo	4′	1889
Pedal	C – c′				
Subbaß	16′	1889	Octavbaß	8′	1889
Flötbaß	4′	1984	anstelle von Violon 16′ (1889)		

Koppeln:	Kollektivtritte:
I. Man. & Ped.	Mezzoforte
II. Man. & Pedal	Tutti
II. Man. & I. Man.	
Mechanische Kegelladen	Mechanische Spiel- und Registertraktur

Nach der Renovierung wird die Disposition wieder genau so sein wie vor 1889.

Pfarrkirche St. Peter und Paul in Neufrach

Zehn Jahre nach ihrer Einweihung erhielt die Pfarrkirche in Neufrach die langersehnte Orgel. Zur Finanzierung der Orgel wurden zahlreiche Feste in der Pfarrgemeinde organisiert und durchgeführt. Mit dem Orgelbaubeauftragte der Stiftungsrat den Überlinger Orgelbaumeister Egbert Pfaff. Die neue Orgel wurde seitlich auf der Empore platziert, damit für Chor und Instrumentalisten genügend Raum freibleibt. Die Neufracher Orgel, eine vollmechanische Schleifladenorgel, besitzt 26 klingende Register, die auf zwei Manuale und Pedal verteilt sind. Ihre barocke Klangsprache orientiert sich am süddeutsch-elsässischen Klang der Silbermannzeit und ist somit sehr klar, kernig und markant. Nach dem Krippenbrand am Stephanstag 2006, der den gesamten Innenraum der Kirche verrußte, wurden die Orgel von ihrem Erbauer gründlich gereinigt und die Prospektpfeifen wieder auf Hochglanz poliert.

Disposition der Neufracher Orgel

I. Manual	C – g'''		
Bourdon	16'	Praestant	8'
		Pfeifen im Prospekt	
Rohrflöte	8'	Octave	4'
Gemshorn	4'	Quinte	2 2/3'
Sesquialter	2f	Octave	2'
Mixtur	2' 5f	Trompete	8'
II. Manual	C – g'''		
Bourdon	8'	Salicional	8'
Principal	4'	Flöte	4'
Waldflöte	2'	Larigot	1 1/3'
Octave	1'	Mixtur	1' 3f
Cromorne	8'		
Pedal	C – f'		
Subbaß	16'	Holzoctave	8'
Choralbaß	4'	Octave	2'
Mixtur	2 2/3' 4f	Fagott	16'
Posaune	8'		

Koppeln: II/I I/P II/P

Ursprünglich besaß die Orgel keinen Tremulanten. Er wurde durch eine Stiftung nachträglich finanziert und eingebaut.

Somit besitzt die Pfarrei Neufrach in den Orgeln von Leutkirch und Neufrach zwei ganz unterschiedliche, eindrucksvolle Instrumente. Mögen sie noch lange zur Ehre Gottes und zur Freude der Menschen erklingen!

Quellen und Archivalien

Unterlagen des Orgelarchivs Peter Nicola

Unterlagen des Pfarrarchivs Neufrach

Gommeringer, Hugo: Unvergessliche Spuren–Kirchenchor Neufrach 1774–1989, Uhldingen, Stephanus Druck GmbH, 1988.

Münsterpfarrei Salem: Musik in Salem, Salem 2005.

Nicola, Peter: Kirchen und Kapellen der Seelsorgeeinheit Salem, Schnell-Kunstführer Nr. 2548, Regensburg: Verlag Schnell & Steiner 2004.

Staiger, Xaver: Salem oder Salmannsweiler, Konstanz 1863.

Vereinsleben
(WEL, 232 - 236)

Der Begriff „Verein" kommt von „vereinen, zusammen bringen". Diese Wortbedeutung zeigt wichtige Aufgaben von Vereinen auf: Pflege von Tradition und Kultur, Förderung von Kunst, Sport und Musik, Stärkung der Gemeinschaft, Miteinander der Generationen, Förderung der Jugendarbeit.

Vielfältig war und ist das Wirken der örtlichen Vereine in Neufrach. Neben dem Musikverein, dem Männerchor, der Hardtwieble-Zunft und dem Sportverein bereichern auch der Kirchenchor (s. „Kirchliches Leben“), die Feuerwehrabteilung (s. „Sozial-, Gesundheits- und Sicherheitswesen“) und verschiedene Fördervereine das Dorfleben.

Vereinsleben als Säule der Dorfgemeinschaft

Beitrag von Manfred Nolle

Das Bild entstand im Rahmen der Studienreise des Bildungswerkes der Seelsorgeeinheit Salem nach Schottland. Hier eine Aufnahme bei der Besichtigung der Whisky-Brennerei Glenfiddich, 2010

Mein Vater Eduard, der in Mennwangen eine Viehhandlung betrieb, nahm mich schon als Jugendlichen oft nach Neufrach mit. Da es zur damaligen Zeit dort noch viele Bauernhöfe gab, kam ich fast in jedes Haus und lernte viele Einwohner sowie deren Kinder kennen.

Als mein Vater im Jahr 1951 ein Wohnhaus in Neufrach erwarb und dieses vermietete, erweiterte sich mein Bekanntenkreis. Seine große Begeisterung für Sport führte dazu, dass er mich und meinen Bruder Hubert oft zu Sportveranstaltungen wie Fußballspielen, Boxen und Skispringen mitnahm. Dies mag wohl ausschlaggebend dafür gewesen sein, dass uns alle Sportarten interessierten.

Mein Bruder Hubert schloss sich 1950 dem SV Neufrach an. Ich kam 1952 zu diesem Sportverein, weil der Weg von Mennwangen zum Neufracher Verein der kürzeste war. Anfangs fuhren wir noch mit dem Fahrrad zum Training, zu den Heimspielen und auch zu den Spielen nach Owingen, Hagnau, Konstanz, Allensbach usw. Das verschaffte uns zusätzliche Kondition.

Aktiv spielte ich Fußball in allen Altersstufen von der Jugend- bis zur Altherren-Mannschaft und durchlebte alle sportlichen Höhen und Tiefen.

Im Jahr 1961 wurde ich im Alter von 23 Jahren Nachfolger von Jugendleiter Edmund Stecher, der damals zum Schriftführer gewählt wurde. In der Generalversammlung im Herbst 1964, die als „Krisensitzung“ in die Chronik des SV Neufrach einging, wurde ich auf Drängen des Sparkassendirektors Karl Löhle kurz vor Mitternacht als Nachfolger von Sepp Schmid zum Vorsitzenden gewählt. Ein Grund dafür mag gewesen sein, dass ich im Verlauf der Versammlung selbst viele Wahlvorschläge gemacht hatte.

Ein guter Start für unsere neue Vorstandschaft, zu der Walter Lohr, Hubert Nolle und Kurt Lohr gehörten, war 1965 die Meisterschaft der ersten Mannschaft.

Um den im neuen Amt anstehenden Aufgaben gerecht werden zu können, ließ ich mich verantwortungsbewusst zum Übungsleiter, Sportsanitäter und lizenzierten Jugendleiter ausbilden. Die letztgenannte Weiterbildung kam mir auch als Trainer der Rennmannschaft des Skiclubs Salem und bei meiner Tätigkeit als Schöffe beim Landgericht Konstanz bei Jugendstraftaten zu Gute.

Fast zeitgleich baute ich in Neufrach ein Wohnhaus, in das ich nach meiner Eheschließung mit Gaby im Herbst 1965 einzog. Somit war ich ein echter „Neufracher Bürger“. Ich hielt es für eine Selbstverständlichkeit, Mitglied in allen Neufracher Vereinen zu werden. Mein Interesse galt den Aktivitäten dieser Vereine, für die ich mich stets einsetzte.

Im Alter von 30 Jahren wurde ich 1968 von den Neufracher Bürgerinnen und Bürgern in den Gemeinderat gewählt. 1972 folgte die Berufung in den Übergangsgemeinderat der neu formierten Gemeinde Salem. Von 1972 bis 1999 war ich Mitglied im Gemeinderat der Gemeinde Salem und in einigen Ausschüssen, u. a. im Stiftungsrat des Alten- und Pflegeheims Wespach. Im Gemeinderat unterstützte ich viele Entscheidungen zum Wohl der Vereine, u. a. die Durchführung der Weihnachtskonzerte des Musik- und Gesangvereins Neufrach in der Sporthalle des Bildungszentrums oder den Erwerb von Grundstücken zum Bau des „Prinz Max“.

Ich blieb stets mit allen Vereinen in Kontakt, um diese zu unterstützen. Ich sah es als Pflichtaufgabe an, die jährlichen Generalversammlungen zu besuchen, wenn es möglich war. Trotz meines loyalen Verhaltens habe ich auch negative Erlebnisse gehabt. In der Generalversammlung eines Vereines wurde ich zum Kassenprüfer gewählt und dann vor der nächsten Generalversammlung ausgeladen. Die Begründung dafür war, dass ich als Sportvereinsvorsitzender keinen Einblick in die Kasse haben müsse. Auch solche Erfahrungen konnten mich jedoch nicht davon abhalten, mein Interesse an Vereinen und Gemeinschaften zu bewahren, deren Aufgaben zu unterstützen und deren Einsatz zu würdigen. Für mich gelten die Vereine als tragende Säulen des Gemeinwesens.

Bei der Gründung neuer Vereine wirkte ich als Gründungsmitglied mit: Skiclub Salem, Tennisclub Salem, FC RW Salem, Reiterverein Salem (heute: Reit- und Fahrverein Salem) und einige Fördervereine.

Mein Einsatz galt auch der katholischen Pfarrgemeinde Neufrach. 26 Jahre lang war ich Pfarrgemeinderatsmitglied.

Beim SV Neufrach galt es schon bald, Probleme zu lösen. So wurde eine Sportplatzverschiebung wegen des Kirchenneubaus erforderlich. Diese Information erhielt der SV Neufrach erst aus der Presse.

In Eigenleistung wurde das Sportgelände ausgeleuchtet und das Geländer rund um den Sportplatz angebracht. Die zunehmende Anzahl der Mannschaften erforderte ein zusätzliches Sportgelände, das wir zum Unwillen der Nachbarn mit einer Baracke an der alten Neufracher Straße anlegen durften. Schon im Jahr 1963 waren Pläne für einen Clubhausbau vorhanden, die nicht sofort umgesetzt wurden. Als Vereinslokal diente der „Gasthof zum Bahnhof", der aber aufgrund der großen Entfernung zum Sportplatz nicht ideal gelegen war. So zogen wir Spieler uns in der Scheuer von Ernst Hoher um. Dies wurde jedoch bald zu einer unzumutbaren Belastung für die Spieler. Aufgrund der guten Mitgliederentwicklung (Verdoppelung der Mitgliederzahl), der guten finanziellen Lage und des Mutes der Vorstandschaft konnten wir bereits im Jahr 1968 das lang ersehnte Clubhaus mit vielen Eigenleistungen erstellen. Trotz des finanziellen Risikos waren wir nach wenigen Jahren schuldenfrei.

Zu meinem Aufgabenfeld gehörten: Fusionsgespräche mit TSV Mimmenhausen (1975/76), Erweiterung des Clubhauses in Neufrach (1987), Internationale Turniere (Beginn 1972), Gründung Rot-Weiß Salem (1976), SVN mit Freizeitgruppen (seit 1976) und Abteilung Tanzsportgruppe (seit 2001).

Clubhauseinweihung Neufrach, 26. Juli 1969

(linke Seite von vorne) Arthur Raither, Fritz Baur, Werner Schäffner, Hermann Auer (rechte Seite von vorne) Manfred Nolle, Karl Löhle, Karl Martin, Herbert Keller

Musikverein Neufrach e. V.

(WEL, 233 ff.)

Geschichte in Kürze

Die Wurzeln der Musikkapelle Neufrach gehen auf das Jahr 1850 zurück. Die Vereinsgründung erfolgte im Jahr 1919 im Gasthaus „Prinz Max" in Neufrach. Im Jahr 1973 wurde der Musikverein Neufrach ins Vereinsregister eingetragen. Wie in den Jahrzehnten zuvor blieb der Musikverein auch nach 1953 seiner Hauptaufgabe treu und gestaltete wichtige Ereignisse im Dorfgeschehen und in der Gemeinde Salem.

An folgenden Einweihungsfeiern war die Musikkapelle in Einsatz: Kriegerdenkmal (1958), Pfarrkirche St. Peter und Paul (1967), Clubhaus Sportverein (1969), Jugendheim (1973), Sparkassengebäude (1977), Kirchenorgel (1977), Sparkassen-Hauptstelle (1984), Feuerwehrhaus Salem (1988), Zunftstube „Molke" (1997), Dorfgemeinschaftshaus „Prinz Max" (1999), Bauhof der Gemeinde Salem (2005) und Bahnunterführung zum Gewerbegebiet (2012).

Folgende Amtseinführungen und Verabschiedungen von besonderen Personen wurden ebenfalls musikalisch umrahmt: Bürgermeisterwahl von Werner Kesenheimer (1972), Bürgermeisterwahl von Peter Allgaier (1988), Bürgermeisterwahl von Manfred Härle (2004), Investitur von Pfarrer Peter Nicola (2006), Verabschiedungen von Pfarrer Rudolf Schatz (1984), von Pfarrer Helmut Miltner (1997) und von Grundschulrektor Hans Sohmer (2008). Mitgestaltet wurden die Primizen von Martin Domogalla (1966) und Harald Eichhorn (1987).

Auf Wunsch des Bundeslandwirtschaftsministers Josef Ertl umrahmte die Musikkapelle im Jahr 1972 eine FDP-Wahlversammlung im Gasthaus „Prinz Max". Ebenso spielte die Kapelle im Jahr 1976 bei einer CDU-Wahlversammlung im „Prinz Max", bei der Ministerpräsident Hans Filbinger und Innenminister Karl Schiess als Redner auftraten. Bei den Pfingstturnieren des Sportvereins beteiligte sich die Kapelle musikalisch von 1972 bis 1992. Bei Orgel- und Glockenfesten spielte die Kapelle in den Jahren 1974 bis 1977.

Eine besondere Ehre wurde der Musikkapelle zuteil, als sie im Jahr 1979 die Feierlichkeiten bei der Ernennung von Arthur Raither zum Ehrensenator der Universität Hohenheim in Hohenheim musikalisch gestalten durfte. Ehrendirigent Arthur Raither prägte den Musikverein Neufrach lebenslang und in vielerlei Hinsicht. Bei den Bezirksbauerntagen von 1958 bis 1987, die auf Initiative von Arthur Raither in Neufrach veranstaltet wurden, übernahm der Musikverein Neufrach die Bewirtung der Besucher und spielte auch zur Unterhaltung der Gäste.

Die Freundschaft mit dem Musikverein Gresgen aus dem Wiesental im Schwarzwald geht ebenfalls auf Arthur Raither zurück. Der Kontakt kam bei einem Zusammentreffen mit Gresgens Bürgermeister Karl Schöne über den BLHV zustande. Am 19. Mai 1973 reisten die Neufracher Musikanten zum ersten Freundschaftstreffen nach Gresgen und noch im selben Jahr folgte ein Gegenbesuch der Musikkapelle Gresgen. Bis heute fanden insgesamt fünfzehn abwechselnde Besuche statt, bei denen immer ein Doppelkonzert gespielt wurde. Hinzu kommen viele private Treffen.

Einen besonderen Platz in der Vereinsgeschichte nehmen Jubiläen ein, die der Musikverein selbst feiern oder mitfeiern konnte. Das waren 1975 das 125-jährige, 1990 das 140-jährige, 2000 das 150-jährige und 2010 das 160-jährige Bestehen des Musikvereins. Im Jahr 1973 wurde in der Obstmarkthalle in Neufrach das Verbandsmusikfest aus Anlass des 50-jährigen Bestehens des Blasmusikverbandes „Bodensee-Linzgau" durchgeführt. Bei den Feierlichkeiten wurde Ehrendirigent Arthur Raither das Goldene Ehrenzeichen des Bundes Deutscher Blasmusikverbände verliehen. Bei den großen Jubiläen des Männergesangvereins Neufrach wirkte die Musikkapelle mit. Unvergessen sind die „Dreierkonzerte" von Kirchenchor, Musik- und Gesangverein im Jahr 2000 zum 225-jährigen und im Jahr 2005 zum 230-jährigen Jubiläum des Kirchenchors.

Als weitere Ereignisse sind noch zu erwähnen: Die Anschaffung neuer Uniformen in den Jahren 1955, 1972 und 1984; die Fahnenweihe im Jahr 1978; die Schallplattenaufnahme des Bezirks 2 des Blasmusikverbandes Bodenseekreis im Jahr 1987 mit dem Titel „Blasmusikgrüße vom Bodensee"; Freischaltung der ersten Internetseite im Jahr 2003; Bau der neuen Lagerhalle beim Wertstoffhof im Jahr 2004; Vorstellung des neuen Marsches „Salemonia" im Jahr 2008 (komponiert für das Schlossseefest); Teilnahme bei den Wertungsspielen in Pfullendorf (1968), in Laimnau (1980) und in Oberteuringen (1982) mit Bestnoten; Teilnahme bei den Marschwettbewerben in Tettnang (1997) und Überlingen (2009) mit Bestbewertung; Teilnahme beim Landesfest im Schloss Salem (2009) und musikalische Umrahmung der Deutschen Schafschurmeisterschaften in Grasbeuren (2009). Im Rahmen eines Kirchenkonzerts wurde 2011 die restaurierte Vereinsfahne von 1927 in der Pfarrkirche erstmals der Öffentlichkeit präsentiert.

Die restaurierte Fahne, 2013

(von links) Fähnrich Roland Fiedler und die Fahnenbegleiter Helmut Laur und Adolf Kamuf auf dem Kirchhof Neufrach

Das Probelokal der Musikkapelle befand sich in den 1950-er Jahren im alten Rathaus, wechselte 1969 in die Räume des alten Kindergartens (heute Sparkasse), von dort in die Grundschule und dann in den Keller des neuen Rathauses. Seit 1999 besitzt der Musikverein sein eigenes Probelokal mit separatem Notenraum im Obergeschoss des „Prinz Max".

Seit dem Jahr 1966 begleitet die Musikkapelle Neufrach, früher gekleidet in Fasnets-Uniform, die Hardtwieble-Zunft auf ihren Narrenumzügen. Auch beim großen Flohmarkt am Rosenmontag sind die Neufracher Musikanten seit der ersten Stunde dabei und unterhalten die Marktbesucher. Im Jahr 1985 wurde die Fasnetsmusik schließlich neu gestaltet. Für die Umzüge mit der Hardtwieble-Zunft wurden neue Uniformen beschafft und für die Straßen- und Dorffasnet unter der Regie von Andreas Kretz die Lumpenkapelle „Wikinger" gegründet. Elmar Notheis übernahm die musikalische Leitung der Wikingergruppe. Diese spielte auf Fasnetsbällen und zuerst ohne die Zunft auf Umzügen. Mitte der 1990-er Jahre wurde die offizielle Fasnetsmusik in Uniform schließlich aufgegeben. Seither begleiten die Wikinger die Hardtwieble-Zunft bei ihren Umzügen.

Seit dem Jahr 2002 sind Verena Stötzle (G: Eblen) und Martin Stehle für die Wikinger verantwortlich.

Die Musikkapelle im Jubiläumsjahr, 2010 (Kirchhof Leutkirch)
Vom 12. bis 14. Juni 2010 feierte der Musikverein sein 160-jähriges Bestehen. Zum großen Festprogramm gehörten Sommernachtsparty, Festgottesdienst, Frühschoppen, Festumzug und Feierabendhock.

Zu den traditionellen Terminen der Musikkapelle zählen seit Jahrzehnten der „Weiße Sonntag“, das Maibaumstellen, der 1. Mai, Allerheiligen mit Kriegergedenken, das Christbaumspiel und das gemeinsame Weihnachtskonzert mit dem Männerchor. Die Musikerinnen und Musiker spielen bei Frühschoppen, Kurkonzerten, Platzkonzerten, Jubiläen, Geburtstagen und Hochzeiten.

Zu den wichtigsten Festen, die der Musikverein ausrichtet, zählen das „Schlosseefest“ und das „Prinz-Max-Fescht“. Im Jahr 1980 wurde von der Gemeinde Salem ein erstes Volksfest am neuen Schlosssee initiiert. Die Musikvereine Neufrach und Mimmenhausen waren Ausrichter des Festes. Ein Jahr später wurde das „Schlossseefest“ zum ersten Mal von den fünf Salemer Musikvereinen veranstaltet.

Langjährige Feste des Musikvereins waren das Frühlingsfest (1980-1984) in der Bodensee-Obstmarkthalle, das Bahnhofsfest (1986-1990) am Bahnhof Salem und das sechsmalige Straßenfest in der Riedlestraße (1992-2001).

Da in Vergangenheit noch nie ein offizielles Neufracher Dorffest stattfand, hob der Musikverein im Jahr 2008 das nach dem „Prinz Max“ benannte „Prinz-Max-Fescht“ aus der Taufe. An drei Tagen wird auf dem Dorfplatz mit einem attraktiven Programm gefeiert.

Großen Wert legt der Musikverein auf den Nachwuchs und die Ausbildung junger Musiker. Seit 2012 kooperiert der Verein mit dem Projekt „Bläserklasse“ mit der Hermann-Auer-Grundschule (s. „Bildung und Erziehung“). Im Jahr 2010 haben sich die Jugendkapellen Neufrach und Mimmenhausen unter der Leitung von Petra Keller und Gerold Wächter zusammengeschlossen.

Ein historisches Ereignis für den Verein war zum Jahresende 2011, dass Elmar Notheis nach 25 Jahren seine Dirigententätigkeit beendete. Der Verein ehrte seine Verdienste beim Weihnachtskonzert und ernannte ihn zum Ehrendirigenten.

Festliches Konzert im „Prinz Max", 2011
Nach 25 Jahren hatte Elmar Notheis mit einem besonderen Abschiedskonzert seinen letzten Einsatz als leitender Dirigent.

Zurzeit hat der Musikverein 53 aktive Musikerinnen und Musiker, 190 passive Mitglieder und 9 Ehrenmitglieder (Stand: April 2013).

Zur aktuellen Vorstandschaft gehören: 1. Vorsitzender Manuel Lenski, 2. Vorsitzender Martin Gutsch, Schriftführer Matthias Mücke, Kassierer Klaus Schrempp, Dirigent Martin Stehle, die aktiven Beisitzer Klaus Löhle, Andreas Kretz, Verena Stötzle, Marcel Rothmund, die passiven Beisitzer Astrid Senger, Manuel Kugler, Nadine Kugler, Ehrendirigent Elmar Notheis, Jugendleiterin Rahel Wischnewski und Jugendvertreter Lukas Straßer.

Dirigenten

Arthur Raither	1945 - 1965	Kurt Lohr	1965 - 1974
Josef Sick	1974 - 1978	Adolf Schweigert	1978 - 1985
Klaus Boy	1985 - 1986	Elmar Notheis	1986 - 2012
Benjamin Ludwig	2012 - 2013	Martin Stehle	seit 2013

Vorsitzende

Eugen Reuther	1950 - 1960	Karl Metzger	1960 - 1965
Josef Müller	1965 - 1970	Karl Laur	1970 - 1986
Walter Stegmaier	1986 - 2007	Manuel Lenski	seit 2007

Die Ehrenmitglieder (chronologisch nach Jahren der Ernennung)

1958: Bernhard Fuchs (Gründungsmitglied von 1919; über 50 Jahre aktiv)
1969: Karl Moser (1967: Ehrennadel in Gold mit Diamant und Ehrenbrief)
1969: Karl Metzger
1969: Friedrich Leberer (1966: Ehrennadel in Gold mit Diamant und Ehrenbrief)
1972: Johann Wollmann (1967: Ehrennadel in Gold mit Diamant und Ehrenbrief)
1972: Konrad Laur, Willi Stehle, Willi Busch, Johann Halder, Albert Halder
1974: Matthäus Rübsamen; Vereinsdiener (1974)
1974: Bernhard Konstanzer; Vereinsdiener (1974)
1980: Eugen Stehle (1975: Ehrennadel in Gold mit Diamant und Ehrenbrief)
1980: Friedrich Sick (1975: Ehrennadel in Gold mit Diamant und Ehrenbrief)
1986: Josef Halder (1983: Ehrennadel in Gold und Urkunde)
1986: Karl Leberer (1983: Ehrennadel in Gold und Urkunde)
1992: Pirmin Kretz (1983: Ehrennadel in Gold mit Diamant und Ehrenbrief)
1995: Karl Laur (1995: Ehrennadel in Gold mit Diamant und Ehrenbrief)
1996: Ernst Hoher (30 Jahre aktiv; 1995: Ehrennadel in Gold und Urkunde)
1996: Franziska Stegmaier (langjährige Vereinswirtin)
2005: Hans Schappeler (2006: Ehrennadel in Gold mit Diamant und Ehrenbrief)
2005: Gebhard Laur (2000: Ehrennadel in Gold mit Diamant und Ehrenbrief)
2005: Josef Stehle (2005: Ehrennadel in Gold mit Diamant und Ehrenbrief)
2012: Peter Ilg (2009: Ehrennadel in Gold mit Diamant und Ehrenbrief)
2013: Berthold Gruber (2010: Ehrennadel in Gold mit Diamant und Ehrenbrief)
2013: Dieter Merk (2013: Ehrennadel in Gold mit Diamant und Ehrenbrief)
Gottfried Fitz (1967: Ehrennadel in Gold mit Diamant und Ehrenbrief)
August Hoher (1975: Ehrennadel in Gold mit Diamant und Ehrenbrief)

Ehrendirigenten und Ehrenvorsitzende

1971: Arthur Raither (1965: Ehrennadel in Gold mit Diamant und Ehrenbrief)
2007: Walter Stegmaier (2000: Ehrennadel in Gold und Urkunde)
2011: Elmar Notheis (2010: Ehrennadel in Gold mit Diamant und Ehrenbrief)

Langjährige aktive Mitglieder

(Für 30-jährige Mitgliedschaft gab es die Ehrennadel in Gold und Urkunde, für 40-jährige Mitgliedschaft die Ehrennadel in Gold mit Diamant und Ehrenbrief)

30 Jahre und mehr: Helmut Laur, Klaus Löhle, Christian Rothmund, Bernhard Traber, Josef Walk

40 Jahre und mehr: Jürgen Amann, Andreas Kretz, Günther Laur, Bernhard Notheis, Elmar Notheis, Albert Rothmund, Bernhard Rothmund, Klaus Schrempp (2010: Fördermedaille in Gold mit Diamant für 25 Jahre Kassierer), Hubert Straßer

Karl Metzger
*23. April 1905 † 6. Dezember 1986

Karl Metzger war mit Emilie Blaser aus Weildorf verheiratet. Aus der Ehe gingen die vier Kinder Ernst, Hermann, Bertram und Anneliese hervor.
Karl Metzger war lange Jahre als Tubist aktiv in der Musikkapelle. Von 1960 bis 1965 leitete er als Vorsitzender den Musikverein. Im Jahr 1985 spielte die Musikkapelle seinem Ehrenmitglied ein Ständchen zum 80. Geburtstag. Aufgrund seines musikalischen Könnens war Karl Metzger in der ganzen Region als Mitspieler gefragt.

Foto: um 1960

Friedrich Leberer
* 7. September 1900 † 10. April 1988

Friedrich Leberer spielte über 40 Jahre als Flügelhornist in der Musikkapelle. Von 1947 bis 1958 war er Schriftführer des Musikvereins und wurde 1969 zum Ehrenmitglied ernannt. In der Freiwilligen Feuerwehr engagierte er sich ebenfalls über 40 Jahre lang als Maschinist.

Friedrich Leberer, Goldene Hochzeit, 1973

Im Männerchor sang er über viele Jahre mit. Friedrich Leberer war mit Elisabetha Boll aus Oberboshasel verheiratet. Aus der Ehe gingen die Kinder Thomas, Berta, Hilde und Karl hervor. Sein Sohn Karl spielte über 30 Jahre als Trompeter in der Musikkapelle und war von 1974 bis 1983 aktiver Beisitzer in der Vorstandschaft. Nach dem Zweiten Weltkrieg betrieb Friedrich Leberer eine Schmiedewerkstatt zusammen mit einer Tankstelle (heute AVIA-Tankstelle) von seiner Enkelin Elsbeth Rothmund (G: Leberer) und ihrem Mann Albert.

Konrad Laur

*20. Oktober 1899 †14. April 1982

Konrad Laur war eine markante Persönlichkeit des Ortes. Er war mit Maria Blaser aus Weildorf verheiratet. Aus der Ehe gingen die Kinder Resi, Anna, Johann, Bernhard und Erika hervor. In der Musikkapelle spielte er die große Trommel. 1972 wurde er zum Ehrenmitglied ernannt. Sein Sohn Johann spielte ebenfalls die große Trommel. Lange Jahre war Konrad Laur Gemeinderat von Neufrach und im Aufsichtsrat der Bezirkssparkasse Salem. Außerdem hatte er das Amt des zweiten Vorsitzenden der Molkereigenossenschaft inne. Er war im Vorstand des verantwortlichen Gremiums der Flurbereinigung und des Viehversicherungsvereines. Er gehörte zudem zu den Förderern des Narrenvereins.

Foto: Mitte der 1970-er Jahre

Pirmin Kretz

* 12. Oktober 1936

Pirmin Kretz kam in Weildorf zur Welt, wo er auch aufwuchs. Er war Sohn des dortigen Bürgermeisters und Mesners Wilhelm Kretz. In Weildorf ging er acht Jahre zur Volksschule. Anschließend machte er eine Lehre als Schuhmacher. Nach einem Jahr Berufstätigkeit als Schuhmacher sattelte er um und war 35 Jahre lang als Metall-Dreher tätig. Mit 16 Jahren lernte er Martha kennen. Am 4. Mai 1961 haben sich Martha und Pirmin in der Pfarrkirche „Mariä Himmelfahrt" das eheliche Ja-Wort gegeben. Zuvor bauten sie in den Jahren 1960/61 ihr Haus an der Weildorfer Straße, das im Jahr 1978 endgültig ausgebaut wurde.

Martha und Pirmin Kretz, 2011

Das Paar schenkte drei Kindern das Leben: Andreas, Markus und Ralf.

Dem Ehepaar liegt das Dorf-, Kirchengemeinde- und Vereinsleben besonders am Herzen. Eine Amtszeit lang engagierte sich Pirmin im Gemeinderat. Zwei Jahre war er Narrenrat der Hardtwieble-Zunft. Im Kirchenchor Neufrach sang er von 1975 bis 1987. Im Gespann mit Karl Stumpp organisierte er von 1979 bis 1982 die Choraktivitäten. Als Stimmsprecher agierte er von 1982 bis 1984. Pirmins unermüdlicher Einsatz galt jedoch der Musikkapelle, zunächst von 1951 bis 1969 in Weildorf und dann von 1969 bis 1992 in Neufrach. 14 Jahre kümmerte er sich als zweiter Vorsitzender mit großem Einsatz besonders um die Festaktivitäten des Vereins.

Über 40 Jahre lang spielte Pirmin Kretz als Tubist und wurde 1992 zum Ehrenmitglied des Musikvereins Neufrach ernannt. Auch nach seiner aktiven Zeit investierte er als Vereinsarchivar noch viel Zeit für den Verein. Heute ist Pirmin Kretz mit seiner Frau Martha im Seniorentreff engagiert.

Goldene Hochzeit von Martha und Pirmin Kretz, 2011
Die Musikkapelle überbringt musikalische Glückwünsche.

Gebhard Laur

* 24. April 1930

Foto: 2000

Gebhard Laur kam in Neufrach zur Welt. Hier wuchs er auf und ging zur Schule. Am 16. Juli 1955 schloss er mit Apollonia „Loni" Eichinger den Bund der Ehe. Zur Familie gehören die Kinder Günther, Waltraud und Helmut. Gebhard Laur ist stolz darauf, dass nach seinem Vater Josef und nun auch nach ihm seine Söhne Günther und Helmut sowie in der vierten Generation seine Enkeltöchter Tanja und Sandra in der Musikkapelle Neufrach mitspielen.

Gebhard Laur spielte Trompete (1946-1948), Tenorhorn (1948-1961), große Trommel (ab 1975) und Tuba. Von 1965 bis 1968 war er zweiter Vorsitzender und von 1972 bis 1984 Schriftführer im Musikverein. Nach seiner aktiven Zeit wirkte er viele Jahre als Fähnrich mit.

Ehrung von Gebhard Laur, 2000

Im Rahmen der Jubiläumsfeier „150 Jahre Musikkapelle" wurde er von Peter Karpf (links), Präsident des Blasmusikverbandes Bodenseekreis, und von Walter Stegmaier (rechts), Musikvereinsvorsitzender, geehrt.

Zu den besonderen Ehrungen gehörten:

- **2000: Ehrenbrief und Ehrennadel in Gold der Bundesvereinigung Deutscher Musikverbände**
- **Ehrenmitglied im Blasmusikverband Bodenseekreis**
- **2005: Ehrenmitglied des Musikvereins**

Gebhard Laur ist seit 1976 auch Mitglied im Sozialverband VdK Salemertal. Dessen Vorsitzender war er von 2000 bis 2003. Aus gesundheitlichen Gründen musste er das Amt abgeben.

Karl Laur

* 20. Oktober 1940 †16. März 2003

Karl Laur lag der Musikverein besonders am Herzen. 40 Jahre lang spielte er aktiv in der Kapelle, zuerst als Flügelhornist und später als Hornist. Von 1970 bis 1986 war er Vorsitzender des Musikvereins. Karl Laur wurde als Persönlichkeit geschätzt, die sich nie in den Vordergrund drängte und sich immer um das Wohl der Musiker sorgte.

Foto, 1998

In seine Amtszeit fielen: Der musikalische Aufstieg der Kapelle unter vier Dirigenten, die Fahnenweihe 1978, zweimalige Anschaffung neuer Uniformen und die Organisation der Bezirksbauerntage. Er war mit Elisabeth Zindel aus Mimmenhausen verheiratet. Sein Sohn Oliver spielte einige Jahre als Saxophonist in der Musikkapelle mit.

Karl Laur war beruflich und familiär eng mit der Landwirtschaft verbunden. Ab 1962 absolvierte er eine Lehre bei der Raiffeisen Warengenossenschaft Neufrach. 1968 wurde er dort zum Geschäftsführer berufen. Im Jahr 1978 war das Warengeschäft auf die ZG übertragen worden. Karl Laur übernahm die Betriebsleitung des neuen Lagerhauses. 41 Jahre lang stand er im Dienst der Genossenschaft. 1993 wurde Karl Laur vom Vorstandsvorsitzenden Gebhard Gern für 25-jährigen Einsatz bei der „Raiffeisen Lagerhaus Neufrach" geehrt. Verlässlichkeit und Augenmaß wurden Laur in der Laudatio attestiert.

Von 1968 bis 1972 war Karl Laur Gemeinderat in Neufrach. Auch für die neue Gemeinde Salem war er Gemeinderat in den Jahren 1980 bis 1984.

Walter Stegmaier

* 4. Mai 1957

Foto: 2011

Seine musikalische Ausbildung begann Walter Stegmaier im Jahr 1967. Seit 1970, also über 30 Jahre lang, war er als Posaunist in der Musikkapelle aktiv. Von 1984 bis 1986 war er Schriftführer und von 1986 bis 2007 Vorsitzender des Musikvereins. Mit großem Geschick lenkte er das Vereinsleben über zwei Jahrzehnte hinweg. In seine Amtszeit fielen beispielweise die alljährliche Ausrichtung des Schlossseefestes, des Bahnhofs- und Straßenfestes, der Bau der Lagerhalle sowie das 140- und 150-jährige Vereinsjubiläum.

Im Jahr 2007 wurde Walter Stegmaier zum Ehrenvorsitzenden des Musikvereins ernannt. Im selben Jahr wurde er zum Präsident des Blasmusikverbandes Bodenseekreis gewählt. Zuvor war er von 1998 bis 2007 Bezirksvorsitzender der Musikvereine vom Bezirk II. Die enge Verbindung zur Musik und zum Gesang bewies Stegmaier dadurch, dass er bereits in jungen Jahren einige Jahre im Kirchenchor und von 1978 bis 1986 im Männerchor mitsang.

Im Gemeinderat Salem engagierte sich Walter Stegmaier von 1999 bis 2009.

Für seine ehrenamtlichen Verdienste erhielt er im Jahr 2009 die Landesehrennadel.

Walter Stegmaier beim Vereinsjubiläum, 1990
Damals spielte die Musikkapelle Mimmenhausen. (auf der rechten Seite von links) Andreas Kretz, Christian Steidle, Peter Ilg, Elsbeth Rothmund und Roswitha Rothmund

Männergesangverein Eintracht 1860 Salem-Neufrach

(WEL, 232 f.)

Geschichte in Kürze

Die „Sängergemeinschaft" besteht seit 1860. So ist die Jahreszahl 1860 Teil des Namens geworden. Die wichtigsten Ereignisse ab 1952 sind in der folgenden Übersicht festgehalten.

- 1957 — Mitgliedschaft im Badischen Sängerbund
- 30./31. 4. 1961 — Feier des 100-jährigen Jubiläums, Zelter-Plakette
- 1965 — Beginn der Weihnachtskonzerte mit der Musikkapelle
- 27./28. 6. 1980 — 120-jähriges Bestehen; Festschrift; restaurierte Vereinsfahne
- 1981 — Erstes Weihnachtskonzert in der Sporthalle BZ
- 1982 — Kirchenkonzert mit der Musikkapelle
- 1984 — Erstes Jahreskonzert in einheitlicher Kleidung (schwarzer Anzug)
Auftritt im SWR 4 Baden-Württemberg
- 29./30. 6. 1985 — 125-jähriges Jubiläum; Festschrift
Schallplattenaufnahme
- 1988 — Auftritt in der SWR-Sendung „Fröhlicher Alltag"
- 1989 — Wertungssingen in Prag: „Goldenes Band"

- 30. 9. 1990 — 130 Jahre Männerchor: Geistliche Abendmusik
- Oktober 1999 — Erstes Konzert im „Prinz Max“
- 19. 12. 1999 — Erstes festliches Konzert im „Prinz Max“
- 22. 10. 2001 — 140 Jahre Männerchor: Festkonzert „Prinz Max“
- 10./11. 11. 2001 — Chorwettbewerb in Karlsruhe: Ehrentitel: „Konzertchor“
- 2005 — CD mit dem Titel „Männer“
- 26. 2. 2006 — Auftritt im SWR 4 Baden-Württemberg
- 29. 7. 2007 — Auftritt im Südwest-Fernsehen
- 6. 2. 2009 — Auftritt im SWR 4 Baden-Württemberg
- März 2010 — Namensergänzung: MGV Salem-Neufrach
- 24./25. 4. 2010 — Aufnahme Südwest-Fernsehen
- 7. - 9. Mai 2010 — 150-jähriges Jubiläum; neue Anzüge; Chronik

Tatkräftige Unterstützerin des Chores war die Musikpädagogin Dora Loch-Roth. Seit Jahren begleitet Musikschullehrerin Barbara Mohm-Löhle den Männerchor am Flügel. Seit 2012 singen Sänger des Gesangvereins Mimmenhausen im Männerchor Neufrach mit. Zu den engagierten Begleitern zählte auch Fähnrich und Passivenbeisitzer Dietrich Schaumann.

Bei zahlreichen Veranstaltungen im Dorf Neufrach, in der Gemeinde Salem und weit über die heimatlichen Grenzen hinaus tritt der Männerchor Neufrach seit Jahrzehnten erfolgreich auf. Zu den Veranstaltungen und Diensten gehören:

Festkonzert mit dem Musikverein, Singen in Wespach, in der Wohnresidenz am Schlosssee, Pfingstgottesdienst (seit 1998), Kriegergedenken, Einsatz beim Schlossseefest (1992-2008), Flaschen- und Glassammlungen (1977-2003). Aktuell (Stand März 2013) hat der Männerchor 43 aktive Sänger, 123 passive Mitglieder und 13 Ehrenmitglieder. Nach der Sommerpause des Jahres 2012 kamen zehn Sänger aus Mimmenhausen zum Neufacher Gesangverein. Die Verschmelzung der beiden Vereine soll noch im Jahr 2013 erfolgen.

1961

Festakt zum 100-jährigen Bestehen des Männerchors: (von links) Willi Busch, Fritz Einholz, Hermann Auer, Matthäus Löhle, Ferdinand Lohr, Hermann Rinkenburger

Chorleiter

- 1927 - 1963 Willi Busch
- 1963 - 1965 Adolf Renner
- 1965 - 1969 Heinrich Raither
- 1969 - 1972 Willi Busch
- 1972 - 1994 Joachim Sigel
- 1994 - 2006 Dieter Gebauer
- 2007 Ulrich Köberle
- 2007 - heute Ulrich Raither

Joachim Sigel, 1985
Ihm wurde die Ehrennadel des Landes verliehen.

Vorsitzende

1947 - 1972	Hermann Auer	1972 - 1982	Fritz Hegner
1982 - 1990	Gebhard Gern	1990 - 1994	Siegfried Elmer
1994 - 1996	Kurt Lippert	1997 - 2005	Klaus Reuble
2005 - 2009	Ulrich Raither	2009 - 2011	Heinz Junginger
2011 - heute	Manfred Straub		

Die Ehrenmitglieder, 1985

(sitzend von links) Eugen Hammerschmidt, Willi Lange, Ferdinand Lohr, Hermann Auer (stehend von links) Hermann Rinkenburger, August Biele, Heinrich Raither, Franz Glöckler

Ehrenmitglieder

Dora Loch-Roth (1985)
Fritz Einholz (1986)
Franz Straßer (1987)
Karl Stumpp (1989)
Eugen Auer (1990)
Erwin Majewski (1994)
Heinz-Peter Claessens (2010)
Robert Schappeler(1999)
Gebhard Gern (1999)
Heinrich Nell (2006)
Adolf Steidle (2006)
Willi Busch (2008)
Paul Müller (2008)
Hermann Lange (2013)
Hermann Ortolf (2013)
Christian Haug (2013)
Wendelin Domogalla (2013)
Franziska Stegmaier (1996)
Ehrendirigent Joachim Sigel (1994)

Mehr als 60 Jahre sind bzw. waren aktiv: Karl Stumpp, Hermann Auer und Franz Straßer. Über 50 Jahre lang singen bzw. sangen: Gebhard Gern, Fritz Einholz, Erich Sick und Paul Müller. Robert Schappeler ist seit 1959 Fähnrich. Mehr als 40 Jahre sind bzw. waren dabei: Willi Busch, Hans-Peter Claessens, Hermann Ortolf, Christian Haug. Über 30 Jahre sind bzw. waren im Chor: Karl Bender, Hubert Hafen, Adolf Karrer, Siegfried Raither, Klaus Reuble, Johann Schlude. Besonders erwähnt sei Ehrendirigent Joachim Sigel, der den Chor von 1972 bis 1994 dirigiert hat und noch heute aktiv mitwirkt.

Der Männerchor im Jubiläumsjahr 2010: (vorne von links) Johann Schlude, Joachim Sailer, Adolf Karrer, Uwe Steidle, Paul Müller, Christian Haug, Willi Busch, Hermann Ortolf, Heinz-Peter Claessens, Michael Herrmann, Hubert Hafen, Fähnrich Robert Schappeler (Mitte von links) Manfred Straub, Karl Bender, Wilhelm Gindele, Markus Müller, Karl Strunk, Reinhold Nell, Edmund Stehle, Wendelin Domogalla, Siegfried Kienle, Eckehard Honsel, Reinhold Klotz (hinten von links) Siegfried Raither, Heinz Junginger, Karl Stumpp, Ulrich Wolf, Hermann Lange, Werner Löhle, Ulrich Raither, Michael Schwalbe, Klaus Reuble, Wolfgang Schellinger, Jürgen Lang, Gunther Ratzlaff

Männerchor beim 75. Geburtstag von Hermann Auer, 1986

(von links) Erwin Majewski (verdeckt), Matthäus Löhle, Joachim Sigel, Christian Haug, Willi Busch, Hermann Auer, Wendelin Domogalla, Klaus Reuble, Gebhard Gern, Siegfried Raither, Karl Bender, Adolf Karrer

Willi Busch

*2. Januar 1907 † 15. September 1972

Willi Busch zählt zu den wichtigen Persönlichkeiten des Chores. Er war Dirigent von 1927 bis 1963. Nach einer gesundheitlich bedingten Pause nahm er von 1969 bis zu seinem Tod 1972 noch einmal den Dirigentenstab in die Hand. Zudem dirigierte er auch einige Jahre lang den Männergesangverein Beuren und die Musikkapelle Neufrach.

Ehrung während der Jubiläumsfeier, 1961 (von links) Willi Busch, Hermann Auer, Landrat Karl Schiess

Heinrich Raither

* 5. August 1915 † 14. Mai 1989

Berta und Heinrich Raither, um 1949

Heinrich und Berta Raither mit Tochter Karola und Sohn Ulrich im Garten, um 1962

Den kirchlichen Bund der Ehe schlossen Heinrich und Berta Raither (G: Asprion) am 20. November 1952 in der Basilika Weingarten. Zur Familie gehören die Kinder Ulrich und Karola.

Heinrich Raither war Gründungsmitglied des SV Neufrach. In der Aufbauphase des Vereins nahm er die Aufgabe des Schriftführers wahr.

In der Zeit des Zweiten Weltkrieges übernahm er den Organistendienst.

Er war aktiver Sänger im Männerchor und übernahm, als der Verein Mitte der 1960-er Jahre fast vor der Auflösung stand, den Dirigentenstab. Zu Recht wurde er zum Ehrenmitglied des Männerchors ernannt. Als passives Mitglied unterstützte Heinrich Raither auch den Musik- und Narrenverein. Er war beteiligt beim Verfassen des Textes zum Narrenmarsch, der von Dora Loch-Roth für die Hardtwieble-Zunft komponiert wurde. Raither erhielt den „Goldenen Narrenorden".

Karl Stumpp

* 8. April 1932

Foto: 2012

Karl Stumpp ist ein Neufracher „Urgestein". Über Jahrzehnte hinweg hat er sich in der Gemeinde und in den Vereinen engagiert. Er hat das Dorfleben überaus bereichert. Ganz besonders am Herzen lag ihm zeitlebens der Männerchor. Singen gehörte unverzichtbar zu seinem Leben.

Karl Stumpp, Jahrgang 1932, ist verheiratet und hat zwei Kinder. Die Volksschule besuchte er in Leutkirch. 1959 heiratete er Anneliese. Einige Lebensstationen:

- 1946-1949 — Sattler und Polsterer bei der Fa. Ernst Hofer in Neufrach anschließend: Arbeitsstellen in Biberach, Ravensburg und in der Schweiz
- 1957-1972 — Arbeit in der MTU
- 1972-1995 — Hausmeister der Gemeinde Salem
- 1995 — Beginn des Ruhestandes
- 1949-heute — Sänger im Männerchor Neufrach
- 40 Jahre im Kirchenchor Neufrach
- 22 Jahre bei der Feuerwehr
- ca. 20 Jahre im Narrenverein Neufrach
- 1948 — Gründungsmitglied des SV Neufrach
- ab 2002 — Betreuung des Rieger-Wegkreuzes

Anneliese und Karl Stumpp, 2009

Ehrung von Karl Stumpp für 60-jährige Mitgliedschaft im Männerchor

Fritz Einholz

* 17. Oktober 1927

Hochzeit in Innsbruck, 1955

Maria und Fritz Einholz sowie Pater Verekund Steidle

Foto: Beim Prinz-Max-Fescht, 2012

Fritz Einholz kam in Neufrach zur Welt, wo er auch aufwuchs und bis 1942 die Schule besuchte. 1944 wurde der nicht erwachsene junge Mann noch Soldat und kam dann 1945 in Gefangenschaft in Eisenach und dann in Verdun, Frankreich. Im Mai 1946 kehrte er in die Heimat und in den elterlichen Betrieb zurück. 1946 und 1947 besuchte er zwei Winterhalbjahre die Landwirtschaftsschule in Salem. 1955 schlossen Fritz und Maria (G: Futterer) in Innsbruck den Bund der Ehe. Sie wurden von Pater Verekund Steidle (s. „Kirchliches Leben") getraut. Maria Futterer hatte vier Brüder.

Zur Familie Einholz gehören die drei Kinder Ulrike, Petra und Hubert.
Friedrich Einholz, der Vater von Fritz, nahm zahlreiche Aufgaben im öffentlichen Leben wahr. Dies führte dazu, dass sein Sohn Fritz die Arbeit auf dem Hof oft allein bewältigen musste.

Zwei Wahlperioden lang (1962-1965 und 1968-1971) war Fritz Einholz im Gemeinderat. 1962 erhielt er die höchste Stimmenzahl und wurde somit stellvertretender Bürgermeister.

Großes Engagement zeigte er auch in einigen Vereinen. Er war Gründungsmitglied des SV Neufrach. 56 Jahre lang, von 1947-2003, sang er im Männerchor Neufrach. Nach dem Krieg war er viele Jahre lang im Elferrat des Narrenvereins.

Dietrich Schaumann

* 11. März 1936 † 23. Januar 2012

Dietrich Schaumann kam am 11. März 1936 in Spandau zur Welt. Nach seiner Schulzeit erlernte er den Beruf des Elektrikers. Nach verschiedenen Stationen kam er nach Neufrach. Am 20. November 1965 schloss er mit seiner Frau Hildegard in der Basilika Birnau den Bund der Ehe. Das Paar schenkte den Kindern Georg, Irene und Lothar das Leben.

Foto: 2009

Dietrich und Hildegard Schaumann, beim Pfarrfest 2011

Dietrich Schaumann war eine für die Vereine und Dorfgemeinschaft vielseitig engagierte Persönlichkeit. Er verrichtete zahlreiche ehrenamtliche Dienste. Besonders verdient gemacht hat er sich in seiner Kunst, die Geschehnisse in bewegten oder fotografischen Bildern festzuhalten. Ein Markenzeichen von ihm war die große und stete Hilfsbereitschaft. Dietrich Schaumann beeindruckte durch seine interessierte, weltoffene, intelligente und humorvoll - kritische Art, die das Miteinander bereicherte.

Von 1975 bis 1987 war Dietrich Schaumann Zunftrat in der Hardtwieble-Zunft und von 1987 bis 1992 Schriftführer („Federfuchser"). Über 25 Jahre lang betätigte er sich auch als Schriftführer in der Arbeitsgemeinschaft der Salemer Narren. Lange Zeit war Dietrich Schaumann für den Männerchor „Eintracht" Neufrach im Einsatz. Von 1990 bis 2003 war er dessen Fähnrich und von 1999 bis 2007 Beisitzer in der Vorstandschaft. Im Jahr 2009 verlieh der Männerchor „seinem langjährigen Fähnrich und Verantwortlichen für Film- und Fotodokumentation" die Ehrenurkunde für besondere Verdienste. Mit seiner Kamera hielt er zahlreiche Ereignisse des Gemeinde-, Vereins- und Kirchenlebens für zukünftige Generationen fest.

Ulrich Raither

*23. November 1959

Ulrich Raither kam in Neufrach zur Welt. Er besuchte die Volksschule Neufrach und das Gymnasium Überlingen, wo er 1980 das Abitur ablegte. Von 1982 bis 1988 studierte er am Landeskonservatorium Vorarlberg in Feldkirch. In dieser Zeit unterrichtete er bereits an der Musikschule Bregenzerwald.

Foto: 2010

Seit 1988 ist Ulrich Raither als Klavierlehrer an der Musikschule Salem angestellt. Von 1990 bis 2001 unterrichtete er freiberuflich an der Schule Schloss Salem. Raithers Hobbys sind Sport, Musik und Computer-Technik. Ulrich Raither engagiert sich stark im Vereinsleben.

Vereine

- 1967 Eintritt in den SV Neufrach
- 1976 aktives Mitglied beim FC RW Salem
- 1983-1989 Beisitzer in der Vorstandschaft des FC RW Salem (Hauptaufgabenbereich: Intern. Salemer Junioren-Fußballturniere)
- 1985 Eintritt in den Männerchor Neufrach
- 1989-2002 Erster Vorsitzender des FC RW Salem
- 1993-heute 2. Vors. in der Südwestdeutschen Mozartgesellschaft
- 2005-2009 Erster Vorsitzender im Männerchor Neufrach
- 2007-heute Chorleiter im Männergesangverein Neufrach

Ehrungen

- 2000 Verbandsehrennadel des Südbadischen Fußballverbandes
- 2008 Ehrenmitglied des FC RW Salem
- 2010 Silberne Ehrennadel des Badischen Chorverbandes

Hardtwieble - Zunft Neufrach e. V.

(WEL, 243 ff.)

Geschichte in Kürze

Das fastnächtliche Brauchtum im Ort ist erstmals im Jahr 1860 erwähnt.

Nach dem zweiten Weltkrieg tagte der Neufracher Narrenrat erstmals wieder im Jahr 1947 unter dem Narrenpräsidenten Karl Haug. Von 1951 bis 1964 erfreute sich die Narrenzeitung „Närrischer Beobachter" großer Beliebtheit. Zwei große Veranstaltungen erlebte der Ort im Jahr 1952 mit der großartigen Schau „Zirkus Altfrach" und im Jahr 1953 mit dem Narrenfestspiel „Reise um die Welt". Zur Fasnet 1952 verkleidete sich Maria Zweifel als „Hardtwieble". Begeistert von dieser Idee erhielt Kunstmaler Walter Eberhard Loch den Auftrag, ein Hardtwieble-Häs zu entwerfen. Doch die Umsetzung erfolgte erst 1964. Hermann Metzger gestaltete eine Hardtwieble-Holzmaske. Das Häs wurde von Ferdinand Lohr, Hilde und Heinz Wollmann geschaffen. Dem Präsidenten Herbert Keller ist die Gründung der Hardtwieble-Zunft im Januar 1965 zu verdanken.

Ende der 1960-er Jahre wurde die Zunft Eigentümer eines alten „Landauer", der in der Scheune des Gasthofes zum Bahnhof (Ignaz Mayer) stand. Später erwarb die Gemeinde Salem den Landauer, der heute noch von den Salemertal Kutschern genutzt wird.

Am 11.11.1965 trat der Narrenverein dem Alemannischen Narrenring bei. 1969 wurde die Fastnachtsgruppe „Klufenmichel" gegründet. 1975 wurde zum ersten Mal der närrische Floh- und Krämermarkt am Rosenmontag veranstaltet.

Der erste Umzug der Salemer Zünfte und Vereine, den es alle zwei Jahre gibt, fand am 21. Februar 1993 in Neufrach statt.
Der Narrenbaum am „Schmotzige Duschtig“ wurde immer am Gasthaus „Sternen“ aufgestellt. Ab dem Jahr 2000 war der neue Standort beim „Prinz Max“. Im Lauf der Jahrzehnte war die Hardtwieble-Zunft mehrfach Gastgeberin großer Umzüge, Veranstaltungen und närrischer Feierlichkeiten. Ab dem Jahr 2000 machte die Zunft begeisternde Bürgerbälle wieder zum festen Bestandteil der örtlichen Fastnacht. Zunftbälle im Gasthaus „Prinz Max“ gehörten bereits vor Jahren zum festen Programm im Narrenfahrplan.

Die Zimmermannsgilde trug stets die Verantwortung beim Maibaum-Stellen. Die Tafeln sind ein Werk des Kunstmalers Robert Rauch.

Zur Zunft gehören Narren- bzw. Zunftrat, seit 1965 die „Hardtwieblen“, seit 1969 die „Klufenmichel“ und seit 1979 die „Zimmermannsgilde“. Die „Wikinger“ haben sich im Jahr 1985 als Fastnachtsgruppe aus der Musikkapelle Neufrach entwickelt.

1952

Drahtseilakt von Richard Stegmaier beim Spektakel „Zirkus Altrfach“

Fastnachtsumzug, 1968

Motto: „Wo Narren sind, herrscht Freude und Humor.“ Zu den geladenen Gästen auf dem Festwagen vor der Wirtschaft „zum Sternen“ zählten: (vorne von links) Max Markgraf von Baden und Markgräfin Valerie von Baden, NN, Oskar Treyer (Narrenpäsident Zürich), NN, Bürgermeister Hermann Auer; (hinten von links) 2 NN, Dore Loch-Roth, 4 NN, Karl Löhle

Die Hardtwieble-Zunft im Sitzungssaal des Rathauses, 1993

(sitzend von links) Richard Mattes, Herbert Keller, Anneliese Lohr, Adolf Lohr, Maria Zweifel (zweite Reihe von links) Adolf Eblen, Eugen Auer, Gebhard Gern, Adelbert Lohr, Hildegard Eblen, Lydia Hack, Erika Matt, Maria Nell, Irma Steidle, Elli Hirler, Schirmherr Max Markgraf von Baden (hintere Reihe von links) Robert Schappeler, Albert Megger, Bürgermeister Peter Allgaier, Wilfried Scheffler, Gertrud Straßer, Karin Siebler, Erna Müller, Heike Jauch, Hildegard Scheffler

Zunftlokal und Zunftstube „Molke"

Einweihung des Zunftlokals „Molke", 1997

Die Hardtwieble-Zunft mit Vertretern der verschiedenen Gruppen. Auf dem Bild sind zu sehen: Bernhard Weiß, Richard Mattes, Adolf Steidle, Adolf Lohr, Adelbert Lohr, Konrad Eblen, Karl Wiedmann

Seit dem 1. Januar 1994 ist die Zunft Mieterin der ehemaligen Molke. Eine Zunftstube wurde eingerichtet. Der Umbau erfolgte in Eigenleistung. 4.553 Arbeitsstunden wurden erbracht. Die benötigten Materialien kosteten ca. 87.500 DM. Die Gemeinde unterstützte die Zunft mit einem Zuschuss von 30.000 DM.

Am 21. September 1997 wurde die zum Zunftlokal umgebaute Molke nach zehnmonatiger Bauzeit festlich eingeweiht.

Kirchlicher Segen für die Zunftstube durch Pfarrer Helmut Miltner, 1997 (links) Zunftmeister Bernhard Weiß

Im Jahr 2002 wurde das Dach saniert und die Zunftstube neu gestaltet. Erneut wurde die gute Stube im Jahr 2012 renoviert.

Präsidenten und Zunftmeister

Karl Haug	1949 - 1959	Christian Beyer	1959 - 1961
Herbert Keller	1961 - 1992	Richard Mattes	1992 - 1996
Bernhard Weiß	1996 - 2004	Heinz Junginger	2004 - 2007
Ursula Majewski	2007 - heute		

Ehrenmitglieder

Herbert Keller (Ehren-Zunftmeister ab 1992)
Adolf Eblen (Ehren-„Federfuchser" ab 1992)
Adolf Lohr (Ehren-Narrenpolizist ab 1996)
Adelbert Lohr (Ehren-Fähnrich ab 1996)
Eugen Auer (Ehren-Zunftrat ab 1999)
Karl Stumpp (Ehren-Zunftrat ab 2000)
Heinrich Nell (Ehrenmitglied „Zimmermänner" ab 2000)
Franz Straßer (Ehren-Zunftrat ab 2003)
Paul Möcking (Ehren-Zunftrat ab 2004)
Albert Megger (Ehren-Zunftrat ab 2011)

Im Jahr 2000 wurden zu Ehren-Hardtwieblen ernannt: Gertrud Straßer, Elli Hirler, Erika Matt, Lydia Hack, Maria Nell, Erna Müller, Anneliese Stumpp, Irma Steidle
Ehrung 2011: Josef Walk (40 Jahre), Karl Hirler (45 Jahre)
Ehrung 2012: Raimund Graf (40 Jahre)

Floh- und Krämermarkt, 1982

Herbert Keller

* 29. Oktober 1922 † 12. Februar 1999

Foto: um 1995

Herbert Keller kam in Konstanz zur Welt. Nach seiner Schulzeit erlernte er das Installateur- und Spengler-Handwerk. Nach Kriegseinsatz und Gefangenschaft gründete er 1952 einen Betrieb in Mimmenhausen, den er ab 1954 in Neufrach weiter führte.
1952 schloss er mit Martha Baumann († 1998) den Bund der Ehe. Das Paar schenkte den drei Kindern Renate, Christel und Günter das Leben.
Herbert Keller hat sich als „Vollblut-Narr" über Jahrzehnte hinweg für das fastnächtliche Brauchtum und Kulturgut im Ort und in der ganzen Region eingesetzt.

„Er hatte ein Herz für die Narren." Diese Würdigung formulierte Pfarrer Peter Nicola im Trauergottesdienst. Als Mitglied der Hilfsorganisation „German Aid" hat sich Herbert Keller für notleidende Menschen eingesetzt. Er war auch passives Mitglied im Musikverein und Kirchenchor des Ortes.

Herbert Keller ist es gelungen, dass sich seit 1993 die Salemer Vereine und Zünfte alle zwei Jahre zu einem gemeinsamen Umzug am Fastnachtssonntag treffen.

- 1949 Engagement beim Wiederaufbau des Narrenvereins
- 1953 - 1961 Narrenrat
- 1962 - 1965 Narrenpräsident
- 1965 Gründer der Hardtwieble-Zunft
- 1965 - 1992 Zunftmeister

- 1969 Mitbegründer und Initiator des Internationalen Narrenrings (Vorgänger-Organisation des Alemannischen Narrenrings) Gründer der Jugendgruppe „Klufenmichel"
- 1975 - 1980 Gemeinderat
- 1985 Silbermedaille der Gemeinde Salem
- 1992 Ehrenzunftmeister
- 1998 Salemer Ehrennarrenmeister

Ehrung, 1992

(von links) Adolf Eblen und Herbert Keller, 1992

Adolf Eblen

*22. November 1920

Adolf Eblen kam in Neufrach zur Welt. Er besuchte von 1927 bis 1935 die Volksschule in Leutkirch. Von 1938 bis 1940 erlernte er das Maurerhandwerk, das er nach seiner Kriegsgefangenschaft ab 1948 wieder ausübte.

1952 übernahm Adolf Eblen die elterliche Landwirtschaft. Nach vierjährigem Kriegsdienst und zwei schweren Verwundungen kam Eblen 1944 für 14 Monate in Arbeitslager in den USA. Durch die Übergabe an die Franzosen geriet er noch von 1946 bis 1948 in französische Gefangenschaft.

Foto: 2011

Zurück in der Freiheit arbeitete Adolf Eblen bis 1950 im örtlichen Baugeschäft „Asprion". Nach dem Besuch der Meisterschule und dem Erwerb des Meisterbriefes 1951 gründete er ein eigenes Baugeschäft. Im November 1951 schloss er mit Josefine Stehle den Bund der Ehe. Mit der Übernahme der elterlichen Landwirtschaft seiner Frau 1952 meisterte er mit ihr die Doppelbelastung Baugeschäft und Landwirtschaft.

Zeitlebens war es für Adolf Eblen ein großes Anliegen, das Dorf- und Vereinsleben aktiv mitzugestalten. Sein „Herzenskind" war und ist die Narrenzunft.

Adolf Eblen ist Gründungsmitglied des SV Neufrach (1948). Seit etwa 50 Jahren ist er Fördermitglied des Deutschen Roten Kreuzes. 1988 erhielt er für seinen vielseitigen Einsatz und seine großen Verdienste die Ehrennadel des Landes Baden-Württemberg.

Einige Daten der Narren-Laufbahn:

- 1949 - 1953 Narrenpolizist
- 1953 - 1986 Narrenschreiber („Federfuchser")
- 1965 - 1991 Vize-Zunftmeister
- 1992 Ernennung zum Ehren-Federfuchser; Ehrenmitglied
- 1999 Ehrung für 50 Jahre Mitgliedschaft in der Zunft

Adolf Eblen ist ein echtes „Original" der örtlichen Fastnacht. Der „Närrische Beobachter" war sein Werk. Sehr oft bekleidete er das Amt des närrischen Standesbeamten und Trauredners.

Bewundernswert ist das große Interesse von Adolf Eblen an der Heimat- und Dorfgeschichte. Phänomenal sind Erinnerung und Wissen von Adolf Eblen in diesem Bereich. Er ist ein Zeitzeuge, dessen Erinnerungen dieses Buch Vieles verdankt.

Goldene Hochzeit von Josefine und Adolf Eblen, 2001

Adelbert Lohr

*11. November 1921 † 24. März 2012

Die Fotos: Adelbert Lohr mit seinem Buch „Waldameisen gegen Sowjetbär", 2001; Goldene Hochzeit von Klara und Adelbert Lohr, 2007; Adelbert Lohr, Fähnrich der Hardtwieble-Zunft, 1996

Adelbert Lohr ist in Neufrach geboren und aufgewachsen. Nach dem Besuch der Volksschule in Leutkirch und der zweijährigen Fortbildungsschule in Salem arbeitete er beim Markgräflich Badischen Forstamt Salem. Danach verdiente er seinen Lebensunterhalt als Maurer und anschließend als Bahnangestellter.

Vom Oktober 1938 bis Mai 1939 wurde Lohr durch das Arbeitsamt zum Kasernenbau in Schnetzenhausen verpflichtet. Bis zur Einberufung im Februar 1941 zum Ersatzbataillon IR 14 in Konstanz verrichtete er seinen Pflichtdienst bei der Reichsbahn.

Mit dem Transport nach Polen am 15. Mai 1941 begann für Adelbert Lohr eine lange Schreckenszeit. Die Erinnerung an die leidvollen Erlebnisse in der Zeit von 1944 bis 1949 in Litauen und von 1949 bis 1955 in sibirischen Gefangenenlagern hat Adelbert Lohr in seinem 174-seitigen Buch „Waldameisen gegen Sowjetbär", das im Jahr 1998 erschienen ist, festgehalten.

10 Jahre nach Kriegsende kehrte Adelbert Lohr am 20. Oktober 1955 aus Russland in seine Heimat zurück. Eine öffentlicher Empfang fand im Gasthaus „Prinz Max" statt.

Nach der Heimkehr von Adelbert Lohr aus der Gefangenschaft, 1955

(von links) Knecht auf dem Hof Einholz, Elsa Schmieder, Maria Einholz (G: Futterer) und Fritz Einholz, Adelbert Lohr, Franziska Laur (E: Stegmaier), Anneliese Lohr (G: Schäffold), Martha Laur (E: Nunne)

Am 2. Mai 1956 nahm Lohr die Arbeit bei der Bundesbahn wieder auf. Inzwischen lernte er seine Frau Klara kennen, mit der er am 25. Juli 1957 im Betsaal Salem den Ehebund schloss. Zur Familie gehören die vier Kinder Walter, Dieter, Sabine und Andreas. Im Jahr 1960 baute er für seine Familie ein Haus. 1983 trat er aus gesundheitlichen Gründen in den Ruhestand.

Adelbert Lohr war stets ein Vorbild im Ehrenamt. 1964 wurde die Hardtwieble-Zunft gegründet und er war Gründungsmitglied. 31 Jahre lang (1965-1996) war er Fähnrich der Zunft und wurde im Jahr 1996 zum Ehrenfähnrich ernannt. Seit 1965 war er außerdem Mitglied beim SV Neufrach.

Ganz besondere Verdienste hat er sich im VdK, Ortsverband Salem, erworben. In diesem Sozialverband engagierte er sich von 1979 bis 1990 als zweiter Vorsitzender und von 1990 bis 2001 als erster Vorsitzender. Zudem war er von 1986 bis 1996 auch Schriftführer. Am 20. Mai 2001 wurde er zum Ehrenvorsitzenden ernannt.

Am 18. Dezember 2005 erlitt Adelbert Lohr eine Hirnblutung und wurde zum Pflegefall. Er wurde bis zu seinem Tod von seiner Familie zu Hause versorgt.

Sportverein Neufrach 48 e.V.

(WEL, 235 f.)

Geschichte in Kürze

Der SV Neufrach wurde im Jahr 1948 gegründet. Der Fußballverein bestand aus Jugend- und Aktivenmannschaften, Senioren- und Frauenteam (1971-1973). Nach der Fusion der Fußballabteilungen des SV Neufrach und des TSV Mimmenhausen unterstützte der SV Neufrach den FC RW Salem. So gewährte der Verein im Jahr 2006 einen Zuschuss von 50.000 Euro zur Herstellung eines Rasenplatzes neben dem Stadion. Höhepunkte des Vereinslebens waren die Internat. Pfingstturniere.

Im Rahmen einer grundlegenden Neufracher Sportplatzsanierung im April 1992 wurde auch eine Bewässerungsanlage eingebaut.

Aktuell (2013) hat der Verein insgesamt 254 Mitglieder, davon 118 Frauen und 136 Männer.

- 1949 Sportplatzeinweihung
- 1965 Sportplatzverlegung wegen Kirchenneubaus
- 1968 Clubhausbau (1969 Einweihung)
- 1972 Erstes Pfingstturnier (in Neufrach)
- 1974 Ausweichplatz an der Alten Neufracher Straße
- 1976 Gründung einer Frauengymnastikgruppe
- 1976 Gründung des FC RW Salem (Fusion)
- 1981 Erstes Internationales Juniorenfußballturnier im Schlossseestadion
- 1987 Clubhauserweiterung
- 1992 Gymnastikgruppe für jüngere Frauen
- 1994 Ende der Pfingstturniere
- 2004 Mitgliedschaft der Tanzgruppe beim SV Neufrach

Sportplatz Neufrach, vor der Verlegung, 1964
(Im Hintergrund von links) die Häuser Stehle, Basler und Hoher

Pfingstturnier, 1974

(stehend von links) Manfred Nolle, Doris Hegner (E: Hägle), Werner Kesenheimer, Spielführer Offenburger FV, Alois Karrer (am Fenster) Helma Norkowski, (am Tisch sitzend von links) Roswitha Kesenheimer, Gerda Löhle

Siegerehrung, 1986

(von links) Silke Nolle, Manfred Nolle, Spielführer NK Dinamo Zagreb, Bobby Charlton, Alois Karrer

Siegerehrung beim Pfingstturnier, 1993

(von links) Ulrich Raither, Spielführer Eintracht Frankfurt, Manfred Nolle, SKH Max Markgraf von Baden

Vorsitzende

- 1948-1964 Sepp Schmid (Ehrenvorsitzender seit 1965)
- 1964-heute Manfred Nolle

Ehrenmitglieder

Adolf Lohr (1981), Alois Karrer, Hubert Nolle, Peter Stehle (2008)

Gymnastikgruppen

Gymnastikgruppe 1, 2013 (vorne v. links) Silke Löhle, Irene Urbanowski (sitz. v. links) Rita Jehle, Annemarie Ortlieb, Anneliese Oberbichler, Sonja Mink (stehend v. links) Brigitte Schmid, Sandra Häring, Christa Lohr, Elke Herrmann, Birgit Oesterreich, Renate Lanigan, Dorothee Meyer, Petra Meier (an der Sprossenwand von links) Christa Senger, Sonja Sick, Gaby Nolle. Gaby Nolle ist seit 1976 Übungsleiterin der Gruppe.

Gymnastikgruppe 2, 2013 (vorne von links) Monika Strauß, Sonja Elben, Monika Spießmacher, Beate Rimmele, Christine Hillebrand, Silke Löhle, (hintere Reihe von links) Uwe Strauß, Achim Bodeit, Klaus Schrempp, Dieter Mücke, Thomas Känzler. Silke Löhle ist seit 1992 Übungsleiterin der Gruppe.

Tanzsportgruppe

Tanzsportgruppe im „Prinz Max", 2013

(die Paare von vorne nach hinten) Herbert und Beate Rimmele, Eberhard und Gertrud Schied, Richard und Monika Belau, Gunther und Gudrun Lautenschläger, Jörg und Birgit Müller, Hans-Jörg und Karoline Lohmann, Karl und Rosa Brunner

Die Tanzgruppe besteht seit 2000 und ist seit 2004 Abteilung des SV Neufrach. Übungsraum ist der „Prinz Max". Die Mitgliederzahl schwankt zwischen 60 und 80 Tänzerinnen und Tänzern (zurzeit 70), die in drei verschiedenen Leistungsgruppen aktiv sind. Leiter der Gruppe ist Dieter Mücke. Seit 2000 wird die Gruppe von Tanzlehrerin Candy Hartwig trainiert.

Seit 2003 bewirtet die Tanzsportgruppe beim jährlich von Barbara Mohm-Löhle durchgeführten Benefizkonzert.

Aktuelle Vorstandschaft des SV Neufrach und Geehrte, 2010

(von links), Walter Lohr (Kassierer), Manfred Nolle (Vorsitzender), Christa Lohr (25 Jahre), Rolf Stehle (Schriftführer), Gaby Nolle (Übungsleiterin), Edwin Heilig (Sportwart), Annemarie Ortlieb (25 Jahre), Paul Müller (2. Vorsitzender)

Sepp Schmid

* 14. Juli 1913 † 1. Dezember 2000

Foto: 1987

Sepp Schmid, eine in Neufrach geborene Persönlichkeit, erlernte nach seiner Volksschulzeit in Leutkirch in den Jahren 1931 bis 1934 das Schreinerhandwerk in der Werkstatt seines Stiefvaters Josef Heudorf. Nach einigen Lehr- und Wanderjahren absolvierte er in Detmold seine Meisterprüfung. 1941 heiratete er seine Frau Martha. 1953 wurde Schmid Mitinhaber der Schreinerei seines Stiefvaters. Der Betrieb bestand bis 1975. 1970 hatte Schmid ein eigenes Bestattungsunternehmen gegründet, das bis 1992 Bestand hatte. Bis zu seinem Tod verkaufte er noch Särge.

Bereits im Jahr 1933 gründete der sportbegeisterte Josef Schmid mit Gesinnungsgenossen eine Spielvereinigung. Der Sportplatz befand sich damals beim Altersheim Wespach. Nach der Gründung des SV Neufrach im Jahr 1948 wurde Sepp Schmid dessen Vorsitzender.

Von 1953 bis 1965 war Sepp Schmid Gemeinderat. Er erwarb sich auch große Verdienste im Narrenverein, in dem er Narrenschreiber (1949-1952), Narrenmutter (1953-1959) und Mitverfasser der Narrenzeitung „Närrischer Beobachter" war. Das Bild des „Narren-Sepp", der als Trommler die Umzüge anführte, ist in Erinnerung geblieben.

Sepp Schmid war eine markante Persönlichkeit des Dorf- und Vereinslebens, die zu Recht als echtes „Original" bezeichnen wird. Fast immer traf man ihn mit einer dicken Zigarre im Mund.

Im Jahr 2003 wurde nach ihm die kurze Erschließungsstraße, die an seinem Haus vorbei führt, „Sepp-Schmid-Weg" benannt.

Einweihung des Sportplatzes in Neufrach, 26. Mai 1949

(vorne von links) Zweiter Vorsitzender Albert Allgaier und Erster Vorsitzender Sepp Schmid

Spiel, Sport und Freizeit

Sport- und Freizeitanlage, 2001

Die Infrastruktur der Gemeinde Salem bietet im Zentralbereich viele attraktive Möglichkeiten für Spiel, Sport und Freizeitgestaltung.

Auf Neufracher Gemarkung befinden sich ein Teil des Bildungszentrums (gebaut 1976/77), das Schlossseestadion mit Clubhaus, der Nebenplatz des Stadions sowie die Tennisanlage mit Plätzen, Clubhaus und Halle.

Schlossseestadion

- 1979 — Bau des Schlossseestadions
- 1981 — Einweihung des Schlossseestadions
  Fortführung der Internationalen Fußballturniere im Stadion
- 1984 — Eröffnung des Clubhauses beim Stadion
- 2002 — Umfangreiche Sanierungsmaßnahmen (Stadionrasen, Laufbahn, Weitsprunganlage, Rundsegment in der Rasenfläche, Hartplatz)
- 2006 — Verbreiterung des Hartplatzes um fünf Meter und Umbau in einen Allwetter-Rasenplatz
  Davor: Überlegungen zur Anlegung eines neuen Sportplatzes östlich der L 205
- 2009 — Erneute Sanierung des Schlossseestadions
  Ausbau der Anlage zu einem modernen Fußball- und Leichtathletikstadion

Tennisanlage

Am 21. Juni 1982 fand die Gründungsversammlung des TC Salem statt. Im Jahr 1985 war es der Gemeinde Salem nach zähen Verhandlungen gelungen, ein 2,3 ha großes Gelände gegenüber dem Schlossseestadion zu erwerben. Dort wurden neun Tennisplätze und eine Ballwand gebaut, die am 10. Oktober 1987 eingeweiht wurden.

Am 24. April 1993 erfolgte der Spatenstich zum Bau des Clubhauses, das offiziell am 22./23. Juli 1995 eingeweiht wurde.

1993 baute ein privater Unternehmer eine Tennishalle mit vier Plätzen, die der TC Salem im Jahr 1999 erwarb.

Sportplätze

Der Sportplatz in der Mitte des Ortes wurde im Jahr 1949 vom SV Neufrach gebaut und eingeweiht (s. auch „Vereinsleben").

Nach dem 2. Weltkrieg konnte die Jugend des Ortes einen Sportplatz in der Nähe des Alten- und Pflegeheimes Wespach nutzen.

1974 legte man einen Fußballplatz an der „Alten Neufracher Straße" (Bereich Tiefbrunnen) an, der bis Anfang der 1980-er Jahre genutzt wurde.

1992 wurde der Neufracher Sportplatz grundlegend saniert und eine Bewässerungsanlage installiert.

Spielplätze

Spielplatz, 2003

Jahre lang suchte die Gemeinde Salem ein geeignetes Gelände für einen Kinderspielplatz in Neufrach. Nach vielen Diskussionen entschied man sich im Jahr 2003 für die Anlegung eines Spielplatzes an der Ecke Weildorfer Str./ Sonnhalde.

Die Mitarbeiter des Bauhofes legten dort einen schönen Spielplatz mit attraktiven Geräten an.

Scateranlage

Auf Wunsch der Jugend wurde im Herbst 1997 eine Skateranlage an der Bahnhofstraße gebaut. Auf diesem Grundstück stand bis zum Jahr 1991 das Lagerhaus der Raiffeisen-Warengenossenschaft (s. auch „Landwirtschaft").

Scateranlage, 2013

Thomas Stehle

*26. Oktober 1980

Thomas Stehle im Dress von Alemannia Aachen, 2012

Auf dem Sportplatz in Neufrach, 2000

Thomas Stehle ist in Überlingen geboren und in Neufrach aufgewachsen. Er besuchte die Grundschule in Neufrach. Seine Gymnasialzeit in Überlingen beendete er im Jahr 2000 mit dem Abitur. Schon in Thomas Stehles Kindheit waren seine vielseitigen Fähigkeiten, seine ausgeprägte Charakterstärke, sein starker Gemeinschaftssinn und sein frohes Gemüt deutlich zu erkennen.

Sein sportliches Talent bewies Thomas Stehle in vielen Sportarten. Doch letztlich entschied er sich für die Karriere als Fußballspieler. Seine fußballerische Laufbahn begann Thomas beim FC RW Salem.

In einem Südkurier-Bericht vom 11. Mai 2000 hieß es zu Thomas Stehle: „Ein Fußballspieler mit Herz und Verstand. Aus dem aufgeschlossenen und freundlichen Fußballbuben von einst wurde inzwischen ein 19-jähriger junger Mann, der zielstrebig seine sportliche Laufbahn gegangen ist. Seine charakterlichen Stärken und Tugenden hat er trotz des Erfolges bewahrt."

In seinen bisher 274 Profi-Spielen schoss Thomas Stehle insgesamt 14 Tore.

Sportlerehrung, 1995
Bürgermeister Peter Allgaier ehrt Thomas Stehle.

Vereinszugehörigkeit

- 1985-1996 Rot-Weiß Salem
- 1996-2001 SC Pfullendorf
- 2001-2004 1. FC Nürnberg
- 2004-heute Alemannia Aachen

Sportliche Laufbahn

- 1989 F - Jugendmeister beim FC RW Salem (154 Tore)
- 1990 Berufung in die Bodenseeauswahl
- 1992 Berufung in die Auswahl des Südbadischen Fußballverbandes
- 1995 Berufung in das Stützpunkttraining des Deutschen Fußballbundes
- 1997 Aufstieg mit dem SC Pfullendorf in die A - Junioren - Regionalliga
- 1998 Erster Einsatz bei den „Profis" gegen Bayern München Amateure
- 1999 Stammspieler beim SC Pfullendorf in der Regionalliga Süd
- 2000 Berufung zum U 21 - Länderspiel gegen Norwegen
  Aufstiegsspiele zur 2. Bundesliga mit dem SC Pfullendorf
- 2001 Berufung zum U 21 - Länderspiel gegen Bulgarien
  Wechsel zum 1. FC Nürnberg in die 1. Bundesliga
- 2002 Auftritt im „Aktuellen Sportstudio" (ZDF)
- 2004 Wechsel zu Alemannia Aachen in die 2. Bundesliga
  UEFA-Cup-Spiele (Athen, Sevilla, Lille, St. Petersburg, Alkmar)
- 2006 Aufstieg mit Alemannia Aachen in die 1. Bundesliga
- 2007 Einsatz bei Alemannia Aachen in der 2. Bundesliga (bis 2012)
- 2012 Einsatz bei Alemannia Aachen in der 3. Bundesliga

Thomas Zachert

*2. Mai 1971

Nivea Cup, 2000

Thomas Zachert ist in Meersburg geboren und in Bermatingen aufgewachsen. Von 1982 bis 2003 wohnte er in Neufrach. Er ist verheiratet, hat drei Kinder und wohnt mit seiner Familie seit 2003 in Frickingen.

Thomas Zachert besuchte die Constantin-Vanotti-Schule in Überlingen (1986-1988), das Berufskolleg in Überlingen (1988-1990) und studierte Betriebswirtschaftslehre an der FH Konstanz (1994-2003). Von 1990 bis 1991 leistete er seinen Wehrdienst an der Sportschule der Bundeswehr in Warendorf. Von 1991 bis 1994 absolvierte Thomas Zachert eine Ausbildung bei der Sparkasse Salem-Heiligenberg zum Sparkassenkaufmann. Von 1999 bis 2002 arbeitete er als Betriebswirt bei der APM-Marketing GmbH in München. Ab dem 1. April 2003 ist Thomas Zachert selbständiger Betriebswirt und vertreibt Sportartikel und Rettungsgeräte. Als Hobbys nennt Thomas Zachert Familie, Sport, Reisen und Lesen.

Sportlicher Werdegang

1975-2003	DLRG Bermatingen-Markdorf; Teilnahme an regionalen und nationalen Wettbewerben
1992-2003	Mitglied der Nationalmannschaft im Rettungsschwimmen mit der Teilnahme an diversen Europa- und Weltmeisterschaften, Worldgames und Militär-Weltmeisterschaften
1997-1998	Teilnahme bei der „World Oceanman Tour" mit Wettkampfstätten in Indonesien/Bali, Neuseeland, Australien, USA und Hawaii
2003-heute	Trainertätigkeiten bei der Nationalmannschaft der Rettungsschwimmer im Bereich Freigewässer. Teilnahme an National-, Europa- und Weltmeisterschaften. Er ist Assistenztrainer der DLRG-Nationalmannschaft.

Große Erfolge erzielte Thomas Zachert im Jahr 2003 in und mit der Nationalmannschaft im Rettungsschwimmen.

- Europameisterschaft in Schweden
- Gold im Rudern
- Gold in der Rettungsleinenstaffel und in der „Board Staffel"

Im Südkurier vom 12. 9. 1997 hieß es: „Zacki, der Oceanman aus Salem, der Lebensretter vom Bodensee unter den besten Profis der Welt."

Surfrace, Warnemünde, 1996

Oceanman Tour, Piha Neuseeland, 1997

Anhang

Lesehilfe

Mit Seitenzahlen in Klammern (z. B. 14) wird auf die Ausführungen von Walter Eberhard Loch (WEL) im „Neufracher Dorf-Buch“ Bezug genommen. Die Angabe „S.“ verweist auf eine bestimmte Seite innerhalb des Buches. Die Angabe eines in Klammern gesetzten Themas schafft den Bezug zu weiteren Informationen und Ausführungen.

Abkürzungsverzeichnis

BLHV = Badisch Landwirtschaftlicher Hauptverband; BRD = Bundesrepublik Deutschland; BZ = Bildungszentrum; CDU = Christlich Demokratische Union; E = Ehename; DFB = Deutscher Fußballbund; DSD = Duales System Deutschland; Eig. = Eigentümer; F = Flurstück; FWV = Freie Wählervereinigung; G = Geburtsname; ha = Hektar; Hrsg. = Herausgeber; K = Kreisstraße; L = Landesstraße; LK = Landkreis; OFMcap = Ordo Fratrum Minorum Capuccinorum; katholischer Bettelorden, strenger Zweig der Franziskaner; OFM = Ordo Fratrum Minorum; Franziskaner-Orden; ÖGS = Ökumenisches Gesprächsforum; s. = siehe; S. = Seite; SPD = Sozialdemokratische Partei Deutschlands; usw. = und so weiter; t = Tonne; VdK = Sozialverband „Verein der Kriegsversehrten“; VHS = Volkshochschule; WEL oder W.E.L. = Künstlername von Walter Eberhard Loch; ZDF = Zweites Deutsches Fernsehen

Begriffserklärungen

Ausgedinghaus
Als Austrag, Ausgedinge oder Altenteil werden die Regelungen zur Altersversorgung bezeichnet, die sich der bisherige Inhaber eines landwirtschaftlichen Betriebes bei Abschluss des notariellen Hofübergabevertrages gegenüber seinem Erben und Nachfolger ausbedingt.

Exlibris
Ein Exlibris (lat. ex „aus“ und libris „den Büchern“) ist ein in Bücher eingeklebter Zettel zur Kennzeichnung des Eigentümers; Bücherzeichen oder Buchmarke.

Farren
Bezeichnet ein geschlechtsreifes männliches Hausrind.

Geistlicher Rat
Ist ein Ehrentitel, der meist vom Bischof verliehen wird.

Gewann
Der Begriff Gewann (wahrscheinlich vom Althochdeutschen „wenden) bezeichnet eine Flurform. Im Zuge der Einführung der Dreifelderwirtschaft wurde die Feldflur einer Siedlung in schmale, streifenförmige Gewanne unterteilt. In manchen Gegenden wie Südwestdeutschland blieben die Gewannnamen erhalten und sind in der Flurkarte eingetragen. Sie dienen als Lagebezeichnungen von Flurstücken. Die alten Gewannbezeichnungen lassen Rückschlüsse auf die frühere Nutzung, Lage oder Beschaffenheit des bezeichneten Gebietes zu.

Heraldik
Wappenkunde

Kirchspiel
Das Wort Kirchspiel ist eine alte Bezeichnung für den Bezirk und den Einzugsbereich einer Pfarrgemeinde. „Spiel" kommt von „spell" und meint die Menschen, die zusammengehören, die einander in der Kirche begegnen, miteinander sprechen, beten und feiern.

Laie
(„Volk, zum Volk gehörig"); im kirchlichen Sprachgebrauch jemand, der nicht Geistlicher ist.

Landauer
Ein Landauer ist eine viersitzige und vierrädrige Kutsche.

Ministeriale
Ein Ministeriale (lateinisch ministerialis; Plural: die Ministerialen) ist ein im Dienst stehender Beamter. Im Frühmittelalter waren zunächst unfreie Verwalter für Königsgüter, aber auch für den überregionalen Adel und für die Klöster auf lokaler Ebene tätig. Im Hochmittelalter bildete sich aus dieser Schicht der Stand des Dienst- bzw. Ministerialadels heraus.

Morgen
Zwischen 2.500 und 5000 m^2; im Deutschen Reich entsprachen einem Hektar exakt vier Morgen.

Niwifara
(=Neue Furt) Als Furt bezeichnet man eine Untiefe in einem Bach- oder Flusslauf, an der das Gewässer zu Fuß oder mit Fahrzeugen durchquert werden kann.

Pannisellus
Ein fahnenartiges Tuch am Knauf des Hirtenstabes eines Abtes oder Bischofs.

Prälat
(Vorsteher oder Bevorzugter) Ein Würdenträger in der christlichen Kirche. Zum Ehrenprälaten wird ein verdienter Geistlicher ernannt.

Realschematismus
Eine Übersetzungsmöglichkeit ist „Kirchenorganisation".

Taferngerechtigkeit
Das Recht, Bier zu brauen und auszuschenken.

Urbar
Verzeichnis, Güterverzeichnis; ein (das) Urbar (latinisiert Urbarium, Mz. Urbare bzw. Urbarien) ist ein Verzeichnis über Besitzrechte einer Grundherrschaft und zu erbringende Leistungen ihrer Grunduntertanen. Es ist eine bedeutende Wirtschafts- und Rechtsquelle des mittelalterlichen und frühneuzeitlichen Lehenswesens.

Plansichter
Ist ein Sichter in der Mühle zur Trennung der Kornbestandteile, die nach der Mahlung auf dem Walzenstuhl in einer Mühle anfallen.

Pneumatik
Es bedeutet so viel wie „Wind". Es bezeichnet den Einsatz von Druckluft zur Verrichtung mechanischer Arbeit.

Mahlstuhl
Er besteht aus den Mühlsteinen, dem Einfülltrichter sowie einem sinnreichen System, das das untere Brett, von dem das Mahlgut in den Mühlstein fällt, durch Rütteln in Bewegung hält, so dass das Mahlgut auch nachrutscht.

Quellen- und Literaturnachweis

- Festschriften und Chroniken der Vereine.
- Gemeindearchiv; Pfarrarchiv; Privat-Archive; Südkurier-Berichte.
- Eintragungen im Denkmalbuch.
- Pfarrzeitungen. 6 Ausgaben. 1995-1998.
- Geschichte und Geschichten unserer Heimat, erzählt und bearbeitet von Schülern verschiedener Schulen. 1989. Thema der Neufracher Grundschule: Nachtwächter in Neufrach und die Geschichte des „Hardtwieble". Thema der Realschule: Walter Eberhard Loch: Ein Leben im Dienste der Kunst.
- Bezirkssparkasse Salem (Hrsg.). 1749 - 1974. 225 Jahre Bezirkssparkasse Salem. Konstanz.
- Erzbischöfliches Ordinariat Freiburg i. Br. (Hrsg.). Realschematismus der Erzdiözese Freiburg. Karlsruhe 2001.
- Loch, Walter Eberhard. Das Neufracher Dorf-Buch, Selbstverlag der Gemeinde Neufrach 1953.
- Gerlach–Laxner, Uta. William Straube. Kunst am See. Band 4. Friedrichshafen 1981.
- Gommeringer, Hugo. Salemer Wappen. Bilder der Geschichte, Salem 2000.
- Gommeringer, Hugo. Unvergessliche Spuren. Kirchenchor Neufrach 1774-1989. Festschrift und Chronik. Neufrach 1989.
- Gommeringer, Hugo. Brunnen in Salem. Broschüre. Sommer 2001.
- Gommeringer, Hugo. Straßen - Namen erinnern. Sommer 2004.
- Gommeringer, Hugo. Salem – Bilder aus vergangener Zeit. Band 1. Horb 2002.
- Gommeringer, Hugo. Salem – Bilder aus vergangener Zeit. Band 2. Horb 2005.
- Gommeringer, Hugo. Salem – Bilder aus vergangener Zeit. Band 3. Horb 2008.
- Hinze, Gisela C. Leben und Werk des Malers William Straube (1871 - 1954). Inaugural-Dissertation. Band 1 und Band 2. Bonn 1990.
- Kath. Kirchengemeinde St. Peter und Paul Neufrach (Hrsg.). Die Energie des Himmels. Strom vom Kirchendach. Neufrach. Juni 2002.
- Kramer, Kurt. „Durch Gottes Hilf´ ward ich gegossen". 400 Jahre Glockengeschichte der Pfarrgemeinde Neufrach. In: Leben am See. Bd. III. Tettnang 1985, S. 19 ff.
- Nicola, Peter. Kirchen und Kapellen der Seelsorgeeinheit Salem. Regensburg 2004.
- Landratsamt Bodenseekreis. Bahnübergangsbeseitigung Neufrach, Broschüre 2012.
- Lohr, Adelbert. Waldameisen gegen Sowjetbär. Als Deutscher unter litauischen Partisanen. Frieling Berlin 1998.
- Sachs, Petra. Bauernhäuser im Bodenseekreis. Ein Führer zu Zeugnissen ländlicher Baukultur. Friedrichshafen 1985.
- Städtisches Museum Breslau. Walter Eberhard Loch (1885 – 1979). Von Breslau zum Bodensee. Ausstellungskatalog. Breslau 2010.
- Staiger, Franz Xaver. Salem oder Salmansweiler, ehemaliges Reichskloster Cistercienser-Ordens, jetzt Großh. Markgräfl. Bad. Schloß und Hauptort der Standesherrschaft Salem. Topographisch-historisch ausführlich beschrieben. Constanz 1863.
- Verein August Macke Haus e. V. in Zusammenarbeit mit dem Städtischen Kunstmuseum Singen (Hrsg.). William Straube. Begegnungen mit der Avantgarde.

Schriftenreihe Nr. 26. Bonn 1998.
- Wachter, Anne. Walter Eberhard Loch (1885 - 1979). Lebensstationen eines Künstlers in Text und Bild. Sipplingen 2009.
- Wachter, Anne. Walter Eberhard Loch Ein Künstler aus Breslau. in: Silesia Nova, 3. Jahrgang. 04/2006, S. 33.
- Wachter, Anne. Bewegte Farben. Walter Eberhard Loch, in: Silesia Nova. 7. Jahrgang, 01/2010, S. 35.

Bildnachweis

Illustrationen von WEL, Dorfbuch, 1953 - Privatarchiv Hugo Gommeringer
Gemeindearchiv Salem - Schularchiv Neufrach
Fotostudio Iris Sers - Photographie Lauterwasser
Fotostudio Hotz, Stockach - Verlag G. Ad. Hory, Photograph Beuren
Fotostudio Singen - Fotostudio Otto Kasper, Rielasingen-Worblingen
Landratsamt Bodenseekreis, Vermessungs- und Wasserwirtschaftsamt

Bernhard Conrads, Fritz Einholz, Edwin Hertkorn, Erika Hoher, Siegfried Karrer, August Kästner, Pirmin Kretz, Johanna Laur, Ferdinand Lohr, Waltraud Rathmann, Ulrich Raither, Paula Rothmund, Dietrich Schaumann, Peter Schober, Wolfram Seidel, Edmund Stehle, Peter Stehle, Paul Stehle, Eberhard Stumpp, Maria Walter

Hinweise zu den Bildern „Einband, Rückseite"

Feuerwehrabteilung: (von links) Andreas Junietz, Norbert Walser, Tobias Raither, Klaus Erber, Günther Laur, Günter Meier, Dennis Kleiner, Karl-Heinz Schatz
Männerchor: Dirigent Ulrich Raither mit Sängern (s. „Vereinsleben")
Musikverein: Dirigent Elmar Notheis mit Musikern (s. „Vereinsleben")
Hardtwieble-Zunft: Zunftmeisterin Ursula Majewski mit Maskenträgern
Gymnastikgruppe SV Neufrach: (s. „Vereinsleben")
Kirchenchor: (s. „Kirchliches Leben")

Ergänzungen, Korrekturen